本书系 2013 年度国家社科基金项目"破产重整制度的优化研究"的成果。本书并受江苏省优秀中青年教师境外研修项目资助。

当代破产法丛书

总主编／韩长印
执行主编／许德风　任一民

# 破产重整制度改革研究

POCHAN CHONGZHENG ZHIDU GAIGE YANJIU

何旺翔／著

中国政法大学出版社

2020·北京

图书在版编目（ＣＩＰ）数据

破产重整制度改革研究 / 何旺翔著. —— 北京：中国政法大学出版社，2020.12
ISBN 978-7-5620-9783-9

Ⅰ. ①破… Ⅱ. ①何… Ⅲ. ①破产法－研究－中国 Ⅳ. ①D922.291.924

中国版本图书馆CIP数据核字(2020)第242801号

出 版 者　　中国政法大学出版社
地　　址　　北京市海淀区西土城路 25 号
邮寄地址　　北京 100088 信箱 8034 分箱　　邮编 100088
网　　址　　http://www.cuplpress.com (网络实名：中国政法大学出版社)
电　　话　　010-58908435(第一编辑部)　　58908334(邮购部)
承　　印　　保定市中画美凯印刷有限公司
开　　本　　720mm×960mm　　1/16
印　　张　　15.5
字　　数　　237 千字
版　　次　　2020 年 12 月第 1 版
印　　次　　2020 年 12 月第 1 次印刷
印　　数　　1～2000 册
定　　价　　58.00 元

# 丛书编委会

王卫国　中国政法大学民商法学院教授，中国法学会银行法研究会会长
王欣新　中国人民大学法学院教授，北京市破产法学会会长
杨忠孝　华东政法大学经济法学院教授，上海市法学会破产法研究会常
务副会长
齐　明　吉林大学法学院教授，吉林省法学会破产法学研究会会长
徐阳光　中国人民大学法学院教授，北京市破产法学会副会长兼秘书长
刘　敏　最高人民法院民一庭副庭长，北京市破产法学会副会长
章恒筑　浙江省高级人民法院民四庭庭长，全国审判业务专家
季　诺　上海市方达律师事务所高级合伙人，上海市律师协会会长
陈　峰　北京大成（上海）律师事务所高级合伙人，全国优秀律师
池伟宏　北京市天同律师事务所管理合伙人，破产重组业务负责人
郑飞虎　广东金轮律师事务所高级合伙人，广州市破产管理人协会秘书长
童丽萍　上海电气集团首席法务官，全国优秀公司律师

# 总　序

毋庸置疑，我国已经进入了信用和风险一并快速扩张的时代。24% ~ 36%民间借贷利率的合法化及诸多领域高负债基础上杠杆交易的实施，又进一步放大了此种风险。在政策性软预算约束的惯性下，政府或者准政府机构对大面积违约的刚性兑付，以及部分地区依靠行政力量对困境企业进行以强扶弱的治标做法，尽管能将某些债务风险暂时掩盖起来，但诸多领域内风险的积聚，无疑会成为酝酿新一轮经济和破产危机的量变因子。实际上，有信用关系存在的地方，就可能有破产。只不过，当代社会对于破产制度的需求比以往任何时候都更为迫切。

早在 1992 年我国确立市场经济体制改革目标之前，1986 年《企业破产法（试行）》的制定、颁布就突破性地给自己贴上了这样的历史标签：第一次在电视上直播立法机关现场讨论法律草案的场面；第一次以尚未通过的法律（《全民所有制工业企业法》）的颁布实施作为自身生效实施的前提。除此之外，该法不仅是在生效之前周知时间最长的法律（1986 年 12 月 2 日 ~ 1988 年 11 月 1 日），也是迄今"试行"时间最长的法律（1988 年 11 月 2 日 ~ 2007 年 5 月 31 日）。

然而，有目共睹的是，此后长时期内，破产法的实施效果并不理想。各种制度性替代措施和政策性替代因素借助于传统经济危困化解手段的普遍采用，以及"维稳措施"对破产功能的消解，使当初为获取市场经济地位而出台破产法的初衷几度被人怀疑。或许，包括破产法在内的整个法制的命运某种程度上就是在这样一波三折的风雨历程中艰难前行的！

2016 年是现行《企业破产法》颁布的第 10 个年头，对破产法实施的推进来讲，这也是值得纪念的一年。这一年，最高人民法院为回应国家供给侧结构性改革和僵尸企业处理的政策精神，改变破产法长期得不到有效实施的现状，推出了一系列促进破产法实施的措施，包括但不限于：在中级人民法院设立专门的清算与破产审判庭（直辖市至少须有一个中级人民法院设立，省会城市、副省级城市所在地中级人民法院均应设立，其他中级人民法院由各高级人民法院会同省级机构编制部门统筹安排）；建成并开始运营全国企业破产重整案件信息网，发布实施了《关于破产案件立案受理有关问题的通知》，实现了类似立案登记制的效应。此外，一些民间机构不失时机地建立了危困企业投资并购联盟、资产投资促进机构及信息共享平台等。通过学术论坛、微信群聊等正式或非正式方式，破产法学术交流、破产法理论与实务界的沟通均空前活跃，不少地方还成立了破产法研究会、破产管理人协会等学术和行业组织。我们欣喜地看到，政府、社会和市场终于认识到了经济发展对破产法不可或缺的内在需求以及破产法对社会与市场所具有的良性回应机能。

破产制度之于我国，无论其制度本身还是其文化内涵，严格说来皆属舶来品。1986 年《企业破产法（试行）》颁布至今虽已 30 年，但从其遭遇的多舛命运来看，难言其已达到"三十而立"的境界。破产程序的启动仍然较为依赖或许只是作为临时性措施的配套制度（例如"执转破"制度），而缺少必要的自治机能（比如破产启动程序的常态化），现有规则对诸多疑难问题的应对，很难说达到了得心应手、运用自如的程度。应当说，任何一项法律制度的实施，都需要参与制度运作的机构和个人对相关制度要素的准确把握和透彻理解。因而，我们不仅需要学习和借鉴破产法制先进国家的立法例及经验，也要基于国内的既有实践，培育我们自己思考、应对和化解破产法疑难问题的能力。

应当承认，我国近年来破产法制实践的展开，离不开诸多一线商事法官、破产管理人苦心孤诣、不畏险阻、知难而上、孜孜以求的努力。他们无怨无悔地宣传着破产法的理念，钻研着破产法的精髓。这种坚持不懈地推动破产法实施的卓越智慧和勇气，或许会成为我国破产法艰难实施历史中至为宝贵的民间记忆。在他们这股力量的强大感召和无私激励下，我们没有理由充当破产法制建设的旁观者，没有理由不投入到已现端倪的破产法实施的澎湃激流中去。

　　本套丛书由上海交通大学法学院破产保护法研究中心（以下简称"中心"）组编。中心致力于推进破产法学的繁荣和破产法制的进步，自成立以来得到了破产法理论与实务界诸多机构和同仁的鼎力支持，尤其是上海市方达律师事务所与浙江京衡律师事务所的无私帮助。中心在锦天城律师事务所、方达律师事务所的支持下，截至 2015 年，先后举办了 4 届"企业破产法实务论坛"，编辑刊发了 10 期《破产法通讯》；在浙江京衡律师事务所的支持下，中心于 2014 年开办了"中国破产保护法律网"（同时作为浙江省律协企业破产管理专业委员会的官网）。

　　本套丛书的组编工作启动于 2014 年，前三部著作于 2015 年完成初稿并由中国政法大学出版社完成版权翻译许可合同的签署工作。组编工作启动伊始就得到了好友章恒筑、任一民、许德风、季诺等破产法同仁的诚心赞同和支持。中心期望通过丛书的出版，将境内外破产法方面的立法指南、改革报告、经典著作、学术新论、实务案例等素材陆续推出，以表明我们对破产法制事业一如既往的热爱和矢志不渝的信心。期待大家踊跃投稿，并欢迎大家不吝指正。

　　谨以本套丛书献给正在见证中国破产法制发展的人们。

韩长印<br>谨识于 2016 年 9 月 3 日

# 前　言

　　时光回溯，为了以破产重整作为博士论文研究主题，我从哥廷根辗转来到慕尼黑。学海无涯苦作舟，曾经迷茫和困惑。还记得曾经花 3 小时去读 4 页德语文献，疑惑的不知是我的悲哀还是德国人的严谨；还记得从 1985 年德国破产法草案的讨论，到 2010 年破产重整制度改革的启动，过了 25 年，德国人又回原点，而我又不得不从原点开始，研究德国人为何锲而不舍又回原点；还记得慕尼黑之秋满眼是秋雨朦胧，遍地落叶，叶落处是迷茫和思念；还记得相隔千里，落叶作明信，那寄回的思念和憧憬。一路走来，美好的不仅是鸟语花香，亦是从低谷荆棘丛中走出的喜悦，因为希望永在。我想这就是"破人"的信念。

　　破产并不意味着消亡，希望永在。劳斯莱斯也曾经历破产重整之旅，美国三大航空公司都曾经历过司法重整。在破产重整制度的发源地美国，破产重整业已成为危机企业凤凰涅槃的策略性工具。实际上，为数不少的企业在陷入危机时仍处在十字路口，选择正确的道路才是关键所在。危机企业不应惧破产之"恶名"，而应及时正确使用各项重整工具。这不仅拯救的是危机企业本身，而且亦使得与危机企业息息相关的企业员工、商业合作伙伴，乃至一地经济避免陷入困境。从此角度而言，破产法构建的不仅是企业退出机制，亦是企业拯救机制；其谋求的不仅是债权人利益的最大化，而更应是企业价值，乃至社会整体价值的最大化。

　　庭外重整往往是理想很丰满，现实很骨感。破产重整则往往看似费时耗力，但犹如孙悟空的"金箍棒"，可大可小，擅用之，则简便轻巧，却威力无穷。破产重整亦是一味药，用对了就是起死回生草，用错了就是情花之毒，让你越陷越深，直至消亡。破产重整制度也并非万能药，并非所有的危机企业都应重整或能重整成功，但并不能因噎废食。破产重整不仅应回顾历史，立足当下，更应展望未来。

破产重整制度效用发挥的首要前提是破产文化的塑造，只有从文化层面追根溯源，才能对症下药，治标亦治本。然而，无法否认的是，在众多国家，"破产"仍是一个贬义词。相较于美国成熟前卫的重整文化，中国的重整文化尚处于启蒙阶段。固然一个新制度的引入必然有一个学习、熟悉、熟练的过程。可喜的是，仅仅十余年，中国的破产从业者们就已积累了大量的实践经验。法律制度的运行效果亦能反作用于人们对"破产"的理性认识。某些重大重整案例的良好示范效应促使市场开始真正认识到破产重整的效用，但文化理念的真正转变仍值得期待。

破产重整的精髓在于它充满种种可能。当企业遇到危机，软弱者哭个不停，有效率的马上去寻找能拯救企业的投资者，而聪明的早就预备好了危机应对手段。勇敢面对现实，现实也会真情面对你。谨以此书献给每一个"破人"，衷心感谢师友一直以来对我的关心和支持。怀念走过的路……

何旺翔

2020 年 10 月 10 日于宁

# 目　录

# 第一章　破产重整制度概述

## 第一节　破产重整制度的进化

### 一、破产重整制度的进化：传统、移植和竞争

早在古罗马时期，破产就被视为一种解决危机的手段，国家甚至会暂时代私人还债。[1]就此而言，欧美国家的破产危机应对功能应该说是源远流长。早在 1898 年，美国就在破产法中规定了公司重整程序，时隔 40 年，1938 年钱德勒法案修正案进而在美国破产制度中确立了重整作为破产预防的一种重要方式。[2]其后，美国又用了 40 年的时间实现了司法重整制度的快速发展，尤其 1978 年通过的《破产改革法》（Bankruptcy Reform Act of 1978）里标杆式的第 11 章重整程序，堪称美国破产立法中的典范。[3]在英国，实际上其早期破产法律体系中并无真正意义上的公司重整程序，而是紧随美国，以 1982 年柯克委员会立法建议稿为基础，通过 1986 年破产法案确立了公司自主安排程序和管理程序，其最主要的特色是突出法人拯救文化。[4]

于大陆法系的德国而言，其现代重整制度可追溯至 1935 年的和解条例（Vergleichordnung）。另一大陆法系国家法国，其重整制度历史可追溯至 1967

---

[1]　参见徐国栋：“罗马破产法研究”，载《现代法学》2014 年第 1 期。

[2]　参见韩长印：“美国破产立法的历史变革及现实走向——写在〈美国破产法〉译后”，载《上海交通大学学报（哲学社会科学版)》2004 年第 6 期。

[3]　参见王卫国：“论重整制度”，载《法学研究》1996 年第 1 期。

[4]　张海征：“英国破产重整制度及其借鉴”，载《政治与法律》2010 年第 9 期。

年 7 月 13 日的 67 - 563 号法。[1]而亚洲国家日本较法国更早，于 1952 年颁布了《公司更生法》。德国真正意义上现代重整制度的构建应始于 1978 年德国联邦政府成立专家委员会，并历时近 16 年才通过了 1994 年的《破产法》。1994 年德国《破产法》中的破产重整制度不仅将 1877 年破产法中的强制和解制度和 1935 年和解条例中避免破产的和解程序合二为一，而且亦吸收转化了美国重整制度中的众多内容，如债务人自行管理和重整计划强制批准。同在欧洲大陆的法国，该国面临新的经济和社会情况，通过 1985 年 1 月 25 日的 85 - 98 号法建立了司法重整程序，进而基于人们（主要是一些法律工作者）对 1985 年法律过分牺牲债权人利益的批评，于 1994 年 6 月再次修订司法重整程序，从而改善重整程序，优化重整计划。[2]概言之，现代意义上的破产重整制度发端于 20 世纪初，并在 20 世纪后半期得到了蓬勃发展，至 20 世纪末在欧美国家确立成型，其企业拯救的功能定位一直延续至今。

进入 21 世纪，各国都针对实践中暴露出来的问题展开了对破产重整制度的修订工作。例如，日本鉴于《公司更生法》存在的种种弊端，效仿美国《破产法典》颁布了《民事再生法》，这一程序中债务人自行管理常态化、程序的简便高效以及可预测性使得其迅速为大家所接受，并广为使用。[3]一向保守的英国则通过 2002 年改革使管理程序在很大程度上取代之前的管理接管程序。[4]现代重整制度的发源地美国也于 2005 年通过《破产滥用防止和消费者保护法案》（Bankruptcy Abuse Prevention and Consumer Protection Act of 2005，以下简称为《破产滥用防止法》）进行了改革。德国也于 2011 年 12 月 7 日颁布了《企业重整进一步促进法》（Gesetz zur weiteren Erleichterung der Sanierung von Unternehmen，以下简称为《重整促进法》），该法于 2012 年 3 月 1 日生效。其目的在于吸引债务人尽早提出重整申请，提高企业重整成功可能性。此外，法国也于 2005 年和 2008 年进行了两次连续性改革。可以发现，上述

---

〔1〕 参见王玉梅："法国困境企业重整制度的改革及其启示"，载《法商研究》2004 年第 5 期。

〔2〕 参见王玉梅："法国困境企业重整制度的改革及其启示"，载《法商研究》2004 年第 5 期。

〔3〕 See Hideyuki Sakai, "Reflections on a Revolution in Japanese Business Restructuring Proceedings: An Insolvency Practitioner's Perspective of the Early 21st Century and Future of Japanese Insolvency Law", *American Bankruptcy Law Journal*, Vol. 92, 2018, p. 401.

〔4〕 参见张海征："英国破产重整制度及其借鉴"，载《政治与法律》2010 年第 9 期。

各国的破产重整制度已从 20 世纪的制度构建阶段转入了 21 世纪的制度细化及优化阶段，并都针对法律实践中出现的问题，以提高破产重整制度效率性、防止滥用重整为主旨进行了改革。

值得一提的是，学术引导与参与在欧美各国重整制度进化中扮演着十分重要的作用。例如，德国《重整促进法》草案的规定应该说是在对相关法律实践经验、学术讨论总结的基础上出台的。在立法过程中，学术界针对草案内容所展开的激烈讨论也促成了草案的进一步修订和完善。特别是效仿德国公司法登记障碍消除程序而新增的德国《破产法》第 253 条第 4 款的规定就是鉴于学术界的强烈呼吁而在草案最后审议阶段又加入的。尽管德国学界认为某些规定仍值得商榷，且有必要进一步明确细化，但总体而言还是较修订之前的《破产法》规定有了较大进步。特别在德国统一破产程序以实现债权人利益最大化为首要目标的大背景下，《重整促进法》的修订已尽量从重整促进角度出发进行了立法改进。

然而，另一方面，不同的法律传统又使得各国法律得以个性化发展，难判孰优孰劣。法律传统一方面源自于社会经济文化的传统，另一方面亦受到相关学术理论以及立法既有路径和体系的影响。于破产重整法律制度而言，不同的文化传统与利益权衡使得各国在破产重整制度设计方面采取了不同理念。例如，美国前卫的重整文化以债务人利益优先，进而在制度设计上最大程度确保债务人企业可以重获新生，并且于商业实践中司法重整已悄然成为企业运营的一种方式或策略。曾有我国实务界人士在赴美考察美国破产法律制度后指出，美国这种"关注债务人重生，强调破产预防"的理念与美国资本主义经济飞速发展，需要更具实践意义的手段应对不可避免的经济失败有关，同时，这种理念反过来也促进了美国经济的持续发展。[1]与之相对，德国则持相对保守态度。德国著名的破产法实务人士团体"Gravenbrucher Kreis"在 1994 年《破产法》的立法过程中就曾批评美国的重整制度对债务人过于友好，且是低效和繁琐的。[2]由此，德国立法者一直秉持债权人利益最大化的

---

〔1〕 张勇健、钱晓晨、杨以生："美国破产法若干问题聚焦"，载《法律适用》2010 年第 9 期。

〔2〕 Gravenbrucher Kreis, ZIP 1992, 657, 658 f.

制度设计理念，将破产重整视为债权人受偿的方式之一。时至 2009 年，德国著名破产法学者乌伦布鲁克（Uhlenbruck）和瓦朗德（Vallender）在《德国破产法的十年》一文中批评指出，德国的破产重整程序目前仍只在法律实践中扮演配角，并远远未达到美国司法重整制度在该国企业危机应对中所发挥的作用。[1]尽管如此，德国仍有众多学界和实务界的人士仍坚守着德国法的传统立场。此外，独具特色的英国不惜部分牺牲政府和银行等有担保或有优先受偿权的债权人利益来提高普通债权人组的清偿比率，从而激发普通债权人参与重整的积极性。[2]独树一帜的是法国社会整体利益最大化的立法价值取向。该国在 1985 年司法重整程序确立之初即将维持企业的经营业务与企业员工的就业作为该程序的目标之一。[3]

在各国重整法律制度个性化发展的同时，值得注意的是，放眼欧亚，以美国重整制度为范本的改革浪潮业已席卷多国。例如，英、法、日、韩的前置庭内重整程序以提高企业重整成功可能性为目的，均效仿美国司法重整制度设定了一个相较破产重整原因门槛更低的重整原因，并引入债务人自行管理常态化、破产保护措施等重整促进措施。毫无疑问，以某国为范本的法律移植无疑会进一步增加各国法律制度的趋同性，但破产重整制度的趋同性亦源自于法律的自我进化，特别是共性商业实践的采用。例如，出售式重整，即破产企业营业的整体转让很难说为一国所独创。与此同时，美国破产法协会在 2013 年启动美国破产重整制度改革调研时亦专门成立了比较法咨询委员会，并重点将奥地利、澳大利亚、比利时、加拿大、法国、德国、意大利、日本、韩国、荷兰、西班牙、英国、南非及我国作为了比较法调研对象国。[4]简言之，现代各国重整法律制度的发展已从封闭的自然生长期进入了相互学习借鉴的阶段。

毋庸置疑，破产重整制度的趋同并不代表完全一致，法律移植并非简单

---

[1] Uhlenbruck/Vallender, NZI 2009, 1, 5.
[2] 参见张海征、王欣新："论法院强制批准重整计划制度之完善"，载《首都师范大学学报（社会科学版）》2014 年第 4 期。
[3] 王玉梅："法国困境企业重整制度的改革及其启示"，载《法商研究》2004 年第 5 期。
[4] See Bob Wessels, "Comparative Study Assists Reform of Chapter 11 U. S. Bankruptcy Code", *International Insolvency Law Review*, Vol. 3, 2013, p. 286.

抄袭，抑或美国化，而是吸收并转化。各国虽以一国为范本，但基于各自不同的法律传统、制度特性及立法路径，均在法律移植过程中进行了本土化设置，乃至又形成创新型的个性化发展。最为典型的是德国，该国并未效仿英法通过采纳前置庭内重整程序来构建起多层次的重整法律体系，而是创设了重整准备程序。这一创新型设置并未改变本来程序框架，但同样达成了促进重整的目的。又如，英国严格保护债权人利益和维护债权人自治的立法理念使得其至今未引入强制批准制度。[1] 然而，此种法律传统亦存在难以回避的逆效应，从而导致法律移植中的效率衰减。例如，在英国，对预重整滥用的担忧始终存在，并使其名声不佳。[2] 又如，在预重整于上世纪末引入日本之时，其亦发生了变异。与美国预重整中债权人作为协商谈判的核心主体不同，日本预重整中扮演核心角色的则是投资人。只要与投资人达成了相应协议，管理人即可制作重整计划草案并启动司法重整程序。上述情况亦导致了债权人对预重整的担忧和质疑。[3] 此外，德国旧《破产法》虽在吸收转化美国债务人自行管理制度基本原理的基础上引入了该制度，但由于以保护债权人利益为首要目标而将债务人自行管理视为破产程序中的例外情形，加之德国学界对债务人自行管理制度的种种质疑，该制度于相当长的时间内未发挥其应有的重整促进作用。最终，德国不得不在债务人自行管理制度引入的 18 年后，在总结法律实践经验教训的基础上，并针对出现的新问题，通过 2012 年的《重整促进法》对债务人自行管理制度进行了再调适。质言之，法律移植中本土化设置离不开实践继受，也往往须经实践继受来不断调适。

更为关键的是，长远来看，在各国以美国破产法为范本的改革不断推进并创新发展之后，加之全球经济一体化，特别是跨国企业的存在，破产法的竞争应会成为必然。相关主体必然会选择效率高、成本低的重整法律

---

〔1〕 参见张海征、王欣新：“论法院强制批准重整计划制度之完善”，载《首都师范大学学报（社会科学版）》2014 年第 4 期。

〔2〕 参见〔英〕桑德拉·弗雷斯：“英国 2002 年企业法实施效果报告”，毅友译，载李曙光、郑志斌主编：《公司重整法律评论》（第 2 卷），法律出版社 2012 年版，第 338～339 页。

〔3〕 See Hideyuki Sakai, "Reflections on a Revolution in Japanese Business Restructuring Proceedings: An Insolvency Practitioner's Perspective of the Early 21st Century and Future of Japanese Insolvency Law", *American Bankruptcy Law Journal*, Vol. 92, 2018, pp. 402 – 405.

制度来推进重整。于欧盟境内，破产法的竞争已悄然开始。换言之，破产重整制度的进化将逐步演变为全球范围内法律竞争背景下的进化。各国参与竞争的目的一方面在于争取商业资源，另一方面亦在于争取成为下一波改革浪潮中法律移植的范本。与此同时，竞争亦在法律移植中发挥了催化剂的作用，行之有效的规则为各国所借鉴学习，使得重整法律制度不断融合创新。

综上所述，重整法律制度的进化是传统延续、法律移植、实践继受与竞争改革的结果，进化的外在动力为重整制度的移植与竞争，内在动力在于商业实践的发展与创新。法律移植与竞争使得各国破产重整制度在价值目标、制度设计和商业实践方面不断趋同，但各国重整制度的个性化发展亦为必然，特别是法律移植中本土化的必然性不容否认。然而，法律移植中过于强调个性化设置，而忽视共性问题的存在就有可能导致某些法律移植形式上的本土化。并且法律移植中本土化设置的可行性有待法律实践检验，某些法律移植的本土化是一个漫长的过程，不可能一蹴而就，而需要根据法律实践进行反复调适。各国破产重整制度的完善实际上都源自于对法律实践经验的不断总结。我国破产重整制度的进化亦无法超脱传统延续、法律移植、实践继受与竞争改革的世界大格局。基于破产重整的复杂性，并考虑到作为制度构建的后发国，我国破产重整制度的构建必须是条文移植和实践继受双轨并行。实践继受的作用亦在于避免既有社会文化土壤对法律移植的作用削减，特别是效率衰减，进而在经验总结的基础上进行本土化的制度设计。

## 二、中国破产重整制度的法律移植与实践继受

新中国的破产第一案乃沈阳防爆器械厂破产案。1985 年 8 月 3 日，沈阳市防爆器械厂根据《沈阳市关于城镇集体工业企业破产倒闭处理试行规定》被正式宣告破产警告，进行整顿拯救，其后于 1986 年被正式宣告破产。1986 年 12 月颁布的《中华人民共和国企业破产法（试行）》（以下简称《企业破产法（试行）》）第四章规定了和解和整顿制度共计 6 条。换言之，新中国成立后的将近 40 年里"破产"是一个陌生的词汇，且该法只适用于全民所有制企业。时隔 5 年，1991 年通过的《中华人民共和国民事诉讼法》又设专章规

定了非全民所有制企业法人的破产还债程序，但并未涉及和解和整顿的问题。在《企业破产法（试行）》实施之初，破产案件受理实际仍处于在行政机关决策控制下的个案试点阶段。这一方面是由于我国应否实行破产制度在思想上尚有分歧，另一方面毫无疑问在于破产法实施环境和破产立法本身尚须完善。[1]具体针对当时的整顿制度，学者指出，这种整顿手段以行政命令方式为主，是适应当时经济体制的一种经济调节手段。[2]时隔《企业破产法（试行）》颁布 10 年，更有学者批评指出，当时的行政整顿制度现已被实践证明是行之无效的。[3]进入 21 世纪，2002 年最高人民法院通过的《关于审理企业破产案件若干问题的规定》第四部分又细化规定了有关"破产和解与破产企业整顿"的 7 条内容。申言之，重整制度移植入我国之初亦面临着传统逆效应的问题。当时，正如学者所言，我国应继续坚持借鉴国外立法经验与结合中国实际相统一，并以借鉴为主完善企业整顿制度。[4]

以借鉴移植为基础，2006 年颁布的《中华人民共和国企业破产法》（以下简称《企业破产法》）首次以专章第 8 章共 25 条的规定确立了破产重整制度，从而确立了我国现代意义上的破产重整制度。《企业破产法》实施后的约 3 年，最高人民法院陆续出台了一系列司法解释；2016 年 8 月开通了全国企业破产重整信息网，并在各地陆续建立了破产审判庭等专业化审判组织；2018 年最高人民法院对外公布了《全国法院破产审判工作会议纪要》（以下简称《会议纪要》）。然而，不得不承认的是，中国破产重整法律制度的移植只是成套设备的局部（零部件）移植，由此导致部分规定无法发挥其在发源国的正常功能。伴随着相关规定的不断细化完善，法律实践的道路却坎坷波折。破产案件立案数量首先是不升反降，而转折点发端于 2016 年开始的供给侧结构性改革，破产案件立案数量呈现不断上升趋势。并且伴随着破产案件数量不断增加，破产审判队伍日趋专业化。

---

〔1〕 参见王欣新："试论破产法的调整机制与实施问题"，载《中国法学》1991 年第 6 期。

〔2〕 参见甘培忠："论借鉴国外立法经验，建立我国完善的企业整顿制度"，载《北京大学学报（哲学社会科学版）》1993 年第 4 期。

〔3〕 王卫国："论重整制度"，载《法学研究》1996 年第 1 期。

〔4〕 参见甘培忠："论借鉴国外立法经验，建立我国完善的企业整顿制度"，载《北京大学学报（哲学社会科学版）》1993 年第 4 期。

进一步而言，世界银行对全世界 190 个经济体营商环境的测评显然是一现实存在的竞争排名榜。而在全球范围内制度竞争的背景下，法律移植必将更加艰巨复杂。我国立法者不仅应意识到法律移植所带来的间接成本，而且须注意竞争背景下法律移植的前瞻性。作为制度引进国，我国的后发优势在于根据各国竞争的优劣，并结合本国国情进行甄别选择。亦值得期待的是，法律移植中的品种杂交与嫁接可形成制度内竞争。这种制度内的竞争犹如一块试验田，一方面将全球化竞争的场阈缩小化，另一方面亦可能通过实践继受进行甄别选择，乃至促成创新型制度的产生。然而亦须警醒的是，应避免因竞争盲目性而陷入触底式竞争的困局。我国学者就曾指出，欧洲大陆国家的公司资本制度改革更像是在"底线竞争"压力下的不得已而为之。[1]

### 三、学术引导、政策指导与实践创新

破产重整制度的效用发挥固然有赖于相关法律的完善，但亦得依靠文化理念的塑造。在重整文化塑造方面，学术引导功不可没。早在 20 世纪 80 年代末，即有学者在研究我国台湾地区公司重整相关规定的基础上指出公司重整的拯救企业功能。[2]进入 20 世纪 90 年代，我国学者呼唤更规范的公司整顿制度的出台。[3]在 1996 年的《论重整制度》一文中，王卫国教授提及，重整制度已经纳入新破产法起草者的设计蓝图。[4]几乎同一时期，我国经济学家亦意识到，破产清算可能扼杀一些有生命力的企业。[5]至此，重整制度于现代企业破产法中的价值及设计必要性已毋庸置疑。于 2006 年《企业破产法》出台前夕，多位学者撰文指出，企业拯救是现代破产法的重要理念之一和国际上破产法发展的重要趋势，而作为企业拯救制度的破产重整制度应作

---

〔1〕 刘燕："公司法资本制度改革的逻辑与路径——基于商业实践视角的观察"，载《法学研究》2014 年第 5 期。

〔2〕 吴永泉："论台湾公司法的重整制度"，载《福建论坛（经济社会版）》1989 年第 9 期。

〔3〕 甘培忠："论借鉴国外立法经验，建立我国完善的企业整顿制度"，载《北京大学学报（哲学社会科学版）》1993 年第 4 期。

〔4〕 王卫国："论重整制度"，载《法学研究》1996 年第 1 期。

〔5〕 吴有昌："债转股——基于企业治理结构的理论与政策分析"，载《经济研究》2000 年第 2 期。

为新破产法的重点加以规定。[1]2006 年《企业破产法》颁布之后，学界将破产重整制度的规定称为"新破产法最重要的制度创新之一"。[2]然而，于 2006 年《企业破产法》实施的 5 年后，学者们逐步发现在重整立法预期和实践之间出现了一道鸿沟，特别是行政力量对破产重整制度实施的影响。[3]《企业破产法》实施十年之际，在供给侧结构性改革大背景下，学者又强调不能夸大破产重整的作用，不能刻意强求破产重整的优先适用。[4]

以学术引导为基础，实务界人士也逐步意识到破产重整在企业拯救方面的巨大效用，进而引领社会大众转变观念。2018 年《会议纪要》即明确指出："各地法院应落实破产重整企业的识别机制，以市场化为导向，对企业是否具备运营价值和重整可能性进行审查，坚决防止已丧失运营价值的企业借重整再度潜入市场。"2018 年《会议纪要》中"以市场化为导向的重整识别"，无疑投射出对破产重整制度从功能发现促进，再到理性认知面对的过程，特别是对盲目重整与滥用重整问题的再认识。这些学术引导和政策指导也体现在具体数据上，2016 年、2017 年全国范围内受理的企业破产案件中，重整案件占比分别为 18.4%、18.6%，官方将其称为"企业重整稳步有序推进"。[5]2017 年，全国法院十大破产典型案例中有 8 件是破产重整案例，广东省十大破产典型案例中有 7 件是破产重整案例，浙江省十大破产典型案例中有 6 件是破产重整案例，江苏省十大破产典型案例中有 6 件是破产重整案例。

进一步而言，相对于法律移植或观念的形成，域外成熟的商业实践似乎

---

〔1〕 李曙光、贺丹："破产法立法若干重大问题的国际比较"，载《政法论坛》2004 年第 5 期；王利明："破产立法中的若干疑难问题探讨"，载《法学》2005 年第 3 期；汪世虎："我国公司重整制度的检讨与建议——以债权人利益保护为视角"，载《现代法学》2006 年第 2 期。

〔2〕 王欣新、徐阳光："破产重整立法若干问题研究"，载《政治与法律》2007 年第 1 期。

〔3〕 参见李曙光、王佐发："中国《破产法》实施三年的实证分析——立法预期与司法实践的差距及其解决路径"，载《政法论坛》2011 年第 2 期。

〔4〕 参见邹海林："供给侧结构性改革与破产重整制度的适用"，载《法律适用》2017 年第 3 期。

〔5〕 "最高法召开发布会介绍法院破产审判工作情况"，载 http://www.court.gov.cn/fabu-xiangqing-83772.html，最后访问时间：2018 年 10 月 1 日。

更容易复制。[1]对于破产重整，亦是如此。例如，出售式重整、预重整及债转股就几乎是在立法无明确规定的情况下对域外商业实践模式的复制。在此基础上，我国的商业实践者们甚至创造出具有中国特色的模式，例如反向出售式重整和分离式处置模式。[2]进而，公司法学者指出，这些新的交易模式（非正式制度）能否为立法者所接受仍要取决于立法机关的态度。[3]就此而言，商业模式的复制与创新固然有赖于市场本身，但立法者亦应秉持一种更为开放包容的态度，为重整措施实施与创新创造条件，进而提供适当的催化剂激发重整参与人在重整措施多样化方面的创造力，并在必要时通过立法进行制度化确认。

综上所述，在供给侧结构性改革和僵尸企业处置的大背景下，我国的重整文化初步形成。在重整文化塑造过程中，学术引导与司法示范发挥着极其重要的作用，进而促成了市场主体对破产重整制度的理性认知。然而，在功能发现与避免盲目、滥用重整的同时，亦应确立"重整友好、重整容错、避免事后诸葛式评价"的重整文化。毕竟，破产重整从经济和政治考量上相较于破产清算要居于更为优先的地位。准确而言，"多重组，少清算"应表述应为"重组优先"，即面对任何一个危机企业，都须判断其是否具有重整可能。进而，文化塑造和制度变革可促成商业实践的复制，乃至创新，而商业实践的复制与创新亦会进一步强化重整文化塑造，推动制度优化。重整制度发展应针对社会发展需要采取相应的法律改革措施，其亦可从商业实践中汲取营养。在此基础上，我国的重整文化、法律制度和商业实践方能融入全球一体化及制度竞争的大格局。

---

〔1〕 刘燕："公司法资本制度改革的逻辑与路径——基于商业实践视角的观察"，载《法学研究》2014 年第 5 期。

〔2〕 参见王欣新："重整制度理论与实务新论"，载《法律适用》2012 年第 11 期；徐阳光、叶希希："论建筑业企业破产重整的特性与模式选择——兼评'分离式'处置模式"，载《法律适用》2016 年第 3 期；徐阳光、何文慧："出售式重整模式的司法适用问题研究——基于中美典型案例的比较分析"，载《法律适用》2017 年第 4 期。

〔3〕 参见董淳锷："公司法改革的路径检讨和展望：制度变迁的视角"，载《中外法学》2011 年第 4 期。

## 第二节　破产重整制度的价值目标和基本原则

### 一、破产重整制度的价值目标

破产重整制度设计亟待解决的第一个问题就是破产重整制度的价值目标该如何设定。从危机企业角度而言，破产重整无疑是其最后一根救命稻草。破产重整制度拯救企业的价值一直为学者所津津乐道。[1]"破产重整对债务人经济再生的关注"亦被视为"破产程序现代化的标志"。[2]正是以债务人利益优先为出发点，美国破产法通过相应制度设计在最大程度上确保债务人企业可以重获新生。司法重整在美国更是被危机企业视为凤凰涅槃的策略性工具。在此背景下，美国三大航空公司都曾经历过司法重整，而三大汽车制造商也只有福特没有经历司法重整。在20世纪80年代的德国，该国破产法改革委员会曾在破产法改革建议稿中将破产重整程序的规定置于破产清算程序规定之前，并欲以此体现破产重整的优先性。[3]但1994年德国破产法改革并未采用这一体例。德国《破产法》第1条规定的破产程序价值目标是："通过对债务人财产的变价和对其剩余财产的分配，或者通过以维系企业经营为目的的重整计划另行做出规定的方式，使债权人共同受到清偿。"德国立法者在立法理由中阐释道："破产清算、出售式重整及存续性重整应被等同视之，由此通过所有变价方式的竞争来发现最佳的破

---

〔1〕　吴永泉："论台湾公司法的重整制度"，载《福建论坛（经济社会版）》1989年第9期；甘培忠："论借鉴国外立法经验，建立我国完善的企业整顿制度"，载《北京大学学报（哲学社会科学版）》1993年第4期；王卫国："论重整制度"，载《法学研究》1996年第1期；李永军："重申破产法的私法精神"，载《政法论坛》2002年第3期；李曙光、贺丹："破产法立法若干重大问题的国际比较"，载《政法论坛》2004年第5期；汪世虎："我国公司重整制度的检讨与建议——以债权人利益保护为视角"，载《现代法学》2006年第2期；王欣新、徐阳光："破产重整立法若干问题研究"，载《政治与法律》2007年第1期；李永军：《破产法》，中国政法大学出版社2009年版，第184页；胡利玲："破产重整制度之审思"，载《中国政法大学学报》2009年第4期。

〔2〕　李永军：《破产法》，中国政法大学出版社2009年版，第184页。

〔3〕　K. Schmidt, Wege zum Insolvenzrecht der Unternehmen, S. 141 ff.

产财产变价方式，从而实现债权人利益最大化的价值目标。"[1]显而易见，德国立法者放弃了将债务人存续作为首要价值目标，而使债权人利益居于中心地位，并优先于债务人的利益。[2]换言之，债权人利益最大化才是德国破产法应然之使命，即便是维系企业经营、工作岗位保留、资源优化配置和确保就业的经济政治考量在破产法的框架下仍无法撬动债权人利益最大化的价值目标。但毫无疑问，在实现债权人利益最大化的同时，上述目标亦可借由破产重整间接实现。

我国《企业破产法》第 1 条亦明确了破产程序"保护债权人和债务人合法权益"的价值目标。实际上，债权人利益最大化的破产法价值目标已成为学界的主流观点。[3]以债权人利益最大化为目标，破产重整貌似使具有生存能力的危机企业得以继续经营，但实际上是通过继续经营实现企业价值最大化，进而促成债权人利益的最大化。破产重整的魅力即在于为债权人提供更高受偿额的可能。并且各国破产法均提供了恰似"安慰剂"的制度保障，除非债权人同意，否则破产重整方案不得将债权人置于较破产清算更为不利的地位。与此同时，在企业破产重整情况下，债权人和出资人异质性愈发不明显，而同质性增强，两者利益共同点都在于使企业恢复继续经营能力，实现企业价值最大化。由此，突破传统债务人利益优先（美国模式）和债权人利益优先（德国模式）之争，将企业价值最大化作为破产重整制度价值目标应更为恰当。

破产重整亦可实现社会整体利益最大化。德国著名破产法学者巴尔茨（Balz）甚至将破产法称为"市场经济的危机宪法（Notstandsverfassung der Marktwirtschaft）"。[4]社会整体利益最大化亦被我国学者视为破产（重整）法

〔1〕　Begr. zum RegE InsO, BT-Drucks. 12/2443, S. 78.

〔2〕　Müller, Der Verband in der Insolvenz, S. 304.

〔3〕　汪世虎："我国公司重整制度的检讨与建议——以债权人利益保护为视角"，载《现代法学》2006 年第 2 期；刘颖："论破产法中的债权人最大利益原则——兼析《企业破产法》第 87 条第 2 款"，载《甘肃政法学院学报》2014 年第 2 期；齐明、焦杨："破产法体系构建的功能主义指向及其市场依赖"，载《当代法学》2012 年第 5 期。

〔4〕　Balz, Manfred in：Neuordnung des Insolvenzrechts, S. 2.

律制度的一项重要价值目标。[1]与我国学者观点相一致，我国《企业破产法》第 1 条亦明确了破产法"维护社会主义市场经济秩序"的历史使命。显然，维系危机企业的继续经营不仅可以实现企业价值最大化，进而使债权人利益得以最大化，亦可实现社会整体利益最大化。且如若对企业价值最大化从广义角度去理解，则既包括了企业的经济价值，亦不应忽视企业的社会价值。进一步而言，破产法所追求的利益最大化，不是个体利益最大化，而是整体利益最大化。这一特点在破产重整中尤为明显。例如，破产重整可以在保证部分重整参与人获得较高额受偿的情况下使其他重整参与人获得不少于破产清算数额的清偿，乃至经债权人同意获得更低清偿，甚至零受偿。从此角度而言，破产重整制度设计中当然有整体利益最大化的考量。

实际上，破产重整制度产生的理论基础亦源自于公司社会责任理论。[2]立法者亦通过一次次的破产重整制度改革应对危机，实现社会整体利益最大化。例如，受 2008 年世界金融危机的影响，大陆法系的德国亦曾在面临企业破产浪潮时，于 2008 年 10 月 17 日通过了《金融市场稳定法》（Gesetz zur Umsetzung eines Maßnahmenpakets zur Stabilisierung des Finanzmarktes），[3]并于 2010 启动了对该国破产重整制度的改革，于 2011 年 12 月颁布了《企业重整促进法》。简言之，各国立法者始终从社会整体利益最大化出发进行适度合理的制度设计。各国破产法中基于社会整体利益最大化考量的规定也并不鲜见。例如，德国《破产法》第 225 条第 1 款规定："如果重整计划无特殊规定，后

---

　[1]　早在 1989 年，我国学者即撰文提及：公司重整可"避免引起连锁反应使更多的公司破产倒闭，造成经济损失和社会不安"。参见吴永泉："论台湾公司法的重整制度"，载《福建论坛（经济社会版）》1989 年第 9 期。1996 年，王卫国教授在《论重整制度》一文中即指出："创立和发展重整制度的动力，不仅来自当事人基于个别利益的个别理性判断，而且来自社会基于整体利益的整体理性判断。"参见王卫国："论重整制度"，载《法学研究》1996 年第 1 期。王欣新教授亦指出："破产重整制度的建立是破产法社会价值取向发展中的一次突破，在现代立法由个人本位逐步向社会本位的转变过程中，破产重整制度体现国家公权力透过司法程序对私人经济活动的主动介入，在维护当事人权益的同时，也强调保护社会的整体利益。"参见王欣新：《破产法》，中国人民大学出版社 2011 年版，第 245 页。
　[2]　参见张世君：《公司重整的法律构造——基于利益平衡的解析》，人民法院出版社 2006 年版，第 49～53 页。
　[3]　该法第 5 条规定缩小了资不抵债的认定范围，从而避免使一些危机企业陷入破产境地，并承担破产申请义务。依据该法第 5 条的规定，德国《破产法》第 19 条第 2 款被修订为：当债务人财产不能清偿现存所有债务时，则构成资不抵债，但企业继续经营具有极大可能性的情况除外。

位受偿债权即视为被免除。"与之相对,该条第 3 款却明确规定:"重整计划不得规定免除或限制作为后位受偿债权的罚金债权。"从上述规定可以发现德国《破产法》社会整体利益最大化的立法考量。又如,在法国,出售式重整买家的选定不仅是依据其所报的收购价格,而且工作岗位的保留、企业债务的清偿等一系列涉及企业继续经营的关键性指标亦被加以考量。[1]于此须指出的是,出售式重整只是债权人在破产程序中受偿方案之一。只有相较其他方案更能实现债权人利益最大化时,出售式重整才能获得债权人的支持。经济政治考量不应撬动企业价值最大化的价值目标,法院依此考量强制批准出售式重整亦是对债权人意思自治的不当干预。

## 二、破产重整制度的基本原则

德国学者布劳恩(Braun)和乌伦布鲁克(Uhlenbruck)在 1997 年出版的《企业破产》一书中指出,破产程序应是市场经济的功能组成部分,其功能在于让不具有继续经营能力的企业退出市场,并帮助具有继续经营能力的企业恢复经营能力。破产重整制度具有维系有生存能力企业继续经营的市场经济基本功能。[2]原德国慕尼黑大学教授、现英国牛津大学教授艾登穆勒(Eidenmüller)将破产重整制度的功能形象地称为"筛选器"功能,即筛选出真正具有继续经营可能性的企业。[3]实际上,破产重整制度的"筛选器"功能源自于商法机制的选择功能,即为市场主体提供一个有质量的市场,进而通过法律的强制力促进市场机制发挥优胜劣汰的作用。[4]换言之,破产重整制度所具有的"筛选器"功能本质上是为市场创造条件,由市场来进行"筛选"。进一步而言,破产重整涉及众多商业预判、价值评估等不确定性因素。如若在破产重整制度中夹杂着复杂难解、尚无定论的经济学问题,无疑会导致制度的低效,乃至彻底失能。并且与其让法院做出复杂且不准确的商业预判,不如变法官裁量为重整参与人意思自治。概言之,从破产重整制度的市

---

〔1〕 Cavaillès, Der Unternehmenskauf in der Insolvenz, S. 196 f.

〔2〕 Braun/Uhlenbruck, Unternehmensinsolvenz, S. 47 f.

〔3〕 Eidenmüller, ZIP 2010, 649, 650.

〔4〕 陈甦:"商法机制中政府与市场的功能定位",载《中国法学》2014 年第 5 期。

场化"筛选器"功能出发，并考虑到商业预判的复杂性及不确定性，意思自治原则应为破产重整制度的基本原则。德国立法者在1994年破产法改革目标的实现方案中即指出，破产程序的进行应以债权人意思自治为主导，并应由债权人来决定破产企业重整的方式。[1]

　　进一步而言，破产重整计划具有契约性质之本体，但基于多数决应更近似于（投资者）章程，却又因法院审查和强制批准的存在而具有了特殊性质。尽管如此，契约自由的精神内涵却并不会被改变。德国立法者指出，债权人利益最大化的价值目标可借由债权人意思自治得以实现。债权人理应在破产重整程序中拥有更大的意思自治空间，任何灵活多样的个性化安排都应以程序透明化框架下的债权人意思自治及利益保障为前提。[2]某种意义上，意思自治原则甚至凌驾于债权人利益最大化原则和平等对待原则之上。例如，在征得债权人同意的情况下，重整计划亦可约定其获得较破产清算更低的受偿额，乃至零受偿。尤其在债务人是债权人重要商业伙伴的情况下，这种受偿方案亦有可能为债权人所接受，从而确保债务人企业的继续经营。简言之，破产重整制度的生命力在于重整参与人所享有的意思自治，以及其所带来的重整计划个性化安排的巨大魅力。并且债权人意思自治能促使债务人尽早与债权人就企业重整事宜进行协商。在此基础上，通过减少法院介入，以相对高效的裁决过程提高程序效率，能够最大限度降低法定程序的制度成本。另一方面，破产重整中的债权人意思自治将能有效降低破产管理人责任风险，从而使破产管理人不会过于保守。

　　不可回避的是，意思自治也可能会导致这样的结果：债权人考虑到重整的费用成本及不确定性风险，可能根本不考虑企业的重整可能性，而希望尽快将企业财产变现满足自己的利益。由此，司法适度介入成为必然。司法介入的必要性首先源自于破产重整中存在的信息不对称、能力和道德缺失，此亦是决策不适当的主要缘由。另外，在重整由于利益博弈而陷入僵局，或者重整有失公平，或者重整参与人滥用权利时，司法介入亦不可或缺。并且债

---

〔1〕　Vorblatt zum RegE InsO, BT-Drucks. 12/2443.

〔2〕　Begr. zum RegE InsO, BT-Drucks. 12/2443, S. 90.

权人意思自治有可能提高程序成本，阻碍程序的顺利进行。在某些情况下，程序的高效运行以债权人意思自治受限为代价，如多数决与法院强制批准。

然而，司法介入必须遵循法定的程序，必须客观、公正、透明，其目的在于确保重整参与人决策的适当性，而非肆意替重整参与人决策。并且破产重整所涉及的商业预判和价值评估亦会超越法院司法裁量的能力。法院审查的核心目的应在于重整参与人的利益保护以及整体利益的最大化，而不应过多介入重整参与人的商业判断。简言之，司法介入亦有合法性和适当性的边界。从我国强制批准权的早期频繁使用，到现如今对于强制批准的审慎使用，无疑体现了司法介入自我限缩的倾向。

综上所述，以意思自治原则为基本，法院在破产重整程序中更应扮演合法性审查及公平性确保的角色。其核心任务应是对可能的程序及实体争议问题进行裁决，并宣告重整参与人表决通过重整计划的合法有效性。于其中，法院关注的应是信息的有效供给，商业交易的合法性和形式上的合理性，以及对利益相关者的权利保护，而不应过多代替重整参与人对交易具体细节的合理性和可盈利性进行预判。固然，法官会将社会、经济和政治考量纳入破产重整裁量，以谋求决策适当性，或者说社会整体利益的最大化，但"追求社会效果"的破产重整裁量应慎之又慎。

### 三、"去行政化"与政府适度介入

存有较大争议的是破产重整中的政府介入。在有计划的商品经济时代，政府行政不仅能合法介入法院的审判程序，更俨然有超越法院地位，成为对整顿能否开始及其最终的成败起决定性作用的操纵者。[1]时至今日，我国破产重整案例中政府行政介入的情况也屡见不鲜。尤其是我国上市公司的重整都存有浓厚的行政干预色彩。根据学者在 2017 年的统计，在 50 家上市公司重整中，共有 38 家由清算组担任管理人，占比 76%；其中 3 家指定了纯粹由政府人员组成的清算组，而另 35 家由政府官员和社会中介机构共同组成的混

---

[1] 汪世虎："我国公司重整制度的检讨与建议——以债权人利益保护为视角"，载《现代法学》2006 年第 2 期。

合清算组担任管理人。[1]

重整制度旨在通过司法程序提供给濒临破产的企业一个自我挽救的机会，而不是凭借公权力挽救濒临破产的企业。[2]毫无疑问，在政府行政权力直接介入破产案件后，往往会影响乃至破坏破产法的市场化实施，使破产程序变成政府不当干预市场经济的渠道。[3]尤其在上市公司重整案件中，如果继续将上市公司保壳作为政绩任务，作为社会公共利益加以维护，将破坏破产法实施的公平性，造成社会公共利益在破产案件中的过度解读，损害破产法实施的法治基础。[4]更为关键的是，如若这种政府主导式的重整转变为一种非市场化的输血式重整，则显然会成为不具有继续经营能力企业维系生存的工具，进而造成资源配置的扭曲，破坏公平竞争环境，最终导致市场及破产法律制度的失能，更有将企业负担转嫁于纳税人之嫌。亦令人担忧的是，有实务界人士批评指出："地方政府通过重整程序实现了'闪转腾挪'，将上市公司控制权从其控制的一公司转移到另一公司，其权益并未受损，债权人和中小股东权益反倒受损。"[5]并且于当下中国，尤其应警惕某些企业大而不倒，倒逼政府在企业危机情况下的介入。申言之，破产重整的"去行政化"应为大势所趋。

破产重整的"去行政化"并不意味着政府在任何情况下都不应介入重整。实际上，即使政府有关部门主导着清算组的成员构成，法院对清算组的行为进行有效引导和规制，也足以落实"更加注重使市场在资源配置中起决定性作用"的理念和《企业破产法》规定的当事人自治主导型程序制度。[6]准确而言，政府介入的广度和深度往往与一个地区市场成熟度及政府的市场成熟度相关。例如在深圳重整的市场化程度就极高，对于公司重整甚至上市公司

〔1〕 赵惠妙："上市公司重整中政府角色的实证研究"，载《兰州学刊》2017年第12期。

〔2〕 齐明："我国上市公司重整中出资人权益强制调整的误区与出路"，载《法学》2017年第7期。

〔3〕 王欣新："论破产法市场化实施的社会配套法律制度建设"，载《人民法院报》2017年6月14日，第7版。

〔4〕 齐明："我国上市公司重整中出资人权益强制调整的误区与出路"，载《法学》2017年第7期。

〔5〕 唐旭超："论上市公司重整中的股东权益"，载《政治与法律》2014年第6期。

〔6〕 参见邹海林："供给侧结构性改革与破产重整制度的适用"，载《法律适用》2017年第3期。

的重整，政府均不直接介入，由法院主导，引导市场主体按市场规则充分博弈，达成利益平衡，进而实现了法律效果和社会效果的双赢。[1]申言之，破产重整中的政府介入应是去助力挽救具有继续经营能力的企业，并应以市场化的手段为主。尽管如此，政府介入往往伴随着质疑，美国的通用重整案和德国的卡尔施塔特（Karstadt）重整案即是如此。

## 第三节　破产重整利弊解析

### 一、庭外重整的利与弊

面临企业危机，庭外重整固然是拯救企业的首选。庭外重整的优点在于高度缔约自由以及较低重整成本。[2]特别是庭外重整的低成本优势不仅在于程序灵活性而可直接节省大量程序费用，而且由于其保密性，不会产生如破产重整程序启动给企业形象及价值带来消极影响等问题。[3]然而，有德国学者指出，尽管理论上庭外重整对企业形象负面影响较小，但实践证明，庭外重整，特别在庭外重整信息意外泄露情况下，企业形象或价值贬损并不亚于破产重整程序启动之时。[4]

更为关键的是，在庭外重整中，每一个债权人都会竭尽所能，甚至不惜牺牲其他债权人利益来谋求自身利益的最大化。相互之间的利益争夺无疑会导致债权人间难于协调，协调成本也必将随着债权人人数的增多而不断升高。[5]并且在庭外重整中，债权人极有可能随意拒绝合理可行的重整计划草案，甚至以此作为威胁要挟、讨价还价的工具。[6]上述两因素相结合就使得在庭外重整中很难形成有效合意，而一旦破产原因无法消除，异议债权人即

---

〔1〕　参见龙光伟："深圳地区破产重整案件的探索与实践"，载《人民法治》2017 年第 11 期。

〔2〕　参见胡利玲：《困境企业拯救的法律机制研究》，中国政法大学出版社 2009 年版，第 144、168 页。

〔3〕　Eidenmüller, Unternehmenssanierung zwischen Markt und Gesetz, 1999, S. 331 ff.

〔4〕　Pape, ZInsO 2010, 1582, 1583.

〔5〕　Eidenmüller, ZIP 2007, 1729, 1731 f.

〔6〕　Uhlenbruck, BB 2001, 1641, 1644 f.；Madaus, Der Insolvenzplan, 2011, S. 39 ff.

可利用破产申请权要挟债务人或其他债权人，甚至通过申请破产造成庭外重整彻底失败。胡利玲教授即认为，"钳制"问题已成为庭外重整功能发挥的"瓶颈"，而"搭便车"问题不仅会使部分债权人坐享其他债权人奋斗而取得的成果，而且还可能造成企业拯救的前功尽弃。[1]我国资深实务界人士亦指出，由于（庭外）重组具有私法的性质，导致重组方案对当事人的约束力不强，重组成功的几率较低。[2]尤其就我国上市公司重组实践案例来看，经常出现历经数年仍难以成功的重组案例，而重组的私法性质是导致重组程序有很多障碍难以克服的根本原因。[3]

再者，庭外重整的另一缺陷在于程序的非透明性，抑或黑箱效应。这就极有可能导致债权的真实性及准确性难以确保，部分债权人受到优待，其他债权人利益受损。特别是在庭外重整为特定关系人操控，抑或为了收买异议债权人的情况下，部分债权人就会获得额外利益。并且程序的非透明性也使得债务人企业极易滥用庭外重整谋一己之私利，损害债权人利益。与此同时，庭外重整中盲目重整的可能性也不可小觑。概言之，庭外重整的固有缺陷在于缺乏高效透明的谈判合作平台，债权人公平受偿的价值目标难以有效实现，对滥用或盲目重整的防范更无从谈及。并且庭外重整往往看似美好，现实却常常很"骨感"，企业最终仍可能需要通过破产重整程序来获得新生。

## 二、破产重整的优势解析

第一，与庭外重整相比，破产重整程序的优势首先在于程序透明性以及信息供给。[4]一方面，通过法院、破产管理人、债权人的参与及监督制约，将可以确保程序的透明性、重整计划草案的公平性及债权人公平受偿，并有效防范重整参与人滥用权利；另一方面，程序的透明性、司法权威性及监督

---

〔1〕　参见胡利玲：《困境企业拯救的法律机制研究》，中国政法大学出版社 2009 年版，第 32 ~ 35 页。

〔2〕　郑志斌、张婷："上市公司摆脱困境之路径选择：重整 VS 重组"，载李曙光、郑志斌主编：《公司重整法律评论》（第 2 卷），法律出版社 2012 年版，第 356 页。

〔3〕　郑志斌、张婷："上市公司摆脱困境之路径选择：重整 VS 重组"，载李曙光、郑志斌主编：《公司重整法律评论》（第 2 卷），法律出版社 2012 年版，第 363 页。

〔4〕　Schiessler, Der Insolvenzplan, 1997, S. 32.

机制将有助于各方信赖关系的重构或加强，促成信息供给。

第二，债权人的合理分组、重整计划草案通过的多数决以及法院的强制批准可提高重整计划草案的通过率，并可有效应对异议债权人滥用表决权及勒索性行为的问题。[1]即重整制度可以有效解决庭外重整的钳制问题。[2]并且相较于庭外重整中因重组方案无法执行而导致重组功亏一篑的情形时有发生，破产重整计划执行有司法强制力的保障。[3]此外，在我国庭外重整案例中，债权银行因法律程序上的原因，往往无法通过债务豁免的内部审核流程，而破产重整制度则使银行能较为容易地通过其内部减债审核程序。[4]

进一步而言，相较于庭外重整，破产重整虽亦处于巨大的时间和费用压力之下，但其本身亦为参与者提供了一套利益协调的程序框架。加之破产重整程序中的信息供给机制，重整各方可以就关键问题进行深入谈判，从而商讨出最佳解决方案。较为宽裕的时间框架甚至可以使重整各方边谈判边实施某些资产及营业优化措施，在此基础上再谈判再优化。另一方面，破产重整程序也给重整各方营造了一种高压谈判氛围。因为一旦谈判失败，各方不做出妥协让步，其所付出的费用将付之东流。基于破产重整程序中时间压力相对较小，而达成合意的压力较大，重整方甚至可以进行"耐压测试"，从而明确各方的让步底线，各方也更易做出妥协让步。从上述角度而言，破产重整程序更利于促成优质重整计划草案的形成通过。

第三，在破产重整程序中，通过破产撤销权、合同履行选择权的行使，以及财产保全措施、担保物权行使的限制等众多有效手段，将能确保企业财产的完整性，并高效优化企业资产及营业。而基于债权申报及审核的规定，辅以破产法院、管理人及各债权人之间的相互监督制约，债权的真实性、准确性及确定性将得以最大程度实现。以此为基础，并通过对重整企业情况及重整计划草案的充分分析论证，特别是债权人的讨论通过及破产法院的审核

---

〔1〕 Eidenmüller, Unternehmenssanierung zwischen Markt und Gesetz, 1999, S. 445.

〔2〕 参见王佐发："预重整制度的法律经济分析"，载《政法论坛》2009年第2期。

〔3〕 郑志斌、张婷："上市公司摆脱困境之路径选择：重整 VS 重组"，载李曙光、郑志斌主编：《公司重整法律评论》（第2卷），法律出版社2012年版，第368页。

〔4〕 参见郑志斌、张婷："上市公司摆脱困境之路径选择：重整 VS 重组"，载李曙光、郑志斌主编：《公司重整法律评论》（第2卷），法律出版社2012年版，第379页。

批准，将可使真正具有重整成功可能性且继续经营价值大于清算价值的企业进入实质重整阶段。这正是上文提及的破产重整程序的"筛选器功能"，或者说重整识别功能。

### 三、破产重整的固有弊端

为了进行企业重整，重整计划草案的制定者首先需要时间去收集相关资料和信息，并在此基础上分析研究，进而展开重整计划草案的制定工作。企业情况的查明、重整计划草案的制定以及与相关重整参与人的协商谈判无疑将耗费大量的时间和费用。且不论重整复杂性所导致的固有成本，破产重整法律制度如同任何法律制度一样都有其无法回避的制度成本问题，破产重整法定程序的复杂性亦是其高费用特性的罪魁祸首。具体而言，破产重整程序本身应有的制定提交、审议表决和审查批准等程序，基于公平性确保、权利保障和滥用防止的审查和异议程序，都会带来程序费用的问题。此外，重整不仅仅涉及一些法律问题，更以一系列的商业判断为基础。意见征询，抑或求助于相应专业咨询机构无疑会产生相应时间和费用成本。另一被忽视的问题是，破产重整的费用成本不仅在于显性的直接费用，更在于隐性间接费用，即破产负面评价所产生的企业形象和价值贬损。尤其当破产重整程序久拖不决时，债权人、客户及员工对企业重整的信心会不断下降，优秀员工及客户资源亦会流失。而这无疑会大大贬损企业的继续经营价值，甚至使企业重整成功机会彻底丧失。

进一步而言，破产重整中充斥着众多不确定因素，从而使得重整参与人无法准确预估程序是否以及何时能进行完毕。特别是重整计划草案通过及批准与否的不确定性更加剧了重整参与人对费用风险的担忧和恐慌。这种不确定性首先源自于重整参与人的信息缺失。尽管破产重整制度的功能之一即是信息供给，但信息缺失或偏差仍无法完全避免。由此，一方面，信息缺失会使得破产管理人无法做出准确判断，加之潜在责任风险的考量，其会更倾向于破产清算的简化处理方式；另一方面，债权人往往意欲避免长期且具有不确定性的破产重整程序，如若其信息获取不全面，则破产重整必将成为其第二选择。更令人担忧的是，债权人，特别是小债权人往往缺乏参与企业重整的经验和能力。如若重整计划草案的制定并未广泛征求债权人的意见及建议，并做好前期的解释说明工作，则债权人专业能力和经验的缺乏，加之研究决策空间的有限性无疑会增大重整计划草案被草率或错误否决的可能性。

亦不可否认，破产重整程序的低效，乃至无果而终亦源自于重整参与人的利益冲突和博弈。换言之，各方都会竭尽所能实现己方利益的最大化。对于债权人和出资人这一利益共同体而言，利益的一致性在于企业价值的最大化，冲突点则在于对成本和收益的考量不同。重整参与人都会进行成本、收益和风险的权衡。债权人可能并不愿去尝试具有不确定性，且费用高昂的破产重整程序，而更倾向于破产清算的低风险处理方式。特别是担保债权人，其极有可能希望通过破产清算程序尽快受偿，尽量避免有可能的经济风险。如果考虑到在破产重整中债权人通常必须做出一定的妥协让步，如债权减免，则债权人对破产重整的偏见及不信任感亦会由此上升。与之相对，出资人更有可能冒险行事，乃至滥用破产重整，或滥用破产重整制度赋予的各项权利，特别是异议权，谋求私利。显然，各方都意欲实现己方利益的最大化，同时却尽力避免承担风险。

实际上，破产重整制度亦无法完全解决"钳制"问题。由于破产重整中存在众多商业预判和价值预估，破产重整程序往往易受到异议者的（不正当）干扰。破产重整中不可避免地会存在搅局者，特别是为了一己私利，搅局者会不择手段阻止重整的顺利进行，直至造成重整失败。并且破产重整制度设计中所提供的利益保障机制无疑有可能为债权人所滥用，或为实现一己私利，或仅仅是任性拒绝。破产重整抗干扰能力弱的问题也一直为德国学者所诟病。[1]这不仅会导致程序的迟延，甚至会导致破产重整的彻底失败。

综上所述，破产重整的高费用特性无疑是其效用发挥的桎梏。费用成本再高，但如若收益大于成本，则利益相关者亦会竭力而为之。更为关键的问题在于，破产重整的不确定性使得重整参与人无法准确预估程序是否以及何时能进行完毕，从而使破产重整的成本风险被无限放大。并且破产重整中充

---

〔1〕 Smid, NZI 2005, 296; ders., DZWIR 2009, 397, 400; Fritze, DZWIR 2007, 89, 92, 93; Jaffé/ Friedrich, ZIP 2008, 1849, 1854 f.; Jaffé, ZGR 2010, 248, 259; Madaus, NZI 2010, 430, 431.

斥的众多不确定因素往往会引发争议而导致程序的易受攻击性，进而拖延程序的进行。破产重整程序时间越长，企业重整成功的可能性就越低，且企业价值亦呈螺旋式下降，而程序费用则不断上升。即使重整计划最终得以批准生效，但当初的重整条件或已不再具备，或者重整计划规定的重整措施已无法产生当初应有效果。破产重整高费用及不确定性的风险令人不寒而栗。

## 第四节　我国破产重整制度的优化路径

### 一、中国当下破产重整面临的难题

如上所述，破产重整的固有弊端在于程序费用高和不确定性大。并且破产程序的启动将会对企业形象和运营产生消极影响，进而造成企业价值贬损。有鉴于此，债务人企业、债权人也往往望而生畏。尤其于我国而言，谈"破"色变的社会大众心理，以及对于破产重整"逃废债"，乃至妖魔化的种种认识误区使得相关主体在面临破产重整选择时会保守谨慎，更使得破产重整间接成本激增。更令人担忧的是，谈"破"色变的社会大众心理无疑会将庭外重整的效用过分放大，破产重整制度也往往因错失重整良机而"英雄无用武之地"。毫无疑问，相较于美国成熟前卫的重整文化，中国的重整文化尚处于启蒙阶段，我国首先不得不面临文化理念塑造所产生的成本问题。固然通过破产重整方式逃避债务，损害债权人利益的可能性始终存在，并且出资人亦会为了挽救自己的投资而盲目甚至滥用重整，但破产重整制度对于拯救陷入财务困境的企业具有其他机制无法替代的优势。[1]即便今日，我国当务之急仍在于重整文化塑造与制度构建细化优化，防止破产重整被滥用只是制度构建的重点之一。

另一方面，不得不面对的是中国当下土壤里诚信及妥协文化的缺乏。诚信文化的缺乏是对破产重整"逃废债"认识误区的根源所在，而这亦是破产重整制度功能受限的原因。进一步而言，债权人搭便车心理抑或掠夺性心理

---

〔1〕　胡利玲："破产重整制度之审思"，载《中国政法大学学报》2009 年第 4 期。

等诚信问题亦折射出我国妥协文化的缺乏，从而使得破产重整的效用大大受到局限。在英国，一般观点认为立法本身不能实现高水平的公司拯救，这只能通过改善债权人文化来实现。[1]破产重整实际上是出资人、债权人及外部投资人的一种博弈、妥协、合作的过程。具体而言，破产重整中面临的难题之一乃是债权人与债务人的管理层及股东之间的信息不对称。此时，如果债权人通过放弃自身的一定利益用来交换其他债权人、管理人或股东的信息，从而实现信息的对等。这有利于债务人财产最大化，更加有利于保护债权人自身利益。[2]重整文化的塑造不仅在于对破产重整的理性认知，亦在于诚信文化和妥协文化的塑造。

亦无法回避的是，我国破产重整制度主要源自于法律移植，但破产重整制度法律移植的效率衰减在中国尤为明显。这一方面是由于中国既有的政治、经济和文化土壤所产生的逆效应，另一方面亦源自于法律从业者和公众对被移植规定的缺乏了解和认识误区。而立法者出于体系调适成本的考量，可能并不从规则的效率性角度进行法律移植的取舍，并且即使进行了法律移植，体系调适亦会影响法律实施的效率性。简言之，破产重整制度法律移植的效率衰减导致了制度成本增加。[3]并且我国的移植只是成套设备的局部（零部件）移植，加之我国有关破产法实施的各种社会配套制度尚未建立完善，由此亦进一步导致了法律移植中的效率衰减。进一步而言，通过破产重整法律制度协商合作框架的构建，各方本可通过市场化的利益博弈达成合作妥协。然而，由于破产重整法律制度和非破产重整法律制度（债权人利益保护的弱化）设计的缺陷，我国破产重整程序中的利益博弈呈现一种低效或失能的状态，并且法院或政府的不当介入亦使得市场化的利益博弈被扭曲，乃至彻底失能。[4]

---

〔1〕 ［英］桑德拉·弗雷斯：“英国 2002 年企业法实施效果报告”，毅友译，载李曙光、郑志斌主编：《公司重整法律评论》（第 2 卷），法律出版社 2012 年版，第 333 页。

〔2〕 丁燕、黄涛周：“绝对优先原则的重新审视”，载《东方论坛》2017 年第 1 期。

〔3〕 See Simin Gao & Qianyu Wang, "The U. S. Reorganization Regime in the Chinese Mirror: Legal Transplantation and Obstructed Efficiency", *American Bankruptcy Law Journal*, Vol. 91, 2017, pp. 165 – 171.

〔4〕 See Simin Gao & Qianyu Wang, "The U. S. Reorganization Regime in the Chinese Mirror: Legal Transplantation and Obstructed Efficiency", *American Bankruptcy Law Journal*, Vol. 91, 2017, pp. 159 – 170.

简言之，撇开共性的制度成本问题，考虑到法律移植的不全面及效率衰减，以及文化底蕴和实践经验的缺乏，加之利益博弈的失衡或失能，我国立法者不得不面临文化理念塑造、体系调适以及实践纠偏所产生的额外成本问题。无论从制度设计还是实施层面，我国面临的重整阻碍，或者说制度成本难题显得更为严峻。

## 二、我国破产重整制度优化的设计理念

破产重整制度的功能发挥固然有赖于文化理念塑造和相关市场培育，但文化理念塑造和相关市场培育必须配合制度设计促进。立法及司法不能因市场或市场主体成熟度不高而自我设限，而应引导市场及市场主体走向成熟。甚至可通过类似于公司资本制度改革倒逼商业文化塑造、市场发育成熟以及相关配套制度的出台。从上述破产重整高费用及不确定性风险角度而言，破产重整程序制度设计面临的难题无疑在于如何在商业预判、权利保障和程序效率间实现有效平衡，但落脚点应在于重整促进，重中之重则是效率促进。并且基于破产重整程序的危机应对特性，并考虑到程序费用和时间压力，破产重整程序必须高效运行。此外，企业价值最大化不仅有赖于企业继续经营价值的实现，而且必须依靠破产重整程序的高效运转，从而实现重整费用的最小化。重整促进，或者说效率促进已然成为各国立法者关注的核心问题。无论是2005年美国的《破产滥用防止法》，还是2011年德国的《企业重整进一步促进法》都以提高破产重整程序效率为主旨。2012年，美国破产法协会亦启动了美国破产重整制度改革的调研工作，历时两年多完成了《美国破产法协会美国破产重整制度改革调研报告》，提出了针对美国《破产法典》第十一章重整程序新的改革方案，笔者认为其中一关键性问题仍然是效率促进。由此可见，重整制度的效率优化仍然是任重道远。

有鉴于上述所言，并考虑到我国当下破产重整面临的制度成本、效率衰减以及利益博弈失衡或失能等难题，当下制度优化的重点应在于重整促进，且重整促进的制度设计理念亦有利于促成对破产重整的理性认知和重整文化的塑造。此外，破产重整法律制度的竞争目前显然正在以效率竞争为核心。可以预见的是，由于众多跨国公司的存在，我国有朝一日亦将加入破产（重

整）法律制度的竞争。然而，尽管当下我国破产重整制度的设计重点是重整促进，但滥用或盲目重整则是永恒的话题，亦应得到有效防范。尤其在供给侧改革的大背景下，应避免破产重整作用的过分夸大。[1]具体而言，盲目重整的可能性不仅是由于市场主体本身的不成熟，而且亦源自于出资人挽救自己企业，乃至声誉的心态，以及相关主体自利，抑或避免责任承担的考量。此外，债务人企业的内部人，特别是出资人亦会通过破产重整的方式将重整风险外部化，也即促使债权人做出妥协让步。2005 年美国的《破产滥用防止及消费者保护法案》的另一重要目标即是防止破产重整滥用。2018 年《会议纪要》则强调要加强"重整识别"。毫无疑问，在"重整促进"和"滥用防止"之间，必须根据法律实践的情况作出适时的调整，实现"重整促进"和"滥用防止"间的平衡。

### 三、重整促进与滥用防止平衡视角下制度设计概述

首先，从重整促进角度出发，立法者应以"奖"代惩。尤为值得关注的是，众多国家都对破产重整中债务人自行管理的批准持一种相对宽松的态度。例如，德国通过 2012 年改革实现了债务人自行管理批准的宽松化。毫无疑问，债务人自行管理的核心优势在于能最大程度上确保企业运营和重整的连续性，从而在提高重整效率和成功可能性的同时，有效降低破产重整程序的直接和间接成本。更为关键的是，债务人自行管理这种以"奖"代惩的模式更可鼓励和促使债务人企业进行预重整，尽早提出重整申请，从而更有利于重整促进目标的实现。而预重整措施的采取亦能提高债务人自行管理批准的可能性。

进一步而言，虽然庭外重整能避免企业陷入破产境地，且破产重整本身固有弊端亦使得庭外重整具有了生命力，但如若庭外重整失败，破产重整显然可以作为解决庭外重整中未决难题的有效工具。例如 ST 银广夏、ST 得亨、ST 创智均是在庭外重整失败后申请进入了破产重整程序，并最终重整成功。东北特钢虽在第一时间启动了庭外重整，但在未获成功的情况下也不得不申

---

〔1〕 参见邹海林："供给侧结构性改革与破产重整制度的适用"，载《法律适用》2017 年第 3 期。

请进入了破产重整程序，并最终高票通过了重整计划。[1]另一方面，破产重整的制度设计只能是理论形态的标配，在个案中其作用发挥往往也有赖于庭外重整的前期基础和延续。特别是破产重整申请前的精心准备将可化解破产重整面临的高费用和不确定性风险。并且，我国破产立法将重整计划制定的时间限定为9个月，在如此短时间内制备一份合理可行的重整计划往往会有极大的困难。[2]从此角度而言，制度设计上的内在压力亦使得债务人企业必须为重整早做准备。由此，值得推荐的是，通过制度设计有效衔接庭外重整与破产重整来取长补短，变被动破产重整为主动有计划破产重整，最大程度上提高破产重整的效率及重整成功可能性，降低破产重整费用，并充分利用破产重整制度所提供的众多重整促进措施。2005年世界银行发表的《有效破产和债权人权利制度的原则》草案中相关修改内容实际上也是鼓励各国将庭外重组和司法重整相连接。[3]2018年的《会议纪要》中亦明确指出，应探索推行庭外重组与庭内重整制度的衔接。由此，有效衔接庭外重整与破产重整往往是拯救企业的关键一环，也必然是破产重整制度框架设计中必须首先解决的问题。

如上所述，破产重整中的另一难题在于重整参与人的利益冲突和博弈，而我国现有破产重整程序中的利益博弈呈现一种低效状态，即便某些情况下由于政府的不当介入而实现了高效运转，但实际上市场化的利益博弈与协商合作是被扭曲的，而并非真正意义上的重整促进。有学者即指出，我国政府介入式重整的高效率多数是以牺牲债权人重整过程中的程序参与权和实体谈判权为代价获得的。与之相对，指定社会中介机构担任管理人的上市公司重整过程中的谈判比较充分，债权人的利益相对而言得到了较为充分的保护，所有案件中的出资人权利都进行了相应的调整，清偿率也得到了大大提高。[4]从此角度出发，破产重整制度设计不应是一味地追求效率，而应被设

---

〔1〕　参见杨叔朋、郭云峰："从破产重整到涅槃重生——东北特钢重整案：创新破产审判的大连经验"，载《人民法院报》2017年12月21日，第3版。

〔2〕　胡利玲：《困境企业拯救的法律机制研究》，中国政法大学出版社2009年版，第273页。

〔3〕　参见胡利玲：《困境企业拯救的法律机制研究》，中国政法大学出版社2009年版，第183页。

〔4〕　参见赵惠妙："上市公司重整中政府角色的实证研究"，载《兰州学刊》2017年第12期。

计为一个利益协调和风险共担的协商合作平台，从而真正达到重整促进与滥用防止适当平衡，或者说市场化重整识别的目的。诚如学者所言，基于对当事人多元诉求的回应和对其理性决策力的判断，破产法也必须保持相对的中立性，其定位应当是提供团体意思自治的协议平台。[1]并且重整计划作为重整程序的核心内容，从始至终都充满了协商、谈判的色彩，重整法律制度对于重整计划的规定更多地应是为当事人设置行为的底线。[2]简言之，破产重整制度设计应提供利益博弈与协商合作的空间，或者说场阈。于此仍须明确的是，规则设计应贴近交易习惯，而非进行具体的协商谈判及商业判断，抑或替代协商谈判或商业判断。制度设计应引导，而不应误导人们协商谈判及商业判断的行为模式。

然而，通过重整参与人之间的利益博弈和协商谈判，进而通过商业预判和意思自治或许可以促成重整的成功，但问题在于重整参与人的非理性决策。由此，破产重整制度设计另一核心问题则在于以实现企业继续经营价值为目标，有效激发重整参与人的积极性，降低个体的机会主义行为，通过制度设计促成各方达成合作妥协，从而将无序的追逐私利最大化行为协调为实现整体利益最大化的合作共赢，进而通过某些特殊的制度设计促成各方达成利益妥协，并确保公平。例如，程序转换的灵活性、多数决以及强制批准制度的存在促使，甚至是迫使各方不得不达成妥协。与此同时，制度设计者应引入或创新重整促进措施，发挥这些措施催化剂和强心针的效用，从而使得企业重整可以高效进行。例如，我国《企业破产法》第 75 条对担保物权行使的限制以及第 76 条对取回权行使的限制。再如，德国《破产法》第 254a 条第 1款规定了形式合法化拟制，这不仅可以降低重整参与人的责任风险，亦能大大提高重整的实施效率，有效降低相关费用。再如，法国破产法从效率促进角度出发规定，在出售式重整的情况下，由法院裁定与营业相关的合同关系直接由收购方承继，而无需经合同相对方同意。[3]此外，制度设计者亦应秉持开放包容的态度，为实践中的重整措施多样化及创新提供制度空间。须注

〔1〕 李忠鲜："担保债权受破产重整限制之法理与限度"，载《法学家》2018 年第 4 期。
〔2〕 丁燕、黄涛周："绝对优先原则的重新审视"，载《东方论坛》2017 年第 1 期。
〔3〕 Pujol, Die Sanierung der Schuldnergesellschaft, 2007, S. 356 ff. , 409 ff.

意的是，重整促进改革一方面应考虑到重整情况下公司法与破产法的衔接，避免公司法与破产法的人为或机械割裂。另一方面，效率促进不能厚此薄彼，只有利益平衡的制度构建方能产生真正市场化的利益博弈和合作妥协。

于防止滥用或盲目重整方面，理论上，破产重整程序过程中的全面有效监督，各方利益博弈及义务责任设定可实现防范滥用或盲目重整。尤其相较于庭外重整，在破产重整程序中，不仅债务人的行为处于破产管理人、债权人和破产法院三方监督体系之下，而且债务人与债权人以及债权人之间的行为亦处于各方监督之下。此外，破产重整的惩罚性功能往往于国内被忽视。一方面，破产程序中必然进行事后追责，尤其对出资不实责任或违反忠实勤勉义务责任进行追究；另一方面，破产重整所导致的控制权转移可被视为一种隐性惩罚，即通过新投资者引入或债转股使原出资人或管理层丧失企业控制权。

此外，撇开具体的规则设计，重整程序的框架设计亦可达到滥用防止的目的。在程序框架设计方面，美德两国采取了两种截然不同的体例。德国破产法是统一的破产程序，没有单独启动重整程序的可能。与此相对，美国破产法分为了清算程序和重整程序，且重整程序的启动基本没有门槛限制。单独重整程序的优势在于一开始就可以确定程序的最终目的，由此也可以避免某些和重整目的相违背的措施；其劣势在于在企业重整无法实现的时候，尽管可以转入企业清算程序，但不可避免地导致某些不必要的时间和金钱的浪费。实际上德国破产法也允许在破产程序之初就确定程序的最终目的。德国《破产法》第 218 条第 1 款第 2 句即规定，债务人可以在申请启动破产程序的同时提交重整计划草案。并且相较之下，德国破产法通过统一的破产程序和开放式的程序目的，使得清算程序和重整程序之间的转化更加灵活高效，且衔接成本低。对于无前景的破产重整可以很快转入破产清算程序。简言之，统一破产程序架构在重整促进方面并未产生明显的效果减弱，反而通过程序转换的灵活性对滥用重整之行为产生预防震慑的效果。从此角度而言，债权人在破产重整程序中可采取一种"双轨策略"：一方面尝试重整，尽力促成重整成功；另一方面，一旦不具备重整条件，则可转入清算程序受偿。以统一的破产程序为基本架构，进一步值得借鉴的是下文提及的重整准备程序。

# 第二章　破产重整程序的启动

## 第一节　庭外重整与破产重整的衔接

### 一、预重整的功能认知与中国困境

（一）预重整的衔接功能

如上文所述，庭外重整与破产重整各有利弊，扬长避短的最佳方式是将庭外重整与破产重整相衔接。作为庭外重整与破产重整的衔接器，预重整日益为理论界及实务界所推崇。所谓预重整是指在申请重整之前，债务人与债权人通过法庭外协商制定重整计划，并获得债权人多数同意后，借助重整程序使重整计划发生约束全体债权人的效力，以早日实现债务人复兴的一种拯救机制。[1]预重整实际上是变被动破产重整为主动有计划破产重整。具体而言，在企业危机产生后，即开始与债权人、商业伙伴、企业员工等重整相关人充分沟通协调，了解其利益诉求，着手拟订重整计划草案，并不断优化，进而及时、持续地采取各类重整措施。在庭外重整前期准备的基础上，债务人企业有计划地进入破产重整程序，通过赢得重整相关人及法院的信任和支持，尽量避免企业控制权的转移，确保重整的连续性，并充分利用破产重整制度的优势：①利用破产重整制度中的信息供给机制，特别是准确确定债权人数量及债权额；②通过合理分组、多数决和强制批准克服异议债权人的不当干扰；③充分利用破产重整制度中的重整促进措施；④以公正透明的司法

---

〔1〕　胡利玲：《困境企业拯救的法律机制研究》，中国政法大学出版社 2009 年版，第 188 页。

重整方式提高重整公信力及重整方案的约束力，降低重整参与人风险，实现债权人公平受偿。

在美国，预重整已成为降低破产重整直接和间接成本，提高重整效率及成功率，化解不确定性风险的有力武器。[1]依美国之经验，预重整耗时的平均值一般低于200天，而司法重整的平均值一般超过450天，最高超过1000天。[2]在英国，预重整也已成气候，70%~80%的案件是预重整。[3]德国学术界及实务界亦不断重视对预重整的研究和法律实践。[4]德国主流观点亦认为，在预重整情况下，重整成功可能性及破产重整程序的运行效率都将得到极大提高，破产重整的程序费用亦将得以有效降低。[5]尤其通过债权人、商业伙伴、员工等重整相关人的早期参与，将可保持现有的信赖合作关系，避免因猜疑、信息缺失等引发的不必要诉讼、对抗措施，减少员工和客户流失对企业重整产生的消极影响，最终使得破产重整程序启动对企业形象及价值的贬损降到最低限度。[6]换言之，预重整时间和费用成本上的优势通常可减小破产重整对债务人企业的有害影响，并使债权人对债务人复兴更有信心。[7]此外，对法院而言，因审慎调查，异议权行使，抑或等待专业评估意见而使破产重整程序停滞不前的情况也将最大程度上得以避免。[8]

实际上，我国《企业破产法》最终相较于当初草案缩短重整期间延长期

---

〔1〕 参见王佐发："预重整制度的法律经济分析"，载《政法论坛》2009年第2期。

〔2〕 王佐发："预重整制度的法律经济分析"，载《政法论坛》2009年第2期。

〔3〕 ［英］桑德拉·弗雷斯："英国2002年企业法实施效果报告"，毅友译，载李曙光、郑志斌主编：《公司重整法律评论》（第2卷），法律出版社2012年版，第338页。

〔4〕 Eidenmüller, Unternehmenssanierung zwischen Markt und Gesetz, S. 439 ff.；Braun/Uhlenbruck, Unternehmensinsolvenz, S. 561 ff.；Smid/Rattunde, Der Insolvenzplan, 2005, S. 298 f.，Rn. 14. 14 ff.；Frank in：Anwalts-Handbuch Insolvenzrecht, 2. Aufl.，S. 1482, Rn. 176；Maus in：Kölner Schrift zur InsO, 2. Aufl.，S. 939, Rn. 31；Ritter, Unternehmenssanierung im neuen Insolvenzrecht, S. 282 ff.；Minuth in：Insolvenzrecht Aktuelle Schwerpunkte aus Gläubigersicht, S. 435, 438.

〔5〕 参见 Eidenmüller, Unternehmenssanierung zwischen Markt und Gesetz, 1999, S. 439 ff.；Braun/Uhlenbruck, Unternehmensinsolvenz, 1997, S. 561 f.，567 f.

〔6〕 Braun/Uhlenbruck, Unternehmensinsolvenz, 1997, S. 561 f.，567 f.；Smid/Rattunde, Der Insolvenzplan, 2. Aufl.，2005, S. 298 f.，Rn. 14. 14 ff.

〔7〕 胡利玲：《困境企业拯救的法律机制研究》，中国政法大学出版社2009年版。

〔8〕 Eidenmüller, Unternehmenssanierung zwischen Markt und Gesetz, 1999, S. 439 f.；Braun/Uhlenbruck, Unternehmensinsolvenz, 1997, S. 567.

限的规定就是考虑到了国际上已经存在的预重整的做法。[1]近年来，我国学术界和实务界的人士也日渐重视预重整在重整衔接和效率促进方面的作用。例如，在我国 ST 北生的重整案中，从法院受理破产申请到重整计划通过仅用 33 天，其中工作日只有 23 个，创下了中国上市公司完成重整速度最快的纪录。[2]又如，在 ST 二重案中，债务人企业在启动破产重整程序前即与债权人进行了庭外重整谈判，并于 2015 年 8 月前后达成了框架性的重组方案，在此基础上于 2015 年 9 月进入了破产重整程序，并于 2015 年 11 月 27 日以极高通过率表决通过了重整计划。[3]此两案均展示了预重整的程序衔接和效率促进功能。

（二）预重整的中国困境

然而，有学者指出，在我国司法实践中，法院并没有意识到实践者所做的预重整尝试，而是重复实践者在申请重整之前已经付出的谈判成本，这样会造成不必要的成本浪费。[4]简言之，对预重整的认识误区是目前功能尚无法完全发挥的根本原因，而更令人担忧的是立法缺失和既有规定所导致的功能障碍。

在美国，预重整的适用有其特有的法律环境，尤其是债权人的预表决及预表决在进入破产重整程序后对相关债权人的拘束力成为重整效率的一大推进器。[5]依据 2005 年《破产滥用防止法》修订后的第 1125g 条的规定，重整计划的制定者可以在破产程序启动之前开始征集表决意见，并通过"锁定"协议（"lock-up" agreement）使得债权人承诺在重整程序中亦对重整计划投赞同票，进而使其预表决结果同样在重整程序中具有效力。[6]如果预表决结果

〔1〕 参见丁燕：《上市公司破产重整计划法律问题研究》，法律出版社 2014 年版，第 57 页。
〔2〕 郑志斌、张婷："上市公司摆脱困境之路径选择：重整 VS 重组"，载李曙光、郑志斌主编：《公司重整法律评论》（第 2 卷），法律出版社 2012 年版，第 378 页。
〔3〕 参见李曙光、郑志斌主编：《上市公司退市风险处置：规则、数据与案例》（第 1 辑），法律出版社 2016 年版，第 229 页。
〔4〕 参见王佐发：《上市公司重整中债权人与中小股东的法律保护》，中国政法大学出版社 2014 年版，第 246～247 页。
〔5〕 参见王佐发："预重整制度的法律经济分析"，载《政法论坛》2009 年第 2 期。
〔6〕 ［美］查尔斯·J. 泰步：《美国破产法新论（第 3 版）下册》，韩长印、何欢、王之洲译，中国政法大学出版社 2017 年版，第 1226 页。

已达到庭内重整所要求的重整计划草案通过多数，则随后的庭内重整程序将成为迅速高效的司法确认程序，从而使破产重整程序成为"走过场"，甚至可以在短短几周内即可结束（walk through bankruptcy）。[1]与之相对，德国的立法及学界的主流观点并不认可预表决结果在破产重整程序中的效力。[2]于我国而言，显然也面临这一难题。由此导致的结果是，即使当事人在申请重整之前已经达成一定的谈判成果，也必须遵循破产法严格的程序按照规定的时间表重新走过场。[3]并且债权人是否会在破产重整程序中参与表决，抑或改变态度也成为预重整中的一大变数。不仅如此，预表决的司法认可是以信息的充分披露为前提。在符合美国《破产法典》第1125条（b）款规定的信息披露要求的情况下，如果债权人或股东在重整程序启动前已接受或拒绝重整计划，将被视为在司法重整中也接受或拒绝该计划。与之相对，如若法院认定信息披露不充分或该投票被误导，则该投票结果将无法产生拘束力。[4]且不论这些难题，我国显然缺乏预重整中信息披露的相关规定。《江苏法院破产审判十年的探索与思考》一文中就明确指出："立法对于预重整制度的供给不足，尤其是对预重整计划的决议效力等核心问题规定不足，由此导致预重整在司法实践中存在潜在风险，使得预重整难以发挥其制度作用。"[5]

预重整在美国效用巨大的另一重要原因在于，美国《破产法典》对债权人清算申请的种种限制，以及对债务人重整申请的基本无限制，从而一定程度上确保了债务人企业预重整的可控性。尽管如此，预重整的可控性问题在美国也并未得到彻底解决。[6]而于德国，破产申请义务则使预重整的可控性降低。我国尽管并未如德国规定破产申请义务，但破产（重整）申请权的二元化将使得异议债权人可以通过提出破产申请的方式干扰预重整的计划性。

---

〔1〕　Braun/Uhlenbruck, Unternehmensinsolvenz, S. 561 f. , S. 567 f.

〔2〕　Eidenmüller, Unternehmenssanierung zwischen Markt und Gesetz, 1999, S. 440 ff.

〔3〕　王佐发："预重整制度的法律经济分析"，载《政法论坛》2009年第2期。

〔4〕　参见［美］查尔斯·J. 泰步：《美国破产法新论（第3版）下册》，韩长印、何欢、王之洲译，中国政法大学出版社2017年版，第1238页。

〔5〕　江苏省高级人民法院民二庭："江苏法院破产审判十年的探索与思考"，载《人民司法·应用》2017年第22期。

〔6〕　王佐发："预重整制度的法律经济分析"，载《政法论坛》2009年第2期。

由此，危机企业在预重整情况下必将面临如何确保重整计划性的难题，特别是适时进入破产重整程序的问题。并且由于重整计划草案制作费时耗力，因此于重整申请提出时即提交重整计划草案无疑是预重整面临的另一大挑战。进一步而言，美国重整程序中债务人自行管理的常态化以及一定期限内提案的独享权将使得预重整情况下重整的持续性和连续性得以确保。此外，在美国允许申请破产前成立的债权人委员会在正式提起破产程序后继续运作。这不仅节约了程序时间，而且由于这些人已经熟悉了公司业务，又节约了适应公司业务的时间。[1]于我国而言，即使按计划进入破产重整程序，如何确保重整的连续性，以及使重整方案有计划、按步骤实施则是预重整中需要面临的另一大难题。尤为令人担忧的是，如果债务人自行管理的批准具有非及时性及不确定性，则债务人企业出于避免丧失控制权的考虑，往往会拖延破产重整申请，从而导致重整成功可能性降低，甚至错失重整良机。而一旦法院任命破产管理人，则必将对重整连续性产生消极影响。且存有疑问的是，破产管理人是否会按预定计划实施重整，抑或接受预重整中拟订的重整计划草案？

更值得重视的是，预重整是将庭外重整与破产重整相结合而形成的"混合程序"。[2]由此庭外重整与破产重整在相互化解（部分）难题的同时，亦将面临共性的滥用或盲目重整的难题。换言之，预重整本身就潜藏着滥用重整，抑或盲目重整的风险。依美国之经验，债务人企业与主要债权人匆匆拟就一个双方同意的重整计划，法官们通常也很难判定该重整计划是否可行，当然也没有理由拒绝批准该重整计划，而这就造成了预重整案件中再重整率高的问题。[3]在英国，预重整虽已成气候，但对预重整滥用的担忧始终存在，并使其名声不佳。[4]简言之，立法者在促进激励重整，尤其确保预重整功能发挥的同时，亦必须对滥用或盲目重整加以有效防范。

---

〔1〕 王佐发："预重整制度的法律经济分析"，载《政法论坛》2009 年第 2 期。

〔2〕 胡利玲：《困境企业拯救的法律机制研究》，中国政法大学出版社 2009 年版，第 189 页。

〔3〕 参见齐砺杰：《破产重整制度的比较研究——英美视野与中国图景》，中国社会科学出版社 2016 年版，第 205～206 页。

〔4〕 参见［英］桑德拉·弗雷斯："英国 2002 年企业法实施效果报告"，毂友译，载李曙光、郑志斌主编：《公司重整法律评论》（第 2 卷），法律出版社 2012 年版，第 338～340 页。

（三）预重整的再认知与中国方案

不容否认的是，无论预表决效力如何，与债权人商讨制作重整计划草案的过程即可视为一次预演，预表决过程亦可达到摸底的效果，从而为重整计划草案的优化及针对特定债权人的解释说明工作打下坚实的基础。由此应予以明确的是，对预重整应作更为宽泛的理解。其指债务人企业在发现企业危机的情况下，通过事前与重整相关人，特别是已知债权人充分沟通协调，着手拟订重整计划草案，稳步推进重整措施，进而有计划地进入破产重整程序。其是庭外重整与破产重整的衔接器，核心标志在于前期的重整准备工作以及进入破产重整程序的计划性，而重整计划草案是否已完全制作完成，抑或经预表决则不应是预重整的必备要件。当然，预表决的司法认可仍然是值得期许的改革方向。

值得欣喜的是，2019 年发布的《全国法院民商事审判工作会议纪要》第115 条明确："人民法院受理重整申请前，债务人和部分债权人已经达成的有关协议与重整程序中制作的重整计划草案内容一致的，有关债权人对该协议的同意视为对该重整计划草案表决的同意。"然而，即使预表决的效力得到司法认可，预重整在进入破产重整程序后也将面临异议债权人干扰的问题。并且在进入破产重整程序前，具体的债权人数量及债权数额尚无法准确确定，因此通过预表决所能通过的重整计划草案，仍有可能在破产重整程序中无法通过。特别是如果债权人数量大或者债权难以量化，预重整就可能不是一个现实的选择。[1]此外，预重整在美国亦面临着"充分信息"和"表决时间不合理过短"认定的不确定性，以及适用非破产法信息披露规则等难题。[2]简言之，预重整中信息披露的不全面以及重要债权人的遗漏都会导致预表决效力的巨大法律风险，进而全部或部分抵消其优势。[3]

针对上述预重整面临的共性和个性难题，值得考虑的是，在破产重整程

---

〔1〕　王佐发："预重整制度的法律经济分析"，载《政法论坛》2009 年第 2 期。

〔2〕　参见［美］查尔斯·J. 泰步：《美国破产法新论（第 3 版）下册》，韩长印、何欢、王之洲译，中国政法大学出版社 2017 年版，第 1238 页。

〔3〕　参见齐砺杰：《破产重整制度的比较研究——英美视野与中国图景》，中国社会科学出版社2016 年版，第 205～206 页；王佐发："预重整制度的法律经济分析"，载《政法论坛》2009 年第 2 期。

序框架下为预重整提供一个缓冲区，从而吸引债务人企业尽早提出破产重整申请，缓解制作重整计划草案的时间压力，化解适时进入破产重整程序的难题及债权人提出破产申请的意外风险，进而通过相关制度设计确保预重整的持续性及连续性。与此同时，在是否裁定重整方面，与其让人民法院作出不准确的商业判断，还不如通过缓冲区达到考察的目的，从而防止滥用或盲目重整，并便于人民法院根据实际情况作出裁决。进一步而言，预重整是将传统重整程序中的部分环节（步骤）移至重整程序启动之前。[1]有鉴于此，并考虑到预表决的不准确性及滥用可能性，法院也理应获得一缓冲区对预重整相关规范性进行审查。特别是可以在破产重整程序中内嵌一个预表决认可和审查的程序。或许有学者会提出，我国《企业破产法》第79条规定的"6 + 3"共计9个月的重整计划草案提案期限即足以为预重整提供缓冲区。但预重整可控性、连续性等问题仍无法有效解决，更无从谈起考察之效果。基于上述促进重整及防止滥用双重目的的考量，德国的破产重整准备程序（Sanierungsvorbereitungsverfahren）即进入人们的视野。

**二、破产重整框架下预重整的缓冲区——重整准备程序**

2012年德国《重整促进法》修订的亮点之一就是通过新增的德国《破产法》第270b条设立了重整准备程序。重整准备程序并非独立的重整程序，而只是在破产程序框架下为企业重整进行准备的辅助性程序。[2]就我国而言，亦存在设置重整准备程序的制度空间，即法院依债务人申请，在裁定受理重整案件的同时启动重整准备程序。并且于我国司法实践中，法院在一些案件中所实施的"预重整"实际上是在裁定受理重整后所采取的重整准备措施。例如，在深金田重整案中，深圳中院于2014年12月12日决定采取预重整方式进行审理，并指定管理人提前接受债权申报。2015年2月5日，深圳中院裁定对深金田进行重整后，预重整方案基本吸收到重整计划中。[3]换言之，法院已经在不知不觉中展开了重整准备程序的有益探索。

〔1〕 胡利玲：《困境企业拯救的法律机制研究》，中国政法大学出版社2009年版，第189页。
〔2〕 Begr. zum RegE ESUG, BT-Drucks. 17/5712, S. 40.
〔3〕 池伟宏："论重整计划的制定"，载《交大法学》2017年第3期。

（一）重整准备程序的启动

德国《破产法》第 270b 条第 1 款规定："如果债务人在行将支付不能或资不抵债的情况下提出破产重整申请和自行管理申请，并且企业重整并非明显没有任何前景，则法院可依债务人申请赋予其一定的期限去准备并提交重整计划草案。该期限不得超过 3 个月。债务人在提交申请的同时，还须提交由具有一定破产办案经验的税务咨询师、经济咨询师、律师或其他有相关资格的人员出具的咨询意见，以证明债务人满足上述重整准备程序启动的前提条件。"依此规定，重整准备程序启动的前提条件是存在行将支付不能或资不抵债情况，核心审查因素是重整前景，并且法院对重整前景的判断应持一种较为宽松的态度。[1]重整准备程序一旦启动，债务人不仅得以自行管理重整事务，而且享有重整计划草案的提案独享权，从而可以确保预重整情况下重整的连续性及计划性。有鉴于我国《企业破产法》第 45、62 条的规定，并考虑到债权审核、预表决司法认可及听取债权人意见等程序问题，我国重整准备程序应"最长不超过 4 个月"，且应与第一次债权人会议召开时间相适应，并留出由法院进行审查裁量的时间。此外，考虑到防范滥用重整准备程序，理应要求债务人企业必须提交重整可行性及预重整情况说明，特别是与已知债权人前期沟通的情况。这一要求亦可促使债务人企业尽早开展预重整工作。

在立法过程中，曾有德国学者指出，如若重整准备程序的启动必须以存在破产（重整）原因为前提，则债务人将必须等到破产（重整）原因成立时才可申请启动重整准备程序，而这有可能会限制重整准备程序效用的发挥。由此，该学者建议，将重整准备程序启动前提条件设置为债务人企业重整的必要性（Sanierungsbedürftigkeit）。[2]设定较破产（重整）原因更低的程序启动门槛的立法建议固然具有一定合理性，但专门的程序启动原因无可避免地会导致重整准备程序的相对独立性。而这或许是德国立法者未采纳这一建议的理由所在。对我国目前而言，以专门的重整原因——行将支付不能，即我国《企业破产法》第 2 条第 2 款中规定的"有明显丧失清偿能力可能"，作为

---

〔1〕　Bremen, NZI 2014, 137, 139.

〔2〕　Hirte, ZInsO 2011, 401, 402.

重整准备程序的启动原因就足以使债务人独享程序的启动权，防范债权人提出破产申请的风险。

显然，重整准备程序"最多4个月"的准备期限可以为重整计划草案的拟订优化提供缓冲区，而适时进入重整程序的难题也得以化解。就德国法而言，有德国学者指出，"最多3个月"的重整准备程序期限可能在个案中过短。[1]因此，有德国学者建议，将重整准备程序最长期限规定为6个月。[2]德国学者希尔（Hill）则提议，法院应有权在个别合理情况下将3个月的期限适当延长，[3]从防止程序滥用。从兼顾个案特殊需要的角度出发，德国学者希尔（Hill）的建议更加合理，但适当延期部分以不超过3个月为宜，且在此情况下债务人企业原则上不得依我国《企业破产法》第79条第2款的规定申请延期3个月。这一方面可以防止重整准备期限过长，程序被滥用；另一方面，由于重整准备程序中诸多有利于债务人企业重整的规定，亦可变被动其后延期为早期主动启动，提高重整成功可能性。然而，对于重整准备程序的延期，法院应持更为严格审慎的态度，以防止重整准备程序被滥用或异化。此外，有德国学者指出，重整准备程序的启动必须以提出破产重整申请、自行管理申请和重整准备程序启动申请三个申请为前提，这显然过于繁琐，费用过高。[4]申请文件的合三为一并无太大技术障碍，关键难点在于重整可行性证明文件的提交。

（二）重整准备程序中的重整促进措施

重整准备程序中核心重整促进措施无疑是债务人自行管理的常态化和重整计划草案的提案独享权。与此同时，以监督债务人为目的，德国《破产法》第270b条第2款第1句规定："德国破产法院在裁定进入重整准备程序的同时，即指定临时财产监督人。为确保临时财产监督人的独立性，法院任命的临时财产监督人不得为第270b条第1款中所提及的之前提供咨询意见的专业人士。"与此同时，为确保重整的连续性，德国《破产法》第270b条第2款

---

[1] Hill, ZInsO 2010, 1825 f.; Jaffé, ZHR 2011, 38, 49.

[2] Jaffé, ZHR 2011, 38, 49.

[3] Hill, ZInsO 2010, 1825 f.

[4] Hirte, ZInsO 2011, 401 f.; Willemsen/Rechel, BB 2011, 834, 837.

第2句又规定："在任命临时财产监督人时，只有当债务人建议的人选明显不适合担任该职务时，法院才可以不采纳债务人建议而另行指定临时财产监督人；在另行指定临时财产监督人的情况下，法院必须阐明债务人提议人选不符合条件而被拒绝的具体理由。"通过这一规定，债务人所提议的临时财产监督人人选在一般情况下都会被采纳，从而将确保债务人可以和一名其信任的临时财产监督人共同为企业重整进行准备。[1]德国的上述规定在确保临时财产监督人发挥监督职能的同时，亦使重整连续性得以进一步强化。

于此值得一提的是，在立法过程中，《重整促进法》政府提案本原本只规定："只有当债务人建议的人选明显不适合担任该职务时，法院才可以不采纳债务人建议而另行指定临时财产监督人。"其后有德国学者指出，这一规定很难确保临时财产监督人的独立性，尤其在债务人提议的人选已为债务人提供咨询服务的情况下，就很难确保该人选会为了债权人利益去监督债务人的行为。[2]德国联邦参议院也在其咨询意见中质疑由债务人提议的临时财产监督人的独立性，并建议删除政府提案本中第270b条第2款第1、2句的规定。[3]就此德国联邦政府的答复是，"明显不适合担任该职务"的排除性规定就已包括了债务人提议的临时财产监督人缺乏独立性的情形，因此政府提案本第270b条第2款第1、2句的规定无需删除，且该规定有利于促进债务人尽早提出破产重整申请。[4]显然，最终德国立法者综合考虑了上述两种观点，并采取了一种折衷解决方案。具体到我国而言，在法院裁定进入重整准备程序的同时，即应指定管理人。但由于在重整准备程序中债务人得以自行管理重整事务，因此管理人的主要职责为监督债务人。就此而言，德国法上"财产监督人"的表述更为贴切。并且从确保重整连续性及计划性角度出发，我国亦可借鉴德国法，规定债务人在财产监督人人选方面的建议权，但同时人民法院应重点审查财产监督人的独立性。

---

〔1〕 Begr. zum RegE ESUG, BT-Drucks. 17/5712, S. 40.

〔2〕 M. Hofmann, NZI 2010, 798, 802 f., 804; Urlaub, ZIP 2011, 1040, 1043 f.

〔3〕 Stellungnahme des Bundesrates zum ESUG, BT-Drucks. 17/5712, S. 59.

〔4〕 Gegenäußerung der Bundesregierung zur Stellungnahme des Bundesrates zum ESUG, BT-Drucks. 17/5712, S. 70.

为进一步确保债务人在重整准备程序中可以顺利进行重整准备，德国《破产法》第 270b 条第 2 款第 3 句规定，在重整准备程序中，法院可依据德国《破产法》第 21 条第 1 款，第 2 款第 1a、3～5 项的规定颁布临时保全措施；如果债务人申请法院颁布第 21 条第 2 款第 3 项规定的保全措施，则法院必须颁布该措施。依据德国《破产法》第 21 条第 1 款的规定，破产法院应采取一切必要措施，确保在正式受理破产（重整）案件前债务人财产不会发生不利变化。该条第 2 款则明确规定，破产法院可任命临时债权人委员会（第 1a 项）、拒绝执行或中止执行债务人财产（第 3 项）、颁布临时通邮禁令（第 4 项），以确保企业重整为目的颁布针对担保物权、取回权的限制性措施（第 5 项）。通常情况下，法院出于确保债务人企业重整顺利进行的考虑，将依据第 270b 条第 2 款第 3 句的规定在重整准备程序中颁布相应保全措施。[1]于我国而言，《企业破产法》规定的破产申请受理后的财产保全措施亦应适用于重整准备程序。并且从促进重整角度出发，担保物权和取回权的行使限制亦应适用于破产重整申请受理后的重整准备程序，而不应仅限于重整期间。

更为值得借鉴的是德国《破产法》第 270b 条第 3 款的规定。依据该款规定，经债务人申请，法院可赋予债务人设立破产财团债务，即共益债务的权利。通过此规定，在重整准备程序中债务人就可取得类似于破产管理人的法律地位，从而可赢得其商业伙伴的信任，继续开展正常的商业活动，确保企业重整的顺利进行。只有当债务人建立的破产财团债务并非企业正常运营所需时，债务人的行为才需获得临时财产监督人的许可。[2]从促进重整，确保企业运营及重整连续性角度出发，我国亦可出台类似规定，但为防止滥用，应在赋权方面加强法院的审查核准，并通过管理人发挥事中监督作用。

在重整准备程序中，债务人企业可进一步开展重整准备相关工作，如拟订优化重整计划草案、进行债权申报审核、资产清理等，从而为裁定重整后的相关工作进一步创造有利条件，提高企业重整成功可能性以及其后重整程序的效率。由于重整准备程序以拟订重整计划草案为主要任务，因此起草重

---

〔1〕　Hill, ZInsO 2010, 1825, 1826.

〔2〕　Beschlussempfehlung und Bericht des Rechtsausschusses zum ESUG, BT-Drucks. 17/7511, S. 37.

整计划的相关费用应可由债务人纳入共益债务的范围，即在此情况下视为企业运营所需，但应严格审查相关费用的必要性及合理性，并有权对不必要的费用提出异议。[1]如若债务人企业在申请进入重整准备程序的同时或程序进行期间即提交重整计划草案并申请预表决效力的司法认可，则重整准备程序的另一个核心任务即是预重整中规范性，特别是信息披露全面性、准确性以及预表决效力的审查。显然，在进入重整准备程序后，具体的债权人数量及债权数额将能得以准确确定，由此将可判定预表决是否真正符合重整计划草案通过的法定要求。在此期间，债权人应有权对预表决的效力提出异议，并提供证据证明重整计划草案并未真正通过。

（三）重整准备程序的终止

基于重整准备程序缓冲区及考察期的功能，仍待解决的一个问题即是重整准备程序的适时终止。依据德国《破产法》第270b条第4款第1句的规定，如果存在以下三种情形，则法院必须在重整准备程序期限到期前终止该程序：①当所准备的破产重整无成功可能时；②当临时债权人委员会申请终止重整准备程序时；③在未组成临时债权人委员会的情况下，至少一名别除权债权人或普通债权人申请终止重整准备程序，并且其有具体证据证明，重整准备程序的进行会导致债权人不利益。针对第270b条第4款第2、3项规定的程序终止事由，有德国学者指出，如果重整准备程序可依临时债权人委员会或个别债权人的申请而被终止，并且针对这一终止决定并无任何法律申诉途径，则债权人将会得到一向债务人施压的强大工具，并且债权人有可能会滥用这一工具。[2]有鉴于上述德国学者的担忧，并考虑到我国目前的实际情况，重整准备程序的提前终止仍应由法院裁决，评判的核心标准应为重整前景，当然亦应考虑债权人提出的异议，尤其在债务人企业滥用重整准备程序，损害债权人利益的情况下。且一旦发现债务人企业在预表决中存在重大欺诈、隐瞒债权人真实情况或重整相关信息的情形，即可终止重整准备程序，并要求相关人员赔偿程序迟延所造成的损失或给债权人造成的其他损失。

---

〔1〕 Hölzle, ZIP 2012, 855, 857.

〔2〕 Willemsen/Rechel, BB 2011, 834, 837 f.；Desch, BB 2011, 841, 844.

于此值得一提的是，2012 年德国《重整促进法》政府提案本原本亦规定，当债务人陷入支付不能境地时，法院也必须在重整准备程序期限到期前终止该程序。就此草案规定，许多德国学者指出，债务人在程序进行过程中极有可能会陷入支付不能的境地，因此这一程序终止事由会阻碍重整准备程序效用的发挥。[1]德国联邦政府随后也承认了这一缺陷，但其建议，法院可以在债务人出现支付不能的情况下按其自由裁量权决定是否需要终止重整准备程序。[2]此外，有德国学者建议，在进入重整准备程序的情况下，应规定所有债务自动延期，从而化解这一难题。[3]在《重整促进法》政府提案本经德国联邦众议院审议时，这一程序终止事由被直接删除。德国联邦众议院法律委员会还进一步指出，该规定将使得个别债权人有能力破坏重整准备程序的顺利进行。[4]另一方面，出于保护债权人利益的考虑，德国《破产法》第270b 条第 4 款第 2 句规定，在重整准备程序中，如果债务人出现支付不能情况，债务人或临时财产监督人必须立即向破产法院报告。应该说，最终的规定更加合理可行。

依据德国《破产法》第 270b 条第 4 款第 3 句的规定，在法院依据上述规定提前终止重整准备程序或重整准备程序期限到期的情况下，法院应就破产程序的正式启动作出裁定。显然，此时重整准备程序在程序转换方面的灵活性及便捷性即得以展现。对不符合重整条件的债务人企业，法院可裁定转入破产清算程序，对符合条件的亦可直接宣告债务人破产；对符合重整条件的债务人企业，法院即可裁定重整，进入正式破产重整程序，必要时可终止债务人自行管理。如若重整计划草案尚未制定完成，或虽制定完成但提交的时机尚不成熟，债务人企业亦可在裁定重整的法定期限内提交重整计划草案，但其前提显然是债务人企业在重整期间获批债务人自行管理或说服管理人采

---

[1] Kammel/Staps, NZI 2010, 791, 796 f.; Hofmann, NZI 2010, 798, 802; Hill, ZInsO 2010, 1825, 1827; Geldmacher, ZInsO 2011, 353, 355 f.; Hölzle/Pink, ZIP 2011, 360, 366; Pape, ZInsO 2011, 1033, 1041; Brinkmann/Zipperer, ZIP 2011, 1337, 1344 f.

[2] Gegenäußerung der Bundesregierung zur Stellungnahme des Bundesrates zum ESUG, BT-Drucks. 17/5712, S. 71.

[3] Brinkmann/Zipperer, ZIP 2011, 1337, 1345.

[4] Beschlussempfehlung und Bericht des Rechtsausschusses zum ESUG, BT-Drucks. 17/7511, S. 37.

纳预先制定的重整计划草案。

此外，既然重整准备程序的主要目的是为预重整提供缓冲区，那么值得考虑的是，重整准备程序亦可依债务人申请，经人民法院审查批准提前终止，并裁定重整而转入正式的破产重整程序。特别是对于相对成熟的预重整而言，当"万事俱备，只欠东风"时，当然没有必要浪费时间等待程序进行完毕，毕竟预重整及重整准备程序的目的是为了提高重整效率及成功率。如若债务人申请提前终止重整准备程序，且提交重整计划草案，则法院可裁定重整，破产重整程序即可直接进入我国《企业破产法》第84条及以下规定的阶段。理论上，在预表决获得司法认可的情况下甚至可以直接裁定重整，进而批准重整计划，或者在提交重整计划草案的情况下于下一次债权人会议上就重整计划通过与否作出决议。

（四）简要结论

重整准备程序被置于破产程序的整体框架下，其特点在于过渡性，即必然与破产程序相衔接。从债务人角度而言，重整准备程序将可以化解适时进入破产重整程序的难题，确保重整的计划性、持续性及连续性。并且重整准备程序框架下债务人自行管理的常态化及提案独享权亦可吸引债务人尽早提出破产重整申请。尤其对于尚不成熟的预重整，重整准备程序提供了一个缓冲区，从而使债务人企业可以继续之前尚未完成的重整准备工作。此外，重整准备程序亦可为预表决效力的司法认可提供制度空间。

另一方面，对于法院而言，其在裁定启动重整准备程序时，无需进行复杂而并不准确的商业预判，相对高效的裁决过程也能进一步提高重整成功可能性，毕竟重整成功的机会往往稍纵即逝。不仅如此，更为关键的是，重整准备程序作为一考察期，抑或试验田，可以一定程度上化解法院裁定重整与否的难题。在此期间，债务人企业的自行管理能力被加以考察，债务人企业是否具有重整成功可能性亦得以进一步明确，从而可以防止破产重整程序被错用，甚至被滥用。换言之，重整准备程序发挥了"初次筛选"的作用。并且重整准备程序期限的限制亦可解决目前实践中裁定受理重整至裁定重整期间操作不一的问题。就此而言，在未申请进入重整准备程序的情况下，裁定受理重整至裁定重整的期间亦不应超过4个月，且并无法享受到债务人自行管理常态化和重整计划提案独享权的设置。

仍须加以明确的是，重整准备程序不是变相延长程序期间，而是变被动其后延期为早期主动启动，其目的是化解预重整所面临的上述难题，鼓励促使债务人尽早启动重整程序，实现促进重整和防止滥用的双重目标。不仅如此，相较于正式破产重整程序中的重整失败，重整准备程序对债权人利益可能造成的损害也相对较小，程序转换也相对于正式破产重整程序更灵活高效。当然，重整准备程序的作用不仅限于预重整。对于任何具有重整希望的债务人企业而言，重整准备程序都是一个可选项。值得一提的是，根据波士顿咨询公司的统计，自 2012 年 3 月~2018 年 1 月德国共计有 257 起重整准备程序案件，其中有 90 起其后转为了破产清算程序。由此可见，重整准备程序的"筛选器"功能已经得到了初步发挥。而在德国通过重整准备程序转入正式重整程序的案件中，债务人正式重整程序平均耗时为 202 天。应该说，重整准备程序对于提升正式重整程序效率的作用亦十分明显。[1]

### 三、比较视野下的再思考

#### (一) 英法前置庭内重整程序

以促使债务人企业尽早重整，提高重整成功可能性为目的，多国展开了多层次庭内重整程序立法构建的尝试，最具代表性的即英、法两国。英国在传统意义上破产 (重整) 程序之外还设置了公司自愿安排程序 (company voluntary arrangement，以下简称为 CVA 程序)，其是指债权人与公司之间达成协议，同意延缓或减免部分债务清偿，该程序可与破产管理或破产清算程序同时进行，也可在两程序之前或之后进行，还可以独立进行，不与其他程序相伴随或衔接。[2]在大多数情况下，为了达到真正的公司拯救目的，CVA 程序通常都是和破产管理程序配合使用的，因为破产管理程序提供了一整套供

---

〔1〕 The Boston Consulting Group, Sechs Jahre ESUG, http://image-src. bcg. com/Images/Focus-ESUG-study_tcm108 - 190947. pdf，最后访问时间：2018 年 10 月 1 日。

〔2〕 齐砺杰：《破产重整制度的比较研究——英美视野与中国图景》，中国社会科学出版社 2016 年版，第 92 页。

企业进行重整的法律框架。[1]甚至有英国学者指出，唯一真实的破产拯救机制是重整制度保护下的 CVA。[2]事实上，CVA 程序现在越来越多地被用作一种更有效的破产清算方式，而并非如最初设想的主要被用作一种公司再建机制。[3]

　　法国以促进债务人企业尽早重整为目标，通过 2005 年的改革引入了前置庭内重整程序（procédure de sauvegarde），并根据其后法律实践中出现的问题于 2008 年对该制度进行了完善。前置庭内重整程序是一个相较破产重整程序（Redressement judiciaire）独立的重整程序。法国的前置庭内重整程序与英国的 CVA 程序相类似，均设立较低的程序启动门槛。依法国之规定，只要债务人证明企业存在无法克服的经营困难，就可以申请启动前置庭内重整程序。[4]在 2008 年改革之前，法国前置重整程序启动的前提条件为：企业面临严重威胁其生存的经营困难，并且该经营困难还可能导致企业的支付不能。[5]但其后的法律实践证明，这一程序启动门槛仍然过高，不利于前置重整程序制度效用的发挥。因此在 2008 年改革时，法国立法者就进一步降低了该程序的启动门槛。依据 2008 年改革后的规定，只要债务人证明企业存在无法克服的经营困难，则可申请启动前置重整程序。此外，在 2008 年改革前，如果债务人在重整计划实施过程中出现了支付不能，则其只能进入破产清算程序；而在 2008 年改革之后，债务人亦可在这一情况下申请进入破产重整程序。[6]最后，法国前置重整程序的特殊性还在于，该程序以尽量确保企业继续经营，最大程度上保留现有工作岗位为首要宗旨。因此企业的整体转让在

---

　　〔1〕　齐砺杰：《破产重整制度的比较研究——英美视野与中国图景》，中国社会科学出版社 2016 年版，第 99 页。

　　〔2〕　[英]桑德拉·弗雷斯：“英国 2002 年企业法实施效果报告”，毅友译，载李曙光、郑志斌主编：《公司重整法律评论》（第 2 卷），法律出版社 2012 年版，第 332 页。

　　〔3〕　参见齐砺杰：《破产重整制度的比较研究——英美视野与中国图景》，中国社会科学出版社 2016 年版，第 104~109 页。

　　〔4〕　参见 Dammann, NZI 2009, 502, 505; Delzant/Ehret, ZInsO 2009, 990 f.

　　〔5〕　Robbe-Grillet, Planmäßige Sanierung nach französischem und nach deutschem Insolvenzrecht, S. 355.

　　〔6〕　Dammann, NZI 2009, 502, 505; Delzant/Ehret, ZInsO 2009, 990 f.

该程序中是被禁止的，但法院可决定进行企业部分财产的转让。[1]

法国的前置庭内重整程序的架构及设置基本上类似于法国的破产重整程序，尤其是破产程序中的诉讼及执行程序中止原则等破产保护措施也适用于该程序。[2]并且该程序效仿了美国《破产法典》第 11 章重整程序的某些设置，特别是债务人自行管理常态化，也即债务人在前置重整程序中有权自行管理企业财产，从事相关经营活动，而管理人通常只扮演监督或支持债务人进行企业重整的角色。[3]在裁定进入前置庭内重整程序后，法院会指定 6 个月以下的观察期（période d'observation），并且该观察期可以延长一次，最长可达 18 个月。观察期的目的是对危机企业的重整可能性进行评估，并出具相应评估报告，该评估报告必须在程序启动后的两个月内做出。[4]基于此报告内容，破产管理人或债务人亦须在程序开始后的两个月内提出重整方案（plan de sauvegarde）。[5]如果债务人提出企业重整方案，则管理人只能发挥顾问作用。[6]由此，同时考虑到管理人通常是由债务人建议任命的，债务人在前置重整程序中实际上就独享了重整方案的提案权。在重整方案提出后，该方案必须在 30 日内交付表决。[7]提交的重整计划草案须获债权数额三分之二多数的支持方能通过。[8]在破产重整程序启动前提条件满足时，法院亦可在观察期内或在前置重整程序结束时裁定进入破产重整程序。[9]此外，只要债务人证明，在前置重整程序框架下重整方案已明显无法获得通过，并且该程序的终止将必然很快导致债务人的支付不能，则债务人亦可在未出现支付不能的

〔1〕 Robbe-Grillet, Planmäßige Sanierung nach französischem und nach deutschem Insolvenzrecht, S. 362 f. ; Cavaillès, Der Unternehmenskauf in der Insolvenz, S. 168 ff.

〔2〕 Robbe-Grillet, Planmäßige Sanierung nach französischem und nach deutschem Insolvenzrecht, S. 356 f.

〔3〕 Robbe-Grillet, Planmäßige Sanierung nach französischem und nach deutschem Insolvenzrecht, S. 358 f. ; Cavaillès, Der Unternehmenskauf in der Insolvenz, S. 160 f.

〔4〕 Cavaillès, Der Unternehmenskauf in der Insolvenz, S. 163.

〔5〕 Robbe-Grillet, Planmäßige Sanierung nach französischem und nach deutschem Insolvenzrecht, S. 357; Cavaillès, Der Unternehmenskauf in der Insolvenz, S. 166.

〔6〕 Delzant/Ehret, ZInsO 2009, 990, 991.

〔7〕 Cavaillès, Der Unternehmenskauf in der Insolvenz, S. 166.

〔8〕 Dammann, NZI 2009, 502, 503, 506.

〔9〕 Robbe-Grillet, Planmäßige Sanierung nach französischem und nach deutschem Insolvenzrecht, S. 356 ff.

情况下申请直接进入破产重整程序。[1]

　　(二) 德国的学术讨论和立法选择

　　实际上, 在 2012 年德国《重整促进法》的立法过程中, 亦有许多德国学者呼吁借鉴法国重整程序的改革, 建立一个独立的前置庭内重整程序。上述学者认为, 前置庭内重整程序的设置可以吸引危机企业尽早进行重整, 提高重整成功可能性, 并消除破产宣告给企业声誉带来的不利影响。[2]但是, 众多德国学者反对引入法定的、独立的前置庭内重整程序。这些学者指出, 前置庭内重整程序的引入不仅可能会导致企业被过度重整, 而且可能会导致企业重整的过度规制及重整程序体系的复杂化。[3]并且毫无疑问, 独立的前置庭内重整程序的引入将产生高昂的制度体系调适及衔接成本。[4]根据德国学者艾登穆勒教授及其团队在 2009 年所做的问卷调查, 只有30% 的被访德国学者觉得有必要引入前置庭内重整程序。[5]最终, 德国立法者并未采纳引入前置庭内重整程序的立法建议。

---

〔1〕　Delzant/Ehret, ZInsO 2009, 990, 992.

〔2〕　Jaffé/Friedrich, Verbesserung der Wettbewerbsfähigkeit des Insolvenzstandorts Deutschland, ZIP 40 (2008), 1849, 1856 f.; Hölzle, Unternehmenssanierung außerhalb der Insolvenz-überlegungen zu einem Sanierungsvergleichsgesetz, NZI 6 (2010), 207 ff.; Jacoby, Vorinsolvenzliches Sanierungsverfahren, ZGR 2 – 3 (2010), 359 ff.; Westpfahl, Vorinsolvenzliches Sanierungsverfahren, ZGR 2 – 3 (2010), S. 385 ff.; Bork, Grundfragen des Restrukturierungsrechts-Prolegomena zu einer Reform des deutschen Insolvenzrechts, ZIP 9 (2010), 397 ff.; Geldmacher, Brauchen wir ein gesetzliches Verfahren zur präventiven Unternehmenssanierung?, ZInsO 17 (2010), 696 ff.; ders., ZInsO 9 (2011), 353 ff.

〔3〕　参见 Eidenmüller, Reformperspektiven im Restrukturierungsrecht, ZIP 14 (2010), 649, 655 f.; ders., Finanzkrise, Wirtschaftskrise und das deutsche Insolvenzrecht, 2009, S. 29; Uhlenbruck, Von der Notwendigkeit eines eigenständigen Sanierungsgesetzes, NZI 4 (2008), 201 ff.; Hirte, Restrukturierung nach der InsO: Gesetzesplan, Fehlstellen und Reformansätze innerhalb einer umfassenden InsO-Novellierung, ZGR 2 – 3 (2010), 224, 233 ff.; Vallender, Insolvenzkultur gestern, heute und morgen, NZI 21 (2010), 838, 843; Frind, Vorinsolvenzliche Sanierungsregelungen oder Relaunch des Insolvenzplanverfahrens?, ZInsO 33 (2010), 1426 ff.; Willemsen/Rechel, Die Reform des Insolvenzplanverfahrens-Ein Zwischenstandsbericht: Anmerkungen zu den vorgeschlagenen Änderungen, BB 35 (2010), 2059, 2060; K. Schmidt, Gesellschaftsrecht und Insolvenzrecht im ESUG-Entwurf, BB 26 (2011), 1603, 1604 f.

〔4〕　Uhlenbruck, Von der Notwendigkeit eines eigenständigen Sanierungsgesetzes, NZI 4 (2008), 201, 204.

〔5〕　Eidenmüller/Frobenius/Prusko, Regulierungswettbewerb im Unternehmensinsolvenzrecht: Ergebnisse einer empirischen Untersuchung, NZI 14 (2010), 545, 550.

（三）中国视角下的再反思

无论是英法的前置庭内重整程序，还是德国的重整准备程序，都以促使债务人积极尽早进行企业重整，提高企业重整成功的可能性为目的。前置庭内重整程序的一大突出特点在于程序的相对独立性。其另一突出特点在于程序启动条件低，即设定了一个相较破产重整原因门槛更低的重整原因。这一设置的初衷在于，程序的尽早启动有助于提高企业重整成功的机会。而德国重整准备程序的特点在于其附属性，或者说过渡性，其是债务人破产重整程序的配套优化机制。尤为值得注意的是，无论是法国的前置庭内重整程序，还是德国的重整准备程序实际上都效仿了美国《破产法典》第十一章重整程序的某些设置，特别是债务人自行管理常态化、破产保护措施与重整方案提案独享权的设置。从美国无重整原因要求的专门重整程序，到法国启动门槛低、独立的前置重整程序，再到德国的破产程序框架下的重整准备程序，实际上是法、德两国在法律移植过程中基于各自不同的立法宗旨及法律制度特性所做出的本土化设置。特别是在德国统一破产程序以实现债权人利益为首要目标的大背景下，重整准备程序制度的引入已尽量从债务人利益角度出发，做出相应设置以促使债务人尽早进行企业重整。

不可否认，多层次的庭内重整程序可以发挥多次筛选作用，从而最大程度上确保有生存机会的企业得以继续经营。但多层次的重整程序极有可能会导致上述提及的过度重整、过度规制以及重整程序体系复杂化等问题，甚至引发程序迟延的问题。从我国破产重整制度引入的既有经验来看，体系调适和法律实施的成本不可谓不高昂。亦不容忽视的是，在英国 CVA 程序中，破产专业人士（被任命人）"过滤器"的核心角色是程序得以有效运行的关键，[1]而这显然不符合中国现有的国情。与之相对，就重整准备程序而言，重整准备程序既存在制度空间，实践中亦存在重整准备程序的雏形。

进一步而言，前置庭内重整程序某种意义上是庭外重整与破产重整的杂交体，其产生一方面会减弱庭外重整的吸引力，另一方面亦会导致对企业重

---

[1] 参见齐砺杰：《破产重整制度的比较研究——英美视野与中国图景》，中国社会科学出版社 2016 年版，第 101 页。

整的过度规制。庭外重整和破产重整已经可以实现优势互补，庭外重整及破产重整的双层筛选即足以确保有生存机会的企业得以继续经营，更何况重整准备程序可发挥"初次筛选"的作用。更为关键的是，前置庭内重整程序尽管一定程度上可弥补破产重整给企业形象带来不利影响的缺陷，但实际上负面影响的问题并未得到真正解决，任何庭内重整都不可避免存在制度成本的问题。由此，保密性更佳、灵活度更大的债务人庭外自行重整即足以发挥避免企业破产的作用，并可在必要时转化为预重整，从而为破产重整奠定坚实的基础。

特别值得关注的是，英国的 CVA 程序经常失败导致债权人，尤其是担保债权人和联邦政府等作为重复博弈者的债权人，开始怀疑此程序整体上的有效性和成功前景。[1]特别是相较破产重整程序，前置庭内重整程序中重整计划草案表决通过的要求往往较高。例如，英国的 CVA 程序常常失败于其四分之三多数的要求。[2]并且英国的前置庭内重整程序亦通常与英国的破产重整程序相衔接，并通过破产重整程序中的相关机制来促成重整计划草案的通过。[3]又如法国，该国在 2008 年改革时，为了提高重整方案通过的可能性，取消了旧规定中债权人委员会成员表决权多数的要求，并将三分之二多数的要求限定为参与表决的债权人。[4]且如上所述，法国法明确规定了在前置庭内重整程序框架下重整方案已明显无法获得通过时，债务人可申请直接进入破产重整程序。并且英、法等国都存在久整不决的情况。从上述角度而言，尽管前置庭内重整程序以预防企业陷入破产境地为首要宗旨，但一方面其实际效用受到一定程度质疑，众多问题可能最终仍需通过破产重整程序来解决；

---

〔1〕　［英］桑德拉·弗雷斯："英国 2002 年企业法实施效果报告"，毅友译，载李曙光、郑志斌主编：《公司重整法律评论》（第 2 卷），法律出版社 2012 年版，第 331 页。

〔2〕　Windsor/Müller-Seils/Burg, Unternehmenssanierung nach englischem Recht-Das Company Voluntary Arrangement, NZI 1 (2007), 7, 10; Dammann, Die Erfolgsrezepte französischer vorinsolvenzlicher Sanierungsverfahren, NZI 9 (2009), 502, 503.

〔3〕　Windsor/Müller-Seils/Burg, Unternehmenssanierung nach englischem Recht-Das Company Voluntary Arrangement, NZI 1 (2007), 7; Vallender, Gefahren für den Insolvenzstandort Deutschland, NZI 3 (2007), 129, 133; Andres/Grund, Die Flucht vor deutschen Insolvenzgerichten nach England-Die Entscheidungen in dem Insolvenzverfahren Hans Brochier Holdings Ltd. , NZI 3 (2007), 137, 138.

〔4〕　Dammann, NZI 2009, 502, 503, 506.

另一方面，前置庭内重整程序也可被理解为一种重整准备程序，因为其可与破产重整程序相衔接，为破产重整程序框架下的企业重整奠定基础。

毋庸置疑，在统一破产程序及开放式程序目的的框架下，重整准备程序向破产重整，抑或破产清算程序转化更为灵活高效，而独立的前置庭内重整程序无疑在程序转换上更加繁琐，费用也会相对较高。程序转换的快速性及灵活性不仅可以节省程序费用，亦可发挥预防震慑的效用，从而达到保护债权人利益之目的。并且有鉴于预表决的司法认可、较低的表决通过门槛以及强制批准制度的存在，重整计划草案在破产重整程序框架下通过的效率性和可能性理应更高。与此同时，破产重整程序中的债权人利益保护机制更加完善，更有利于债权人公平受偿价值目标的实现。例如，马来西亚和泰国等模拟正式的破产体制（前置性的庭内重整程序，以多数决为特征）虽可约束不同意的债权人，但其正当性和公平性却值得质疑。[1]综上所述，德国重整准备程序这一创新性的设置对我国具有极大借鉴意义。在引入更加灵活高效的重整准备程序的情况下，再立法规定一个独立的前置庭内重整程序就显得画蛇添足了。

## 第二节　破产重整原因解析

诚如我国学者所言，破产界限的妥适确定关系到当事人申请动因的阻却或适当激励，[2]由此，破产重整程序启动涉及的关键性问题在于程序启动门槛，也即重整原因的设定。与美国《破产法典》第十一章规定的无门槛的重整程序启动不同，大多数国家破产重整程序启动以债务人具备破产（重整）原因为前提。传统意义上的破产原因主要有三种：支付不能、资不抵债和行将支付不能。依据我国《企业破产法》第2条、第7条的规定，明显缺乏清偿能力（支付不能）、资不抵债和有明显丧失清偿能力可能（行将支付不能）均为我国《企业破产法》意义上的破产原因。

---

〔1〕 胡利玲：《困境企业拯救的法律机制研究》，中国政法大学出版社2009年版，第174页。
〔2〕 韩长印、何欢："破产界限的立法功能问题——兼评《企业破产法》司法解释《规定（一）》的实际功效"，载《政治与法律》2013年第2期。

### 一、支付不能

在《中华人民共和国企业破产法释义》中，"企业法人不能清偿到期债务"被解释为："企业法人债务的清偿期限已经届至，债权人要求清偿，但作为债务人的企业无力清偿。"而"明显缺乏清偿能力"是指如果企业实际上已经丧失清偿能力，即使其资产负债表上的资产可能还略大于负债，也可以启动破产程序清理债务，不一定要等其继续亏损到资不抵债时再宣告破产，这对债权人和债务人都更为有利。[1]按此表述，此即为德国法意义上的"支付不能"。然而，我国《企业破产法》对于"不能清偿债务"的"持续性"和"显著性"并未提出明确要求，我国学界主流观点认为"缺乏清偿能力"应为对债务持续性、显著性地不能清偿。[2]但对"持续性"和"显著性"的具体标准，学界并无具体论述。《中华人民共和国企业破产法释义》也仅表述道："暂时的、短期的不能清偿或仅仅是资产负债表上的资不抵债不能作为认定一个企业法人是否已经构成破产的标准。"[3]

视线转至德国，该国《破产法》第17条第1款规定，一般的破产原因为支付不能（Zahlungsunfähigkeit）。该条第2款第1句规定，当债务人不能清偿到期债务时，其为支付不能。值得注意的是，德国旧《破产法》（Konkursordung）第102条原本规定，只有当债务人持续不能清偿其债务，且不能清偿债务的比例达到显著性标准时，才构成支付不能。在1999年德国《破产法》实施之前，德国学术界和司法界亦认为，支付不能（Zahlungsunfähigkeit）和一时的支付困难（Zahlungsstockung）是相区别的，支付不能的基本标志是债务人对债务持续性、显著性的不能清偿。[4]现行德国《破产法》第17条第2款明显对"持续性"和"显著性"这两个前提条件未作任何表述。但德国立法者仍指出，支付不能和一时的支付困难之间是有区别的，放弃在支付不能定义中对"持续性"做出表述的理由在于：以"持续性"不能清偿作为支付

---

〔1〕　安建主编：《中华人民共和国企业破产法释义》，法律出版社2006年版，第13～14页。
〔2〕　参见王欣新：《破产法专题研究》，法律出版社2002年版，第26页。
〔3〕　安建主编：《中华人民共和国企业破产法释义》，法律出版社2006年版，第13页。
〔4〕　BGH, NJW 1962, 102；Häsemeyer, Insolvenzrecht, S. 136.

不能的标志，实际上就是允许债务的进一步扩大，这显然不利于债权人利益保护。如果企业面临的仅仅是暂时性的支付不能，其完全可以通过获取银行贷款的方式应对这一危机。此外，德国立法者在1994年破产法的立法理由中亦明确反对"显著性"标准的宽松量化指标。其认为在债务人不履行其一定比例的债务之后才被认定为支付不能，显然不太合理；其同时指出，尽管与对"持续性"标准的解释一样，必须对"显著性"的标准进行限制性解释，但十分细微的不能清偿仍不应被认定为缺乏清偿能力。[1]

尽管德国立法者放弃了"持续性"和"显著性"表述，但学术界并未因此而改变自己的观点，且对"持续性"和"显著性"的量化指标有着不同见解。首先，在"持续性"标准方面，少数学者认为应不少于两个月，亦有学者认为不应确定具体的时间期限，而应由法官依据自由裁量权根据个案去具体判断，而多数学者赞同立法者的观点，认为应对这一期限做严格限制，即至多不应超过两个星期或三个星期。其次，在"显著性"标准方面，德国学界过去主流观点认为债务人无法偿付其到期债务的25%即可视为缺乏清偿能力，其后存有三种观点：少部分学者认为这一比例应为10%～25%，折衷派认为这一比例应为5%～10%，而强硬派认为低于5%的不能清偿，甚至任何细微的不能清偿都构成支付不能。[2]由此可见，对于支付不能的判定在德国学界仍存有争议，而德国立法者尽管处于中立状态，但其目的一方面在于保留法律适用的灵活性，另一方面亦想达成保护债权人利益的首要目的，试图通过对支付不能定义的严格化来使破产程序可以尽早启动。值得注意的是，德国联邦最高法院在2005年一份判决中指出，尽管德国立法者告诫，不应在债务人不能支付一定比例债务后方才认定支付不能，但这仅仅意味着不能僵化规定特定数值的比例作为认定支付不能的标准。然而，为了使实务界能够明确何谓"极小额度的资金缺口"，亦不得不对此进行数值化的表述。由此，其将"显著性"标准设定为10%。此外，德国联邦最高法院考虑到一般商事主体获得贷款的合理期限，在此判决中将"持续性"标准设定为3个星期。[3]

---

〔1〕 Begründung zum Regierungsentwurf der Insolvenzordnung, BT-Drucks. 12/2443, 1994, S. 114.

〔2〕 对此观点综述可参见 Penzlin, NZG 1999, 1204 ff.

〔3〕 BGH, Urteil vom 24. 05. 2005, NJW 2005, 3062.

　　我国在立法上亦不应对"持续性"和"显著性"设定具体标准，而应通过司法能动来增加破产界限的"柔性"，由法官根据个案情况加以具体判断。在"持续性"标准方面，法官应根据不同行业的特点，分析债务人恢复支付能力的合理时间。然而，在"显著性"标准方面，如若在债务人不履行一定比例的债务之后才认定其为缺乏清偿能力，显然不利于债权人利益的保护，甚至造成债务的扩大化。但值得注意的是，最高人民法院《关于审理企业破产案件若干问题的规定》第 8 条中规定，债权人申请债务人破产，人民法院可以通知债务人核对债权在债务人不能偿还的到期债务中所占的比例等情况。换言之，"显著性"仍然是法院关注的一大标准。尽管如此，笔者认为应对"显著性"标准从严掌握，因为债务人不能清偿实际上就意味着债务人支付手段的用尽，包括信用等。并且依照我国《企业破产法》第 10 条的规定，从破产申请到法院受理需要几个星期甚至 1 个月，这段时间债务人完全有可能通过各种手段恢复支付能力。即使债务人不能清偿债务只是一小部分，但只要其无法证明能在一定期限内恢复对这些债务的支付能力，法院就应认定其为缺乏清偿能力。若非如此，将会对未获清偿的小部分债权人造成极大不公，从而有违我国《企业破产法》"公平清理债权债务"的立法宗旨。于此仍值得一提的是，根据德国联邦最高法院 2017 年 12 月 19 日的判决，破产管理人可基于债务人企业财务报表（Liquiditätsbilanz）的记载来判定企业是否存在支付不能，尤其是相关债务的到期日及金额。而公司管理层负有妥当财务记账的义务。其不能以相关账务不是由其记账，或并未准确记账而推翻破产管理人基于企业财务报表所做出的支付不能的判定。其必须提供确切具体证据证明财务记账的错误之处，或明确指出哪笔债务不存在或不再存在，或并未如财务报表所记载的那样已到期。[1]

　　进一步而言，可通过破产原因的推定来化解破产原因审查的难题。对于破产原因推定的规定，在各国立法中并不鲜见。德国《破产法》第 17 条第 2款第 2 句即规定，当债务人停止支付，其将被推定为缺乏清偿能力。2007 年的《企业破产法》尽管对此并未明确规定，但《中华人民共和国企业破产法

---

　　〔1〕　BGH, Urteil vom 19. 12. 2017, NJW 2018, 204.

释义》论及："如果债务人在债务到期后，经债权人催告并在相当的时期内停止向债权人清偿，即不能清偿到期债务处于连续状态，可以推定为该债务人明显缺乏清偿能力。"[1]债务人如主张仅仅是暂时的支付困难，则其应提供相应证据。例如，季节性产品的生产企业可主张，其只要熬过季节性不景气即可恢复履行能力。

然而毫无疑问，伴随着"缺乏清偿能力"审查的严格化以及破产原因的推定，债务人破产的可能性就更大了，债权人滥用破产申请的风险亦被提升，某些仍有生存机会的企业也可能由此陷入破产境地。就我国而言，司法裁量空间或可化解上述难题，但为了防止法官自由裁量权的滥用，应为"持续性"和"显著性"标准设置一个上限。

## 二、资不抵债

依据我国《企业破产法》第2条的规定，"资不抵债"这一破产原因的适用还须以"企业法人不能清偿到期债务"为前提。此外，《企业破产法》第7条第3款规定了清算责任人在资不抵债情况下的破产申请义务。准确而言，破产法意义上的资不抵债不同于通常意义上的资本抵债。并且如同债务人支付不能情况下不一定资不抵债，其资不抵债情况下亦不一定不能清偿到期债务，而届至其不能清偿债务时才赋予其破产申请权则会导致程序启动迟延。换言之，一方面，目前部分人士对资不抵债的理解仍停留在企业资产小于负债；另一方面，应将"企业继续经营能力"替代"不能清偿到期债务"标准纳入资不抵债评价范畴。

就资不抵债作为独立的企业法人破产原因，视线可再转至德国法。依据德国《破产法》第19条第1款的规定，对于法人，资不抵债亦是破产原因。与此同时，德国学界亦意识到，将资不抵债作为破产原因也存在着这样一种危险，即导致本身具有清偿能力的健康企业也强制性地陷入破产境地。因此，自有资产小于负债的简单评价方式已经过时，而是应在资不抵债评价中虑及

---

[1]　安建主编：《中华人民共和国企业破产法释义》，法律出版社2006年版，第14页。

企业继续经营可能性，排除那些虽自有资产小于负债，但仍可正常运营的企业。[1]由此，德国《破产法》第19条第2款第1句规定，当债务人财产不能满足现存所有债务，则构成资不抵债，但根据具体情况可以确定继续经营企业具有极大可能性的除外。

上述德国《破产法》对资不抵债的认定实际上是接受了德国著名法学家施密特教授在1978年创设的修正两步分析法（modifiziert zweistufiger überschuldungsbegriff），也即：如果基于扩展到下一营业年度的企业财务计划就可以肯定企业继续经营预测，即可否决资不抵债的存在；而在企业继续经营预测被否决的情况下，则依企业的清算价值来确定企业是否资不抵债。[2]这一修正两步分析法与传统两步分析法相比，无须在肯定继续经营情况下再进行繁琐的企业继续经营价值计算，更为简便高效，在创设后即被德国联邦最高法院多次采纳使用。[3]而对于企业继续经营可能性的预测，不仅要取决于债务人或其管理机构的继续经营意愿，也要考虑到客观上企业的生存能力，即企业将来的盈利和支付能力。对此必须考虑到企业进行合理性规划的可能性、贷款的获取以及重组的机会。继续经营企业可能性的预测期间通常拓展到该营业年度和下一营业年度。[4]值得注意的是，依据德国联邦最高法院2010年10月18日的一份判决，破产管理人如若依据债务人已陷入资不抵债而向公司经理主张《有限责任公司法》第64条第1句的损害赔偿责任，则其只需要依据债务人企业的清算价值证明存在资不抵债即可。对于债务人企业存在继续经营可能性，则应由公司经理来承担。[5]此外，须加以明确的是，在将资不抵债作为破产原因的情况下，只有债务人才享有破产申请权。因为一方面，对于资不抵债很难从外部准确判断，而只有债务人才最了解自己的企业，从而自行判断企业是否有经营前景；另一方面，通过债务人独享破产申请权可防止债权人滥用资不抵债这一破产原因，损害健康运营的债务人企

---

〔1〕 Penzlin, NZG 2000, 464, 464 f.

〔2〕 K. Schmidt, AG 1978, 337 ff.

〔3〕 BGHZ 119, 213 f.；125, 148；126, 199；129, 136；BGH, NJW 1998, 3201.

〔4〕 Penzlin, NZG 2000, 464, 465.

〔5〕 BGH, Urteil vom 18. 10. 2010, ZIP 2010, 2400.

业的合法权益。

### 三、专门的重整原因——行将支付不能

某些情况下，债务人可能暂时避免了支付不能，但仍有可能在将来无法恢复盈利能力，也即可以预见到在将来陷于支付不能的境地。为了使债务人可尽早启动破产程序，德国立法者在 1994 年修订《破产法》时，将行将支付不能作为新兴的破产原因引入到德国《破产法》中。依据德国《破产法》第 18 条第 2 款的规定，当债务人预见到，其将无法履行将来到期债务时，其为行将支付不能。但行将支付不能只有当债务人申请破产时才可以作为破产原因，这样做是为了防止债权人由此不正当利用其将来到期的债权提出破产申请，而给债务人造成不当压力，并避免降低庭外重整的可能性。[1]对于行将支付不能的判断，德国的福斯特教授认为，需要考虑的不仅是现存的债务，也包括将来一定期间内可能产生的债务。并且需由债务人根据财务规划确定在将来的可预见的期间内支出大于收入，也即用于支付的资金出现了缺口。对于预见的期间，法律没有明确规定，一般应为几个月，甚至更长，但显然这一期间越长，进行判断就越难，也越不准确。[2]

我国《企业破产法》第 2 条第 2 款所规定的"明显丧失清偿能力的可能"实际上即是德国法上的"行将支付不能"。然而，在我国"明显丧失清偿能力的可能"只被规定为重整原因。笔者认为，我国将行将支付不能作为专门重整原因的做法较为合理，理由在于：首先，对行将支付不能的准确判断较为困难。其次，德国学者亦认为，由于行将支付不能作为破产原因只能由债务人提出申请，而实际上在这种情况下，债务人在心理上仍寄希望于改善企业的状况或粉饰美化企业的实际情况，所以由债务人自行提出申请是很困难的。[3]更准确而言，"行将支付不能"作为破产原因是赋予了债务人请求通过破产程序获得保护的权利。[4]尤其是考虑到行将支付不能定义的宽泛性，其

---

〔1〕 Foerste, Insolvenzrecht, 7. Auflage, S. 67, Rdnr. 113.

〔2〕 Foerste, Insolvenzrecht, 7. Auflage, S. 66 f., Rdnr. 112 f.

〔3〕 Foerste, Insolvenzrecht, 7. Auflage, S. 67, Rdnr. 113.

〔4〕 Braun/Uhlenbruck, Unternehmensinsolvnz, S. 284.

可提升债务人重整申请的可控性，实乃债务人启动重整程序的权利。[1]由此，在行将支付不能情况下，促使债务人自行提出破产申请的动机往往是：阻却债权人的保全措施，获得提交破产重整计划的权利，获得债务人自行管理等。[2]换言之，如果使行将支付不能作为破产原因，为了防止债权人滥用势必只赋予债务人申请权利，但债务人往往出于自身利益的考虑不会以此为由申请破产清算，那么显然将其作为破产清算原因的目的也无法实现。最后，行将支付不能，如果资大于债，应允许债务人通过申请重整获得重生的机会，即通过庭外或庭内的重整方式来恢复支付能力，或通过清算方式解决；而如果行将支付不能资小于债，则可通过资不抵债作为破产原因来解决，但此解决机制以资不抵债应作为独立破产原因为前提。综上所述，行将支付不能作为专门的破产重整原因更为合理。

值得注意的是，为了尽早启动重整程序从而提高重整可能性，降低或取消重整程序启动门槛的建议进入人们的视野。依据美国《破产法典》第十一章重整程序的规定，只要债务人企业出资人做出相应决议，则债务人企业即可自愿申请启动重整程序。而只要不存在明显滥用重整的情形，则法院将依债务人申请启动重整程序。亦有德国学者认为，设置重整原因的启动门槛亦无法完全排除重整被滥用，取消程序启动门槛反而可以简化重整程序，减轻司法负担，为重整赢得更多时间，提高重整可能性。放弃重整门槛设置本身并无可指摘，关键在于法律框架及相关配套机制。[3]然而，德国著名法学家施密特教授早在20世纪90年代即指出，如若程序启动过于容易，则令人担忧的是，企业会利用重整程序轻而易举地摆脱其债务和社会负担。而债务人自行管理更进一步加剧了此担忧。[4]我国学者亦指出，过于宽松的重整原因会使普通债权人面临更大的风险，因为债务人在出现经营困境时可能还具有清偿能力，或者能够清偿大部分债务，如若重整不成功反而会耗尽债务人的

---

〔1〕 Ehlers, ZInsO 2010, 257, 262.

〔2〕 Foerste, Insolvenzrecht, 7. Auflage, S. 67, Rdnr. 113.

〔3〕 Kemper, Die U. S. -amerikanischen Erfahrungen mit "Chapter 11", S. 223 f.

〔4〕 K. Schmidt, Wege zum Insolvenzrecht der Unternehmen, S. 197.

资产，给债权人造成更大的损失。[1]美国学者的实证研究即显示，73%的重整申请是为了应对债权人可能执行债务人财产行为的直接结果。[2]进一步而言，邹海林教授即指出，于重整程序启动方面，《企业破产法》第 2 条关于重整原因的规定已十分灵活，赋予了法院是否准许启动处于困境的企业的重整程序更大的自由裁量空间。[3]德国著名破产法学者布劳恩和乌伦布鲁克亦认为，作为专门的重整原因，行将支付不能亦可使债务人尽早启动重整程序。[4]在行将支付不能已提供特殊的、门槛较低的重整原因的情况下，放弃重整门槛设置的建议值得商榷。

# 第三节　破产重整的申请与受理

## 一、破产重整申请

《企业破产法》第 70 条规定了债务人、债权人以及出资额占债务人注册资本十分之一以上的出资人的破产重整申请权。此外，我国学者早在 2006 年即建议应赋予公司监事或监事会破产重整的申请权，其理由在于：如果董事不仅经营管理水平低且还有各种渎职行为以致公司濒临破产倒闭，则监事或监事会应及时挺身而出。[5]在德国 2008 年《公司法现代化和防止滥用法》（Gesetz zur Modernisierung des GmbH-Rechts und zur Bekämpfung von Missbräuchen，以下简称为《现代化法》）草案经德国联邦众议院审议时，德国联邦众议院法律委员会亦在德国《破产法》第 15 条第 1 款中新增 1 句作为第 2 句，并规定：在公司领导机构失能情况下，有限责任公司的股东或股份

---

〔1〕　陈英：《破产重整中的利益分析与制度构造——以利益主体为视角》，山东大学出版社 2013 年版，第 57 页。

〔2〕　Lynn M. Lopucki, "The Debtor in Full Control", *American Bankruptcy Law Journal*, Vol. 57, 1983, pp. 99 – 117. 转引自陈英：《破产重整中的利益分析与制度构造——以利益主体为视角》，山东大学出版社 2013 年版，第 67 页。

〔3〕　邹海林："法院强制批准重整计划的不确定性"，载《法律适用》2012 年第 11 期。

〔4〕　Braun/Uhlenbruck, Unternehmensinsolvenz, S. 284.

〔5〕　参见张世君：《公司重整的法律构造——基于利益平衡的解析》，人民法院出版社 2006 年版，第 135 页。

有限公司监事会成员有权提起破产申请。就德国法而言，公司领导机构失能情况下相关人员的破产申请权利是与相应情况下相关人员的破产申请义务相呼应的。[1]然而，考虑到公司股东或（受股东控制的）监事会成员的自利避险心理，似乎破产申请权享有主体的扩大化作用有限，而破产申请义务的承担才是解决问题的关键。值得注意的是，德国《破产法》第 13 条第 1 款第 3 句规定，在债务人企业提交破产申请的情况下，债务人还应附上债权人清单。就此而言，我国《企业破产法》中"债务清册"的表述换为"债权人清单"更为妥当，并更有利于法院审查和接下来程序的进行。

### 二、破产重整案件的受理

于法院受理破产（重整）案件的审查期限方面，根据《企业破产法》第 10 条的规定，在债权人申请情况下为 5 + 7 + 10 + 15（特殊情况需要延长）= 37 日，在债务人申请情况下为 15 + 15（特殊情况需要延长）= 30 日。与我国规定不同，德国《破产法》并未明确破产启动（受理）程序（Eröffnungsverfahren）的明确期限，但在司法实践中破产法院通常在破产（重整）申请提出后的 3 个月左右决定是否受理破产（重整）案件。值得注意的是，于我国司法实践中，存在着裁定受理重整期限和裁定重整期限大相径庭的现象，甚至存在未区分裁定受理重整与裁定重整的情况。严格意义上讲，目前《企业破产法》第 10 条规定的破产案件受理期限应同等适用于破产清算、破产和解以及破产重整申请。此外，人民法院在裁定受理破产（重整）申请的同时即应指定管理人，或暂时批准债务人自行管理，对此下文将再详细介绍。进一步而言，对于裁定受理重整至裁定重整之间的期限亦应加以限定，以避免实践中操作不一的情况，并应利用裁定受理重整至裁定重整之间的时间框架引入上文提及的重整准备程序，从而真正实现重整预识别。

且不论对破产重整原因审查的复杂性，另一存有争议的问题是，法院在受理重整申请过程中是否应对重整的可行性进行审查？有学者即指出，法院如果不将债务人的重整能力作为重整程序开始的考虑因素，就会增加滥用重

---

〔1〕　Beschlussempfehlung und Bericht des Rechtsausschusses zum MoMiG, BT-Drs. 16/9737, S. 58.

整程序的机会，就有可能导致重整程序的徒劳无益，乃至对债权人及社会不利结果的出现。[1]然而，令人担忧的是，由于重整价值及拯救可能性判定的不确定性，重整申请受理时的识别是否会导致"错杀一千"。王欣新教授就指出，对重整案件立案的实质审查不能过于严苛。[2]最高人民法院法官亦撰文指出，应防范滥用重整企业识别审查标准，人为抬高重整门槛。[3]尤其就《会议纪要》第14条中的"明显"二字而言，法院在破产重整申请受理过程中，对于重整可行性应仅作初步审查，排除"明显"不具备重整价值以及拯救可能性的僵尸企业。

进一步而言，法律实践者亦意识到，认定重整对象是否具有拯救价值和可能性涉及一定的商业判断。[4]《会议纪要》第15条亦指出："对于债权债务关系复杂、债务规模较大，或者涉及上市公司重整的案件，人民法院在审查重整申请时，可以组织申请人、被申请人听证。债权人、出资人、重整投资人等利害关系人经人民法院准许，也可以参加听证。听证期间不计入重整申请审查期限。"这一"听证期间不计入重整申请审查期限"的规定亦可一定程度化解上述对重整预识别准确性的担忧。综上所述，破产重整申请受理时的重整识别首先应是针对僵尸企业的识别，对于重整可行性法院应仅作形式审查，于必要时可通过听证和专家意见等辅助方式进行实质审查。最终对于重整可行性的判断应交由市场化的重整参与人意思自治以及破产重整程序的整体性制度设计，并配合以后端程序转换灵活性的控制。于此须提请注意的是，于上市公司重整而言，政府支持与否是上市公司重整是否被法院受理的决定因素，政府的前置批准程序不仅拖延了上市公司进入重整的速度，而且筛掉了所有因无法得到政府批准其重整的上市公司。[5]此外，在大部分上市公司重整案件中，地方政府对上市公司提出安置职工、维持稳定等法律强制性规

〔1〕 参见张艳丽："破产重整制度有效运行的问题与出路"，载《法学杂志》2016年第6期。

〔2〕 王欣新："立案登记制与破产案件受理机制改革"，载《法律适用》2015年第10期。

〔3〕 王富博："破产重整制度的发展与完善——《全国法院破产审判工作会议纪要》的解读（二）"，载《人民法院报》2018年3月28日，第7版。

〔4〕 王富博："破产重整制度的发展与完善——《全国法院破产审判工作会议纪要》的解读（二）"，载《人民法院报》2018年3月28日，第7版。

〔5〕 参见赵惠妙："上市公司重整中政府角色的实证研究"，载《兰州学刊》2017年第12期。

定之外的要求，并将其作为地方政府和证券监管部门同意上市公司重整、法院批准重整计划草案的前提条件，使上市公司承担本该由地方政府承担的社会功能。[1]上述问题的解决或有赖于政府"市场成熟度"的提高。

### 三、执行程序与破产（重整）程序的衔接

相较于主动的预重整转入破产重整程序，执行程序与破产（重整）程序的衔接则显得相对被动。按照 2017 年《关于执行案件移送破产审查若干问题的指导意见》的规定，执行案件移送破产审查的前提条件为作为被执行人的企业符合我国《企业破产法》第 2 条第 1 款关于破产原因规定的情形。并且受移送法院的破产审判部门在收到移送的材料后亦应对是否存在破产原因进行审查，并于 30 日内作出是否受理的裁定。显然，执行法院的移送对受移送的法院具有程序上的拘束力但没有实体上的拘束力。[2]受移送法院的破产审判部门将不受执行法院移送行为的影响，再次审查是否应受理破产案件，也即债务人企业是否具有破产原因。在"执转破"情况下，债务人企业长期无法履行债务的事实即表明了债务人企业缺乏盈利和支付能力。由此，受移送法院的破产审判部门固然应对作为被申请执行人的债务人企业的继续经营可能性加以初步判定，但应从严掌握。在债务人企业具有继续经营可能性的情况下，法院应通过意见征询和释明交由当事人自行决定，是执行转破产清算，还是执行转破产重整。

亦值得期许的是，"执转破"机制不仅有助于化解执行难，而且亦能有助于破产文化理念的塑造。也即通过"执转破"后良好示范效应的产生来消除人们对破产程序的偏见和恐惧，教会并促使人们学会运用破产程序这一市场化工具。尤其是破产重整可使危机企业"凤凰涅槃"。然而，单纯的文化理念塑造显然不足以解决我国相关主体破产申请动因不足的问题，文化理念塑造必须配合制度设计促进。无论是"执转破"机制，还是"破产文化"都无法真正有效解决债权人和债务人自利和避险心理所诱发的破产申请动因不足问

---

〔1〕 唐旭超："论上市公司重整中的股东权益"，载《政治与法律》2014 年第 6 期。

〔2〕 谭秋桂："执行程序与破产程序衔接机制的理论思考"，载《人民法院报》2015 年 6 月 10 日，第 8 版。

题。即便在债务人自行管理常态化的美国，公司高管尽早申请进入重整程序的动因仍然不足，其都有动机拖延进入破产程序的时间，因为一旦申请破产，他们对公司重大投资决策的独断权还是会失去。[1]我国有学者调研后指出，在我国 51 家上市公司中没有任何一家不是在严重资不抵债的情况下进入重整程序的。[2]由此，值得借鉴的是德国《破产法》中有关破产申请义务的规定。

依据德国《破产法》第 15a 条第 1 款的规定，在公司出现支付不能或资不抵债的情况下，有限责任公司经理或股份有限公司董事会应毫不迟延地在支付不能或资不抵债情况出现后的 3 个星期内提出破产申请。明确公司高管的破产申请义务，不仅可有效解决债务人企业破产申请动因不足的问题，从而使公司尽快进入破产程序，避免公司资产处置的无序和浪费，而且亦可以克服债权人在破产申请方面的"搭便车"问题。[3]德国联邦最高法院在 2005 年 7 月 25 日的一份判决中更进一步指出，破产申请义务的立法目的在于：避免商事交易伙伴与存在破产原因的企业进一步交易，特别是先履行其义务，如提供贷款。换言之，通过将危机企业与商事交易相隔离，将可避免对债权人利益造成损害。[4]更进一步，为防止相关主体规避破产申请义务，[5]德国《破产法》第 15a 条第 3 款规定，在公司相关领导机构失能情况下，有限责任公司的股东或股份有限公司监事会成员承担相应的破产申请义务，除非上述人员不知存在支付不能及资不抵债或公司领导机构失能的情况。

令人遗憾的是，我国《企业破产法》第 7 条第 3 款虽然规定了依法负有清算责任的人负有向人民法院申请企业破产的义务，但对于不申请的情形并未规定相应法律后果，直接影响了破产程序的启动。[6]由此，无论是针对我国《企业破产法》第 7 条第 3 款的规定，还是针对将来立法规定的破产申请

〔1〕 参见齐砺杰：《破产重整制度的比较研究——英美视野与中国图景》，中国社会科学出版社 2016 年版，第 116 页。

〔2〕 赵惠妙："上市公司重整中政府角色的实证研究"，载《兰州学刊》2017 年第 12 期。

〔3〕 张学文："公司破产边缘董事不当激励的法律规制"，载《现代法学》2012 年第 6 期。

〔4〕 BGH, Urteil vom 25. 07. 2005, NJW 2005, 3137.

〔5〕 Begr RegE zum MoMiG, BT-Drucks 16/6140, S. 55.

〔6〕 曹守晔、杨悦："执行程序与破产程序的衔接与协调"，载《人民司法·应用》2015 年第 21 期。

义务，均有必要规定义务违反情形之下的法律责任，也即由公司高管承担相应的民事损害赔偿责任，甚至是刑事责任。例如，德国《有限责任公司法》第64条就规定，在公司出现支付不能或资不抵债的情况下，公司经理须对所为的支付行为承担赔偿责任。德国《股份公司法》第92条第2款亦有相类似的规定。此外，德国《破产法》第15a条第4款明确规定，如若相关主体未履行、未及时或适当履行破产申请义务，可对其处以3年以下的有期徒刑或罚金。该条第5款同时规定，如若相关主体是基于过失违反破产申请义务，可处以1年以下有期徒刑或罚金。然而，如若从重整促进角度出发，破产申请义务的规定并无法真正促使债务人企业尽早展开重整。暂且不论其他鼓励尽早重整的措施，这一问题的解决首先有赖于重整门槛的合理设定。

# 第三章　意思自治框架下的重整识别

## 第一节　适度竞争提案权设置

### 一、我国无竞争提案权设置的审思

在正式进入破产重整程序后，重整参与人将在意思自治框架下进行商业判断，识别具有重整价值的破产企业。诚如美国的泰步教授所言，只有那些有权提交重整计划并寻求法院批准的主体，才具有积极影响案件最终结果的实际能力。不享有计划提交权的主体尽管也可能对最终结果产生消极影响，如投反对票，但却无法直接实现自身目的。[1]然而，我国《企业破产法》第80条只规定了债务人或管理人的提案独享权。由此产生的问题是，无竞争的重整计划提案权是否能确保利益主体的博弈及公平参与，进而促成企业价值最大化目标的实现？此外，在无竞争提案权框架下，一方面，在预重整时，重整连续性的确保似乎成为难题，而只有在获得债务人自行管理批准情况下才可确保预重整按计划实施；另一方面，如若债务人获批自行管理，则我国《企业破产法》第80条显然会为债务人滥用提案独享权埋下隐患。有学者批评这种无竞争提案权的设置使得我国破产重整程序中的利益博弈呈现一种低效或失能的状态。[2]更存有疑问的是，我国《企业破产法》第80条赋予管理

---

〔1〕　参见［美］查尔斯·J. 泰步：《美国破产法新论（第3版）》（下册），韩长印、何欢、王之洲译，中国政法大学出版社2017年版，第1203页。

〔2〕　See Simin Gao & Qianyu Wang, The U. S. Reorganization Regime in the Chinese Mirror: Legal Transplantation and Obstructed Efficiency, *American Bankruptcy Law Journal*, （Vol. 91）, 2017, pp. 164 – 165.

人或债务人的重整计划提案独享权是否会使得管理人或债务人拥有对企业重整的实际控制权，进而限制债权人自主决策空间，甚至造成滥用或盲目重整？

## 二、德国竞争性提案权解析

德国《破产法》第 218 条第 1 款第 1 句规定："破产管理人及债务人均有权提交破产（重整）计划草案。"此外，依据德国《破产法》第 157 条第 2 句的规定，债权人会议亦可在报告期日（Berichtstermin）授权管理人制作并提交重整计划草案。此情况下，管理人须在适当期限内向法院提交重整计划草案（德国《破产法》第 218 条第 2 款）。由此，债权人实际上亦获得了重整计划的间接提案权。而在破产管理人制作重整计划的情况下，债权人委员会、企业委员会、企业高管联席会议及债务人将发挥顾问咨询作用（德国《破产法》第 218 条第 3 款）。申言之，德国立法者希望通过上述规定达到不同重整方案、乃至破产财产变价方案竞争的目的，从而通过竞争发现最佳变价方案，实现债权人利益最大化；与此同时，亦可实现重整计划方案的公平适当性和易于实施性。[1]

就德国法的规定而言，破产管理人无疑在重整计划制定与提交方面扮演着十分重要的角色。其既可自行，亦可依债权人会议授权制作并提交重整计划草案。需加以明确的是，在债权人会议授权的情况下，破产管理人即承担了制作提交重整计划的义务。[2]然而，存有疑问的是，如若债权人会议授权破产管理人制作重整计划草案，则此时破产管理人是否仍享有独立的重整计划提案权？德国学界的一种观点认为，破产管理人独立的重整计划提案权在获得债权人会议授权时即告终止，从而避免额外费用的产生。[3]另一种观点则认为，只要破产管理人确信另行制作的重整计划草案可以实现债权人利益

---

〔1〕 Eidenmüller in：MünchKomm-InsO，§ 218，Rn. 1；Jaffé in：Frankfurter Kommentar zur InsO，§ 218，Rn. 1.

〔2〕 Maus in：Kölner Schrift zur InsO，2. Aufl.，S. 939，Rn. 32.

〔3〕 Eidenmüller in：MünchKomm-InsO，§ 218，Rn. 28；ders.，Unternehmenssanierung zwischen Markt und Gesetz，S. 64 f.；Jaffé in：Frankfurter Kommentar zur InsO，§ 218，Rn. 38；Flessner in：Heid-Komm InsO，§ 157，Rn. 5.

的最大化，债权人会议的授权并不会消灭其独立提案权。[1]笔者认为，考虑到破产管理人在破产重整程序中应对债权人负信义义务，且为了提高效率、降低费用，债权人会议的授权将排除破产管理人独立的重整计划提案权。

不可否认的是，破产管理人化繁为简和降低责任风险的考量可能会使其倾向于破产清算的解决方案，而债权人急于受偿和避免不确定性风险的心理亦会使这一情况加剧。在此背景下，债务人重整提案权的赋予就显得尤为关键。使债务人拥有可与破产管理人相竞争的重整计划提案权，不仅使企业的继续运营成为可能，而且可以通过提案权竞争促成重整计划草案的优化。[2]并且债务人最了解企业情况，其所提出的破产重整计划草案也应更易施行。尤其在预重整的情况下，债务人的重整计划提案权将能确保预重整的连续性。值得注意的是，德国《破产法》第284条规定："如若债务人获批自行管理，则债权人会议可授权债务人或重整监督人制作重整计划草案。在授权债务人的情况下，重整监督人则只发挥顾问咨询的作用。"换言之，债权人会议的授权可以排除重整监督人的提案权，从而使债务人独享重整计划提案权。从此角度出发，尽管理论上债务人企业可独自起草重整计划草案，但显然这种闭门造车方式起草的重整计划草案获得债权人认可的可能性极低。更值得推荐的方案是，债务人与（大部分）债权人协商共同起草重整计划草案，从而在较早程序阶段获得债权人支持，乃至在获批债务人自行管理的情况下依据德国《破产法》第284条的规定获得独享提案权。此外，德国学者Vogl认为，如若赋予股东或监事破产申请权，则其亦应享有重整计划提案权。[3]但更加合理的观点是，债务人企业的经营管理机构只有在股东（大）会决议或授权的情况下才可行使重整计划提案权。[4]

在债务人及破产管理人均行使重整计划草案提案权的情况下，将会出现相互竞争的两个重整计划草案（konkurrierende Pläne）。这两个相互竞争的重

---

〔1〕 Braun in: Nerlich/Römermann InsO, § 218, Rn. 28, 34; Braun/Frank in: Braun-Kommentar InsO, § 218, Rn. 3, 12; Maus in: Kölner Schrift zur InsO, 2. Aufl., S. 939 f., Rn. 32 ff.; Lüke in: Festschrift für Uhlenbruck, S. 519, 525; Brüning, Gesellschafter und Insolvenzplan, S. 315 ff.

〔2〕 Braun/Uhlenbruck, Unternehmensinsolvenz, S. 625.

〔3〕 Vogl, DZWIR 2004, 490, 492.

〔4〕 Braun in: Nerlich/Römermann InsO, § 218, Rn. 8 ff.

整计划草案均应交由债权人会议表决。由此，存有疑问的是，是否应依提交时间顺序进行先后表决，还是同时对两个重整计划草案进行表决？德国学界对此问题亦有两种观点：一种观点认为应按照重整计划草案提交的时间顺序进行先后表决；[1] 主流观点则认为应由法院根据个案情况进行自由裁量。[2] 如若两个重整计划草案均表决通过，则将提交破产法院批准。然而，在此情况下，并非由破产法院决定哪一个重整计划草案对债权人更为有利，而是应批准获得更多数债权人支持的重整计划，也即按照人数多数或债权额多数来决定获得批准的重整计划。[3]

### 三、竞争性提案权的再反思

毫无疑问，设置竞争性提案权一方面可以为债权人带来更多选择，另一方面亦可有效避免破产管理人道德及能力缺失给债权人带来的不利益，并防范预重整情况下债务人滥用或操控重整的问题。曾经有德国学者建议从利益平衡角度出发，亦赋予债权人重整计划提案权。[4] 实际上，德国立法者早在1994年破产法改革时就考虑过赋予债权人重整计划提案权，但有鉴于各重整计划草案竞争状态产生的巨额审查权衡成本，而明确表示放弃。[5] 妥协的做法是债权人依照德国《破产法》第218条第2款享有间接提案权，以及在破产管理人制作重整计划草案时的顾问咨询作用，由此不仅使得债权人可参与重整计划草案制作，而且亦可提升重整计划草案获得通过的可能性。[6] 此外，笔者认为，如若赋予债权人重整计划的提案权，则由谁行使，又如何协调行使都是留待解决的棘手问题，而由此产生的程序成本令人生畏。亦无法回避的问题是，尽管相竞争的重整计划草案完全可以在重整程序中同时进行审查

---

[1] Braun/Uhlenbruck, Unternehmensinsolvenz, S. 643.

[2] Eidenmüller in: MünchKomm-InsO, § 218, Rn. 192; Schiessler, Der Insolvenzplan, S. 154; Flessner in: HeidKomm InsO, § 235, Rn. 14; Brüning, Gesellschafter und Insolvenzplan, S. 325.

[3] Braun/Uhlenbruck, Unternehmensinsolvenz, S. 643; Braun/Riggert/Kind, Schwerpunkte des Insolvenzverfahrens, 3. Aufl., S. 186 ff.; Braun/Frank in: Braun-Kommentar InsO, § 218, Rn. 12.

[4] Brüning, Gesellschafter und Insolvenzplan, S. 306 ff.

[5] Beschlussempfehlung und Bericht des Rechtsausschusses, BT-Drucks. 12/7302, S. 181.

[6] Eidenmüller in: MünchKomm-InsO, § 218, Rn. 36.

或表决，并缓解程序迟延的问题，但如若不得不分别表决，则程序迟延的问题就似乎不可避免。由此，甚至有德国学者认为赋予破产管理人独立的重整计划提案权是多余的。[1]

实际上，在美国立法者制定 1978 年美国《破产法典》第十一章重整程序的过程中，亦曾考虑到竞争性提案权设置的问题。其认为：一方面，如若债务人拥有永久性的专属提案权，那么债务人将会获得极大的议价优势，并且可以采取拖延策略来逼迫债权人接受重整计划；另一方面，"完全开放"的提案权设置不仅不会有助于缓解激烈的利益冲突，而且会使得债务人由于潜在的敌意计划而抗拒申请重整程序，甚至导致当事人在重整程序中不愿达成妥协而去自行提交重整计划。由此，美国立法者最终采取了折中处理，力求在二者之间取长补短。[2] 由此可见，德美两国立法者都意识到竞争性提案权和无竞争性提案权的各自利弊，并采取了妥协的立法方案，只不过基于各自的传统各有取舍。

视线再转回美国法，美国《破产法典》第 1221 条（b）款规定，在破产救济令作出后（order for relief）的 120 天内债务人享有重整计划提案的独享权。并且依据美国《破产法典》第 1221 条（c）款的规定，如若任命了破产管理人，或者债务人未在破产救济令作出后的 120 日内提交重整计划草案，或者提交的重整计划草案未在破产救济令作出后的 180 日内获表决通过，则任何权益受损的债权人或出资人均可提交重整计划草案。换言之，如若债务人尽早提交重整计划草案，其就拥有更多时间去进行解释说明工作，而在上述提案独享权期间经过后，相关程序参与人即获得了重整计划提案权。考虑到个案中重整计划草案制作的特殊情况，美国《破产法典》第 1221 条（d）款第（1）项又规定，破产法院有权在通知和听证后，决定缩短或延迟上述提案独享权期间。得以延长这一期间的正当理由包括：①案件规模大且案情复杂；②计划协商正在有效地继续进行中，为重整成功提供了合理预期；③债务人正在善意地进行协商，并无任何拖延举动。一般情况下，破产法院会倾

---

〔1〕 Schiessler, Der Insolvenzplan, S. 98 f.

〔2〕 参见 ［美］查尔斯·J. 泰步：《美国破产法新论（第3版）下册》，韩长印、何欢、王之洲译，中国政法大学出版社 2017 年版，第 1203～1204 页。

向于将疑点利益归于债务人，从而倾向于延长上述提案权独享期间，而很少会缩短这一期间。[1]然而，为了降低程序迟延产生的成本，债权人有时不得不接受他们本不认可的重整方案。由此，申请延长专有期间就成了债务人迫使债权人达成妥协的筹码。[2]

进入 21 世纪，美国亦开始注意到债务人滥用提案独享权的问题。在司法实践中，很多案件中都出现了事实上永久性的提案专属权，从而造成了不当的拖延和重整成本的增加，并可能迫使债权人接受不利的重整计划。[3]由此，美国开始转而对债务人提案独享权进行适当的限制。通过 2005 年《破产滥用防止法》的修订，美国《破产法典》第 1221 条（d）款第（2）项明确规定："120 日提案独享期间延长不得超过程序启动后的 18 个月，180 日的提案排他期间不得超过程序启动后的 20 个月。"通过这一改革，不仅限制了法官行使自由裁量权对个别债务人提供优待的可能，亦通过利害关系人的竞争性提案权改变了债权人和债务人在谈判中的不平衡关系，减少了债务人利用专有权限逼迫债权人让步的可能性。[4]须提请注意的是，2005 年《破产滥用防止法》的修订针对中小企业做出了特别规定。依据修订后的美国《破产法典》第 1121 条（e）款第（1）、（2）项的规定，债务人提案专属权的期限是破产救济令作出后的 180 日，表决通过的期限是破产救济令作出后的 300 日，并且美国《破产法典》第 1221 条（d）款第（2）项的规定并不适用于中小企业。

笔者认为，债务人和破产管理人重整计划提案权的适度竞争不仅可集思广益，增加程序透明性，而且可防止债务人或管理人滥用或操控重整程序。然而，问题的核心在于如何在竞争提案权和防止程序迟延间达到有效平衡？

---

〔1〕 〔美〕查尔斯·J. 泰步：《美国破产法新论（第 3 版）下册》，韩长印、何欢、王之洲译，中国政法大学出版社 2017 年版，第 1206 页。

〔2〕 胡利玲："防止重整程序滥用的新举措——美国 2005 年破产法修正案述要"，载《人民司法·应用》2007 年第 19 期。

〔3〕 〔美〕查尔斯·J. 泰步：《美国破产法新论（第 3 版）下册》，韩长印、何欢、王之洲译，中国政法大学出版社 2017 年版，第 1204～1205 页。

〔4〕 参见胡利玲："防止重整程序滥用的新举措——美国 2005 年破产法修正案述要"，载《人民司法·应用》2007 年第 19 期。

从此角度出发，美国法附期限的提案独享权提供了一个解决思路：在启动上文论及的重整准备程序的情况下，债务人将享有法定期限的提案独享权。并且重整准备程序延期亦可解决个案中重整计划草案制定时间不足的问题。而如上所述，重整准备程序本身即具有鼓励促进预重整的功能，且通过重整准备程序既有的法定门槛和监督机制，亦可对债务人滥用提案独享权的问题进行有效管控。但是，如若我国不引入重整准备程序，则可立法规定：法院受理重整案件时，设定一定期限的提案独享权，法律明确这一提案独享权期限的上限。这一提案独享权由破产管理人或（自行管理情况下）债务人享有，但这一期限不可以申请延期。通过这一设置亦可避免相关主体滥用专有期间，亦可倒逼债务人企业尽早进行危机应对，学会运用预重整这一有效的重整工具。在提案独享期限结束后，前述相关主体的提案权即被排除，债权人会议可委托破产管理人或债务人制定重整计划草案。这一设置不仅可以促使债务人尽早开始重整计划制定工作，而且在提案独享期限结束后的竞争提案权可成为一种谈判工具。也就是说，如果提交的重整计划草案完全符合债权人利益，债权人应不会委托管理人再制定重整计划草案。并且如若债务人确实无法在上述法定提案独享权期限内提交重整计划草案，债权人会议仍可授权其制作提交重整计划草案，从而变相延长债务人提案权享有期限。而在债权人会议授权的情况下，相关主体即承担了制作提交重整计划的义务。

## 第二节　破产重整程序中管理人的职责

### 一、破产管理人的继续经营义务

对于危机企业而言，要想通过重整获得企业再生，公司就必须维持其继续经营。[1]尤其应尽量避免因破产程序启动而导致企业经营受到不利影响，乃至中断。企业的生命力亦是说服债权人相信企业具有重整前景，吸引投资者的关键所在。更为关键的是，企业继续经营的维持亦是对债权人意思自治

---

〔1〕　贺丹：《破产重整控制权的法律配置》，中国检察出版社 2010 年版，第 121 页。

商业判断的有效确保。在启动破产重整程序和任命管理人后，管理人即开始扮演核心角色，而其核心任务之一应是维持企业的继续经营。

我国最高人民法院法官针对《企业破产法》第 26 条的规定指出，考虑到有时债务人企业是否继续经营事关紧急，而债权人会议通常是在破产程序开始后一段时间才能召开，故赋予管理人在第一次债权人会议召开前对上述事项的决定权。由此，管理人应当对债务人企业陷入困境的原因进行调查，尽到勤勉尽责的义务，进而根据债务人企业的具体情况作出判断，否则应对不当履职造成的损失承担赔偿责任。[1]然而，在"风险回避心理"的驱使下，管理人选择消极管理模式成为大概率的事件，从而任凭本可升值的财产原封不动甚至自然贬值。[2]实践中甚至出现这样一种情况：虽然债务人企业进入了破产重整程序，但破产管理人为了规避自己的责任风险倾向于转入破产清算程序，通过简单易行的企业资产拆分出卖方式来结束破产程序。显然，这不仅导致了债权人丧失通过企业整体出售或重整获得更高额清偿的机会，而且有生存希望的企业也会彻底丧失存续机会。有学者更进一步指出，管理人对破产财产简单处置，使其直接货币化并用以清偿债权人固然不违法，但违背对物"充分利用"的财产法价值观。[3]

于德国而言，该国《破产法》第 22 条第 1 款第 2 句第 2 项规定："除非破产法院为了避免破产财产价值贬损而批准暂停营业，否则临时破产管理人不得在破产程序正式启动前暂停营业。"德国学界将其称为管理人的继续经营义务（Fortführungspflicht），其目的在于确保债权人在受偿方式方面享有自主决策空间。[4]进而，德国《破产法》第 158 条第 1 款规定："破产管理人可以在报告期日前决定暂停或出售营业；在设置债权人委员会的情况下，还应征得债权人委员会的同意。"在此规定中，破产管理人虽然获得了暂停营业和转让营业的自主决策权限，但其仍应从债权人利益角度进行决策，并受到债权

---

〔1〕　参见郁琳："破产程序中管理人职责履行的强化与监督完善——以管理人的法律地位和制度架构为视角"，载《法律适用》2017 年第 15 期。

〔2〕　韦忠语："破产财产经营论"，载《法商研究》2016 年第 2 期。

〔3〕　韦忠语："破产财产经营论"，载《法商研究》2016 年第 2 期。

〔4〕　Wellensiek, WM 1999, 405, 407; Kautzsch, Unternehmenssanierung im Insolvenzverfahren, S. 86; Uhlenbruck in: Festschrift für Hanisch, S. 281, 285 f.; Bales, NZI 2008, 216, 218.

人委员会的监督制约。更为关键的是，"继续营业"并非为德国立法者所遗忘，而是德国立法者认为，在第一次债权人会议前，或者说在债权人获取必要信息前，维持营业应是原则，[1]停止营业和转让营业才是例外。并且破产法院可依债务人申请，并在征询破产管理人意见后，否决管理人暂停营业的决议，而将该事项交由债权人会议在报告期日作出决议，只要这一做法不会导致破产财产价值的剧烈减少（德国《破产法》第 158 条第 2 款第 2 句）。实际上，在德国破产重整法律实践中，特别是预重整的情况下，破产管理人通常会在债权人会议于报告期日作出决议前维系企业经营，从而确保债权人意思自治原则得以实现。德国《破产法》第 157 条更是明确规定："在报告期日，由债权人会议对暂停或出售营业作出决议。"简言之，在债权人会议作出决议前，德国破产管理人承担维系企业继续经营的义务。于此须提请注意的是，确保企业经营的连续性并不代表确保债务人企业所有营业实体的经营。在一定情况下，关闭或出售亏损及不必要的营业实体是不可避免的。

结合德国《破产法》上继续经营义务的相关规定，建议将我国《企业破产法》第 26 条修改为："在第一次债权人会议召开之前，破产管理人原则上应维系企业经营，除非暂停营业或出售营业可以实现企业价值最大化。如若管理人在债权人会议作出暂停或出售营业决议前，决定停止债务人的营业或者有本法第六十九条规定行为之一的，应当经人民法院许可。依债务人申请，法院可在征询破产管理人意见后，否决管理人暂停营业或出售营业的决定，而将该事项交由债权人会议作出决议，除非交由债权人会议决议会导致破产财产价值的剧烈减少。"此规定将可强化对债权人意思自治的尊重，避免破产管理人对债权人意思自治，或者说商业判断的不当介入。

于此值得一提的是，依据德国《破产法》第 78 条第 1 款的规定，如若债权人会议决议有违债权人的整体利益，则破产法院可依任一担保债权人、普通债权人或破产管理人在债权人会议上的申请，撤销该决议。值得注意的是，在 2017 年的一份裁定中，德国联邦最高法院明确指出："债权人会议对于程序进程的决定权是基于债权人意思自治而产生的，如若法院拥有过多的权限

---

[1] Spieker, NZI 2002, 472; Menke, BB 2003, 1133, 1138.

去改变债权人会议的决议，则将会使这一基本原则空洞化，并使得债权人依其决议获得其认为最佳受偿的利益受损。破产法院不得依据少数债权人'继续经营可以获得更高额受偿'的论断而取消债权人会议暂停继续营业的决议。如若管理人主张的更高额受偿也仅仅是模糊的推测，且提高的受偿数额不确定，亦不能就此断定债权人会议暂停营业的决议有违债权人的整体利益。由此，对于第78条第1款的适用前提条件必须严格掌握。"[1]

### 二、破产重整中的信息供给

确保重整参与人意思自治的前提是维持企业继续经营，而核心则在于充分的信息供给。各种变价方式的选择、企业价值最大化的实现以及公平和效率的确保都有赖于全面有效的信息供给。有效的信息供给将可最大程度确保债权人及新投资者不会因为信息不对称、信息误差、甚至是信息缺乏而做出错误决策。尽管债务人企业是信息供给的重要来源之一，但此来源获得的信息并不理想。且不论企业危机情况下相关人员和资料的流失，债务人企业的管理层亦可能会美化企业的财务和经营状况，以强化证明债务人企业的重整能力。而作为外部人的债权人，其往往掌握较少信息，且获取相关信息的费用成本亦较高。此外，法院则应退出破产程序中的管理性事务领域，专注于对程序进程的监督和纠纷的裁判上，并由管理人承担大量事务管理和调查工作。[2]由此，有效信息供给的实现有赖于作为独立专业人士的管理人的尽职调查和分析评估。并且理论上，由管理人进行信息供给，将能降低信息供给成本，提高信息供给效率，确保信息供给的全面性和准确性。

（一）破产管理人的尽职调查

实际上，破产重整程序本身即是一种尽职调查程序。在此程序框架下，债务人企业的重整能力将由债权人、破产管理人、破产法院和外部投资人从多角度进行审查。但于其中，破产管理人的尽职调查显然最为重要。我国《企业破产法》第25条即明确规定，管理人的职责包括调查债务人财产状况，

---

〔1〕　BGH, Beschluss vom 22.6.2017, NZI 2017, 758.

〔2〕　郁琳："破产程序中管理人职责履行的强化与监督完善——以管理人的法律地位和制度架构为视角"，载《法律适用》2017年第15期。

制作财产状况报告。而管理人履行决定债务人的日常开支和其他必要开支、继续或者停止债务人的营业以及管理和处分债务人的财产等职责亦需要建立在对债务人企业运营状况深入调查分析的基础上。准确而言，管理人在破产重整程序中尽职调查的范围不仅应包括对企业目前经营和财产状况的全面细致调查分析，而且应包括对企业重整机遇和风险的评估，以及企业继续经营价值的发现。换言之，应着重于"重整识别"。对于管理人而言，重整识别评估实际上可采取三步分析法：

第一步，首先评估的基础是企业危机发生原因的分析。只有明确危机发生原因，才能对症下药，在危困中发现重生机遇。危机原因分析将使企业重整可能性得以初步明确。尤其如果企业危机是由于经营决策失误、暂时性的市场环境恶化或者是资金链断裂所导致的，则企业将具有重整前景。而如若危机是由于经营理念或模式的根本性错误，或者产品不具有竞争力，则企业重整将具有极大难度。例外的是投资者基于上市公司壳价值、企业间协同效应、上下游供应链保留、市场占有份额等考量，参与破产企业重整。

第二步，在企业危机原因分析的基础上，企业继续经营可能性将得以明确，进而可分析重整的可行性。德国学者认为，在此评估中，应结合导致企业危机的企业弱点，着重分析企业继续经营的难点，明确企业恢复继续经营和持续盈利能力所必需的重整措施和可行性。[1]换言之，在查明企业危机原因和重整难点的基础上，应根据企业的现有资源明确所需重整措施和其可行性，并尽可能列明重整可能存在的潜在风险。须加以明确的是，破产重整措施不仅仅在于债务减免及财务调整（财务重整），更在于对企业持续经营能力的恢复（营业重整）。

第三步，在企业危机原因及重整可行性分析的基础上，重整识别的关键点在于重整价值评估，即将现有企业价值和重整费用之和与重整后实现的企业继续经营价值进行比较，如后者大于前者，则有重整价值。对于债权人而言，这一指标具体化为其受偿额的提高，或者说债权受偿额的增值。

然而，我国破产管理人调查权相对弱化，立法应强化管理人的调查职责，

---

〔1〕 Ritter, Unternehmenssanierung im neuen Insolvenzrecht, S. 266.

并明确规定政府有关部门应当配合管理人的调查活动。[1]亦值得注意的是，就我国《企业破产法》第45条的规定而言，在毫无准备的情况下，《企业破产法》所架构的4个月不到的时间框架在收集和分析企业信息和重整可能性方面往往显得捉襟见肘。由此，一方面固然对管理人的工作提出了更高的要求，另一方面亦凸显了预重整及债务人自行管理的重整促进价值。

（二）重整相关信息供给

理论上，在企业危机早期发现并有重整可能时，债务人企业即应与债权人沟通交流，为预重整，特别是重整计划草案制定进行必要准备。这一早期沟通交流不仅可实现信息的有效供给，而且能赢得债权人的信任和支持，为及时采取相应重整措施创造条件，提高重整成功可能性。须提请注意的是，预重整中的早期信息公开虽为必要，但面临的问题在于信息提供的程度及避免信息的意外泄露。特别是在进入破产程序前的早期沟通过程中，一方面需要避免因企业危机意外泄露对企业形象的不利影响，另一方面亦要防止债权人意外提出破产（重整）申请而对预重整进程的不当干扰，从而打乱预重整的计划性。因此，早期信息公开中通过相关协议使相关主体承担保密和协助义务就显得尤为重要。在与债权人早期接洽的基础上，亦可在必要情况下展开投资者招募工作。

在人民法院裁定受理破产（重整）案件后，尤其是在管理人接管企业之后，管理人就成了重要的信息源掌管者，自然也应成为信息披露的义务主体。[2]然而，遗憾的是，我国《企业破产法》未对重整程序中债务人、管理人如何向利益相关者进行信息披露作出规定，所以在司法实践中利益相关者的知情权往往得不到保障。[3]就此而言，相关立法完善尤为迫切。我国学者即建议："在明确信息披露义务主体的基础上，将'真实、准确、充分、完整'作为我国破产法上信息披露程度的一般性要求，并遵循债权人利益最大

---

〔1〕　参见王欣新："论我国破产管理人职责的完善"，载《政治与法律》2010年第9期；郁琳："破产程序中管理人职责履行的强化与监督完善——以管理人的法律地位和制度架构为视角"，载《法律适用》2017年第15期。

〔2〕　王欣新、丁燕："论破产法上信息披露制度的构建与完善"，载《政治与法律》2012年第2期。

〔3〕　王欣新："重整制度理论与实务新论"，载《法律适用》2012年第11期。

化标准等原则规定各项具体且有可操作性的行为标准。进而，规定较破产清算更为详尽的材料清单，判断信息是否披露充分、全面、正确的标准。此外，应规定信息披露争议的解决途径以及相关义务人的法律责任。"[1]

进一步而言，我国《企业破产法》第84条"自收到重整计划草案之日起30日内召开债权人会议表决"的规定，并未考虑到重整计划送达债权人，及债权人对重整计划研究思考的时间，在缺乏商业判断时间框架和必要信息基础的情况下进行表决显然过于草率。由此，立法应明确规定重整计划草案制作人在将重整计划草案提请表决之前向债权人等履行信息披露义务。[2]在信息披露程序方面，视线可先转至美国法。美国《破产法典》第十一章的核心原则即在于"知情投票"。[3]该国《破产法典》第1125条（b）款即规定，重整计划草案表决的前提是重整参与人事前获得重整计划草案或其概要以及被法院确认为信息充分的信息披露文件。进一步而言，美国破产法上信息披露的最大特色在于"法院对信息披露声明（disclosure statement）的批准"，即在批准信息披露声明前的听审程序中，法院将会审查对披露声明提出的异议，并就该声明是否足以包含"充分信息"进行判断。只有当法院批准信息披露声明，重整计划的制定者或者债权人委员会方可向相关债权人寄送包含经批准的信息披露声明、法院对信息披露声明出具的意见、表决票、重整计划或其概要、表决期限通知、异议期限通知、听审时间通知等材料的资料袋，并征集表决意见。而任何不遵守上述规则的表决意见征集将会被排除，甚至导致重整计划无法获得批准。[4]

于德国，该国《破产法》第156条第1款首先规定："破产管理人应在报告期日汇报债务人的经济状况和其破产缘由。其亦应向债权人报告是否可将

---

[1] 参见王欣新："重整制度理论与实务新论"，载《法律适用》2012年第11期；王欣新、丁燕："论破产法上信息披露制度的构建与完善"，载《政治与法律》2012年第2期。

[2] 参见王欣新："重整制度理论与实务新论"，载《法律适用》2012年第11期。

[3] ［美］查尔斯·J.泰步：《美国破产法新论（第3版）下册》，韩长印、何欢、王之洲译，中国政法大学出版社2017年版，第1224页。

[4] 但对于中小企业而言，通过2005年《破产滥用防止法》的修订，其相关程序更加精简便捷，即可将信息披露的听审与重整计划批准的听审合并进行，并可在已提供充分信息的情况下不再提供独立的信息披露声明。参见［美］查尔斯·J.泰步：《美国破产法新论（第3版）下册》，韩长印、何欢、王之洲译，中国政法大学出版社2017年版，第1224～1225页。

债务人企业营业整体或部分保留，并如何通过破产重整方式实现这些目标，并且这一方式会对债权人受偿产生何种影响。"换言之，在（第一次）债权人会议上，管理人应全面披露尽职调查的相关内容。下文提及的德国破产法院对重整计划草案的预审查将能确保重整计划信息披露的充分性。在重整计划草案通过预审查后，德国《破产法》不仅在第 232 条中规定了应向债权人委员会征询意见，而且该法第 234 条还规定"提交的重整计划草案及相关附件和意见反馈必须置于债务人住所地供破产程序参与人查阅。"此外，德国《破产法》第 235 条第 3 款规定："在确定审议期日和表决期日后，将通知普通债权人、担保债权人、债务人、企业职工委员会和高管委员会参会。在此参会通知中应附上重整计划草案复印件或按要求提交的重整计划重要内容概述。如若债务人企业股东受重整计划调整影响，则亦须向其发出参会通知及相关材料。如若债务人企业为上市公司，则重整计划草案的基本内容亦应公布在该上市公司网站上。"从我国现有程序框架和法院角色定位角度而言，应该说德国的上述规定更有借鉴意义。简言之，重整计划草案从提交到表决应分为三阶段：①重整计划草案于提交日置备于债务人企业住所地，并应及时预先披露给相关重整参与主体；②于审议日，重整计划制定者接受相关主体询问，法院在必要时召开相应的听证会；③将重整计划草案提交表决。特定情况下，审议和表决可同日进行。

于此仍须明确的是，破产重整程序亦是一信息交流分享的平台。我国学者即指出，唯有寄希望于私有信息的所有者（当事人）通过博弈来揭露信息，进而通过当事人间的有效谈判，方能发现重整价值，实现风险自担。[1]换言之，通过利益博弈将可提高信息供给效率，甚至降低信息供给成本。此外，在破产重整程序启动后，对企业危机的相关消息不应再封锁，亦无法封锁。某种程度上，反而可通过相关信息的适当发布，甚至通过债权人招募更多的投资方，为公开招募投资者创造条件。于此时，外部投资人亦将扮演专业咨询人的角色，因为无人会投资无投资价值的企业。

---

〔1〕 高丝敏："重整计划强制批准规则的误读与重释"，载《中外法学》2018 年第 1 期。

（三）上市公司重整信息披露

针对我国上市公司重整过程中信息披露的问题，有学者指出现行法不仅未能协调破产法与公司法的立法目标，缺乏对重整利益相关者的整体考量，而且未能有效解决信息披露主管机构设置和内容指引细化等问题。与此同时，该学者指出由于破产法保护了更广泛的主体利益，因此应借鉴美国法的相关规定和实践经验，并考虑到中国的现实情况，由证监会鉴于重整公司的特性主导制定信息披露的指导原则，进而由法院在程序中依据"充分信息"的原则决定个案中信息披露的具体内容。此外，应豁免上市的债务人企业的定期报告义务，或采取"简略报告"的形式。[1]对于具体信息披露的内容，有资深实务界人士建议，上市的债务人企业应向股东、债权人提供一份详细的重整计划说明书，其内容应包括：①公司审计后的资产和负债情况；②公司资产的评估价值；③管理人审查确认的债权情况；④公司假设破产清算情况下的偿付能力分析结论及计算方法；⑤公司经营方案的主要内容及可行性分析；⑥出资人权益调整的主要内容及合理性分析；⑦债权调整及清偿方案的主要内容及资金落实方案；⑧重整费用和共益债务的基本情况；⑨重整计划执行期限及相应措施；⑩关于批准重整计划时所适用的表决机制的介绍；等等。[2]

### 三、协商合作与重整计划制定

美国立法者在 1978 年破产法的立法阐释中指出："重整公司的价值如何在债权人与股权人之间进行分配取决于在信息完全披露后所进行的协商"。[3]破产重整程序虽繁琐复杂，但自始至终都贯彻沟通协调的理念，实际上亦为各方协商谈判创造了相对宽松的时间框架。在此框架下，各方不仅可以进行深入谈判，从而商讨出最佳解决方案，而且可以边谈判边实施某些资产及营

---

〔1〕 参见贺丹：《上市公司重整：实证分析与理论研究》，北京师范大学出版社 2012 年版，第 180~192 页。

〔2〕 郑志斌、张婷：《公司重整制度中的股东权益问题》，北京大学出版社 2012 年版，第 195 页。

〔3〕 H. R. Rep. No. 95－595, 95th Cong. 1st Sees. at 224（1977）转引自［美］查尔斯·J. 泰步：《美国破产法新论（第 3 版）下册》，韩长印、何欢、王之洲译，中国政法大学出版社 2017 年版，第 1176 页。

业优化措施。而程序的透明性及司法公信力亦能增强各方信任感与合作意愿。与重整参与人协商谈判的过程就是一利益博弈的过程，且这种利益博弈无可避免地造成冲突和僵局，并提升程序的费用成本。尽管如此，从邻国日本的经验来看，这种利益博弈所引发的冲突和僵局往往是暂时性的，各方主体总是能够达成协议，并且利益博弈不仅可促成信息的有效供给和交换，而且最终亦实现了债权人利益的最大化。[1]

具体而言，在重整计划制定过程中，应保持与相关利害关系人沟通协调。我国实务界人士即指出，重整计划作为重整程序中的核心文件，其内容是多方利益主体平等协商、谈判的产物，充分体现了私法自治的精神。[2]对于管理人而言，其协商谈判的基础是通过尽职调查获取的信息，而协商谈判的主要对象应是债权人。这不仅是由于债权人是企业重整的最大贡献者，乃至是决定企业是否能重整成功的关键性人物，更在于债权人是重整计划表决通过的必然门槛。并且价值评估的不确定性及高费用性亦可作为迫使特定重整参与人妥协让步的手段。在条件允许时，投资方亦可加入说服债权人的团队，以在最大程度上赢得债权人的支持和同意。并且投资方的投资意向一定程度上亦能缓解众多预测性评估的难题。企业的继续经营价值也得以通过市场化手段得以一定程度明确，投资者的投资意向以及评估亦能强化债权人对重整前景的信任，提升重整计划草案的表决通过率。

于此须提请注意的是，破产管理人在明确具备重整条件的情况下即应着手制定重整计划草案。德国学者就曾指出，待至第一次债权人会议再着手制定重整计划草案，无疑会导致程序的迟延，甚至导致重整成功可能性降低，乃至重整机会的丧失。[3]并且与重整参与人的协商谈判工作也应尽早开展。简言之，协商谈判与重整计划制定开展的越早，越能减轻重整的时间压力，越能不断优化重整计划草案。从制度设计角度而言，破产重整程序中协商谈

---

〔1〕 See Hideyuki Sakai, Reflections on a Revolution in Japanese Business Restructuring Proceedings: An Insolvency Practitioner's Perspective of the Early 21st Century and Future of Japanese Insolvency Law, *American Bankruptcy Law Journal*, (Vol. 92), 2018, pp. 409 – 412.

〔2〕 刘敏、池伟宏："法院批准重整计划实务问题研究"，载《法律适用》2011 年第 10 期。

〔3〕 Braun/Uhlenbruck, Unternehmensinsolvenz, S. 568 f.

判的重要一环应为向重整参与人以及第三方征询意见,其目的在于根据各方提出的意见和建议制定和优化重整计划草案,从而达到集思广益的效果,弥补单纯由重整计划制定者进行商业判断决策的不足。因此,重整计划草案制作人应主动征询重整参与人与第三方的意见和建议。[1]上述信息披露和意见征询的制度设计将可化解目前我国《企业破产法》第84条规定存在的问题。

此外,在重整计划制定过程中,重整计划必然会被不断完善优化。于美国法上,在法院未批准信息披露声明、表决意见也未开始征集之前,重整计划的提交方都得以较为自由地对已提交的计划进行修改。经修改的计划将作为新的"重整计划"进行信息披露,表决意见的征集以及寻求法院的批准。但如若在重整计划提交方已经开始征集对计划的表决意见后进行修改,则根据法院的要求,重整计划的提交方应根据美国《破产法典》第1125条的规定寄送额外的信息披露声明,并且在何时进行额外信息披露或何时须再次征集表决意见方面美国法上尚存有一定争议。实际上,此时的挑战在于如何保护已经对原重整计划做出表决的主体的合法权益,又不至于造成不必要的成本拖延。[2]美国对上述问题的争议无疑在于美国《破产法典》对信息披露及表决意见征集的严格立法规定。而于我国而言,在重整计划制定者做出实质性变更而对相关权利人利益造成不利变化的情况下,理应及时向相关权利人进行信息披露,简要告知其重整计划修订内容。人民法院在此情况下亦应有权要求重整计划制定人提交新版本重整计划草案,并重新履行上述的信息披露义务。而如若重整计划草案已经过表决程序,则美国法的上述规定则具有借鉴意义。特别是我国二次表决机制的存在使得再次信息披露和表决成为可能。相比较而言,我国现行破产重整制度中重整计划表决前的修订程序应不会如美国那样繁琐复杂。但笔者于此想指出的是,且不论二次表决机制的存废,立法及司法对重整计划表决后的修改应持更为严格的态度。毕竟重整计划的制定应以事前协商妥协为基本,表决后修改的宽松化不仅会使得重整计划制

---

〔1〕 王富博:"破产重整制度的发展与完善——《全国法院破产审判工作会议纪要》的解读(二)",载《人民法院报》2018年3月28日,第7版。

〔2〕 参见[美]查尔斯·J. 泰步:《美国破产法新论(第3版)下册》,韩长印、何欢、王之洲译,中国政法大学出版社2017年版,第1222～1223页。

定者忽视事前意见征询，而且必将增加程序成本。

## 第三节　破产重整中的商业判断

破产重整程序不仅涉及尽职调查、信息披露、协商谈判和重整计划草案的制定，更涉及一系列的商业判断。破产重整中商业判断的核心在于企业继续经营可能性及继续经营价值，其复杂性毋庸置疑，并且重整参与主体利益诉求的多样性亦使得商业判断的结果莫衷一是。

### 一、破产重整商业判断的解构

诚如我国学者所言，破产语境导致了市场不知价的局面。现实是无人知晓企业重整后的真实价值和当事人请求的真实价值。再科学的评估方法也有误差，重整价值评估公平和正义的便捷手段就是意思自治，其是无知之幕笼罩下认定公平公正的有效途径。[1] 由此，债权人意思自治，或者说重整参与人意思自治依然是破产重整中商业判断的基本原则。然而，我国债权人在商业判断能力方面尚有待提升，而实际上更依赖于作为独立专业人士的管理人提出的方案，也即管理人所做出的商业判断。进一步而言，债权人所做出的商业判断并非个人的商业判断，而是一种合议制的商业判断。而这种多数决商业判断的最大特点就是其是群体意志的体现，而个体意志往往会被湮灭其中。换言之，债权人参与意愿不强，"搭便车"，或"羊群效应"，信息缺失，专业知识缺乏，内部利益难于协调统一，以及债权人会议的非常设性和决议低效率性等固有弊端，无疑又会造成债权人会议决策的形式化。就此而言，管理人从商业判断的提案者逐步转变为实质意义上的商业判断决策者。亦为关键的是，破产管理人在合同履行选择权、取回质物和留置物、企业运营管理和资产处置等方面都得以独立做出商业判断。甚至有学者指出，相对于美国破产法的"正当经营范围"，中国《企业破产法》的列举式立法实际上给

---

〔1〕 参见高丝敏："重整计划强制批准规则的误读与重释"，载《中外法学》2018 年第 1 期。

了管理人更多的商业判断空间。[1]王欣新教授则批评指出，我国破产管理人管理和处分债务人财产的权限过大。[2]

由此，令人担忧的是，我国《企业破产法》缺乏足够有效的惩罚和激励机制。债权人不仅无法从一开始即选任管理人，而且往往无法完全掌控企业运营重整事务，由此不得不承担重整者能力及道德缺失所引发的商业风险。为避免管理人的道德风险，并考虑到商业判断的复杂性，首先应强化法院的监督职责。令人遗憾的是，目前中国破产案件中管理人"缺位"与法院"越位"现象并不鲜见，对于一些本应由管理人做出商业判断的事项，管理人也常常提请法院决策，从而导致其从破产程序中的决策者变为简单的执行者。[3]申言之，破产案件中法院"越位"的现象一方面源自于包括管理人在内的相关不成熟的市场主体，另一方面亦在于法院，抑或政府本身的"市场成熟度"不高。由此，上述问题的解决根本在于市场本身的发育成熟，以及府院"市场成熟度"的不断提高。值得欣喜的是，2018年《会议纪要》就明确要求法院不得代替管理人作出本应由管理人自己作出的决定，促进改善法院对管理人的监督方式，避免法院从程序的督导推动者变为破产事务的主导决策者。[4]此外，2018年《会议纪要》中管理人异地执业、联合执业、分级管理、竞争选任的改革举措既是法院"市场成熟度"不断提高的表现，亦将推动管理人及管理人市场的不断发育成熟。亦不得不面对的现实是，法官缺乏商业运营的专业知识，在重整中更是面临着信息不充分和对商业管理不熟悉的双重难题，所以破产重整中相关裁判的基本原则是对商业运营专业性的尊重。[5]尽管在美国，破产法院的很多裁决往往涉及商业上的判断，但这有赖于较长时间内独立处理破产案件的传统和实践，以及由此产生的较高专业

---

〔1〕 贺丹：《上市公司重整：实证分析与理论研究》，北京师范大学出版社2012年版，第98页。

〔2〕 参见王欣新："论我国破产管理人职责的完善"，载《政治与法律》2010年第9期。

〔3〕 杜军："管理人制度完善的路径与思考——《全国法院破产审判工作会议纪要》的解读（一）"，载《人民法院报》2018年3月21日，第7版。

〔4〕 杜军："管理人制度完善的路径与思考——《全国法院破产审判工作会议纪要》的解读（一）"，载《人民法院报》2018年3月21日，第7版。

〔5〕 参见高丝敏："重整计划强制批准规则的误读与重释"，载《中外法学》2018年第1期。

性。[1]即便如此，破产法官缺乏企业运营方面的专业知识仍是美国学界的共识。[2]美国法官对此曾表述道："对商业决策的不同看法不应通过司法途径来处理。法院毕竟不是董事会的会议室，法官也不是商业顾问。尽管法院可以对商业选择的法律效力进行审查（比如是否违反反垄断法），但这所涉及的程序与标准与公司作出商业决定的程序与标准都大不相同。简言之，商业决策所需的是商业判断而非法律判断"。[3]

并且不得不承认，破产重整中的商业判断不仅包括重整参与人基于意思自治而进行的商业判断，破产管理人履职所进行的商业判断，亦有着法院基于审查监督所进行的商业判断，例如强制批准即是法院通过自己的判断来避免债权人意思自治的非理性。但于此须明确的是，尽管法院貌似通过自己的判断来避免债权人意思自治的非理性，但实际上其目的在于引导当事人作出理性的商业判断，且其本身即应是对理性市场化商业判断的一种模拟。此外，亦无法回避的问题是，众多地方法院都在破产（重整）审判中糅合了经济价值与社会价值的判断，努力实现法律效果与社会效果的统一。[4]综上所述，从商业判断做出的逻辑顺序上，首先应由管理人作为专业人士提出方案，进而由债权人协商自治做出商业判断，最后由法院进行（程序性）审查监督。于此过程中，债权人意思自治是破产重整中商业判断的基本原则，而管理人成为破产（重整）程序中商业判断的核心主体。对法院而言，其商业判断的自由裁量应被限缩至最小，特别应避免为了追求社会效果通过其审查监督扩展社会判断，并挤占合理商业判断的空间。

## 二、破产重整商业判断中债权人委员会的职能强化

为了避免管理人主导商业判断情况下债权人意思自治的形式化，可行的

---

〔1〕　参见贺丹：《破产重整控制权的法律配置》，中国检察出版社2010年版，第137页。

〔2〕　参见高丝敏："重整计划强制批准规则的误读与重释"，载《中外法学》2018年第1期。

〔3〕　In re Curlew Valley Assocs. , 14 B. R. 506, 511（Bankr. D. Utah 1981）. 转引自《美国破产法协会美国破产重整制度改革调研报告》，何欢、韩长印译，中国政法大学出版社2016年版，第159页脚注3。

〔4〕　参见郑伟华："破产审判中法院的角色定位——基于典型案例的思考"，载《法律适用》2017年第22期；龙光伟："深圳地区破产重整案件的探索与实践"，载《人民法治》2017年第11期；江苏省南京市中级人民法院课题组："强化破产司法供给的实务探索"，载《人民司法·应用》2017年第25期。

解决方案是债权人委员会作为特定事项商业判断主体的职能强化。相对于债权人会议决议机制，债权人委员会的职能强化能提高决策效率，降低协商成本，从而优化商业判断过程中的债权人意思自治。并且债权人委员会还能发挥信息传递和协助谈判的功能。此外，通过债权人委员会的职能强化，可形成对重要事项债权人委员会审核和法院许可的双重监督，防范管理人的道德风险，缓解法院在商业判断中所面临的两难困境，将法院真正转变为商业判断的监督者，并使其更专注于法律判断与审查监督。德国联邦最高法院在2014年10月9日的判决中即指出，法院的监督并非持续性或预防性的监督，并且实际上其往往无法对整个程序的合法性进行常态化监督，因此法院监督必须辅之以债权人委员会的监督。[1]

于美国法上，无担保债权人委员会等各类委员会即被设计为与自行管理人相制衡的角色，从而确保相关主体的利益诉求能在重整计划的制定及其他事务中得到合理体现。[2]例如，通过美国2005年《破产滥用防止法》新增的第1102条（b）款第（3）项即规定，相关委员会应向其所代表的利益群体提供相关信息的获取途径，征询并接受债权人的反馈意见，并依法院的指令向其所代表的利益群体披露额外的报告或信息。此外，第1103条（c）款还对委员会在咨询、调查、参与重整计划制定、请求任命审查人或管理人以及其他为了利害关系人利益而应具有的职责做出了规定。在美国，如若无担保债权人委员会认同重整计划，那么整个无担保债权人组就几乎肯定可以通过该计划。相反，如果该委员会反对重整计划，那么无担保债权人组多半就无法通过该计划。[3]视线再转至德国，该国《破产法》第158条规定，在报告期日前出售或停止营业应经债权人委员会同意。该法第160条还规定了若干破产管理人须经债权人委员会同意方可进行的重大事项。该法第276条亦明确在自行管理情况下，债务人实施对破产程序意义重大的行为时，必须征得债

---

〔1〕 BGH, Urteil vom 09.10.2014, NJW 2015, 64.

〔2〕 参见［美］查尔斯·J.泰步：《美国破产法新论（第3版）下册》，韩长印、何欢、王之洲译，中国政法大学出版社2017年版，第1162页。

〔3〕 ［美］查尔斯·J.泰步：《美国破产法新论（第3版）下册》，韩长印、何欢、王之洲译，中国政法大学出版社2017年版，第1202页。

权人委员会同意。再如，在邻国日本 2009 年的 Spansion Japan 案中，所成立的债权人委员会高度介入了企业重整过程，并形成了与管理人的对抗制衡，将本处于被动不利局面的债权人转变为了程序的主导者。[1]

我国《企业破产法》第 68 条虽效仿美国法明确了债权人委员会的众多监督之责，第 69 条亦规定了管理人应及时报告债权人委员会的事项，但从促成债权人意思自治商业判断角度而言，债权人委员会的职能仍有提升空间。实务界权威人士即认为，从提高程序效率的角度考虑，债权人会议也可将决议债务人财产和经营的职权，委托债权人委员会行使。[2]实际上，除了应明确债权人委员会的信息传递和协助谈判功能，我国《企业破产法》第 69 条中规定的对债权人利益有重大影响的财产处分行为，如全部库存或营业的转让，完全可以交由债权人委员会决策，而变为向人民法院报告备案。进而，可赋权债权人委员会在必要时将相关事项提交债权人会议表决。

在美国所有涉及《破产法典》第十一章的重整案件中，均须设立无担保债权人委员会，唯一的例外是基于成本负担的问题而无须在"小型企业"中设立该委员会。并且基于个案的需要，亦可设立额外的特种债权人委员会或出资人委员会。[3]与美国相类似，通过 2012 年《重整促进法》新增的德国《破产法》第 22a 条亦规定，如若债务人企业在上一营业年度满足以下三个条件中的两个条件，则破产法院必须在破产启动程序中任命临时债权人委员会：①企业盈利达到 600 万欧元；②营业结算前 12 个月的营业额达到 1200 万欧元；③至少雇佣了 50 名职工。尽管这一设立债权人委员会的规定是针对破产启动程序，但在正式进入破产程序后这一临时债权人委员会将通常转为债权人委员会。显然，德国法亦效仿美国法按照企业的大小规模就债权人委员会的设立做出了强制性要求。我国对此问题尽管未做出明确规定，但实务界人

---

〔1〕　See Hideyuki Sakai, Reflections on a Revolution in Japanese Business Restructuring Proceedings: An Insolvency Practitioner's Perspective of the Early 21st Century and Future of Japanese Insolvency Law, American Bankruptcy Law Journal,（Vol. 92）, 2018, pp. 411 – 412.

〔2〕　参见郁琳："破产程序中管理人职责履行的强化与监督完善——以管理人的法律地位和制度架构为视角"，载《法律适用》2017 年第 15 期。

〔3〕　参见［美］查尔斯·J. 泰步：《美国破产法新论（第 3 版）下册》，韩长印、何欢、王之洲译，中国政法大学出版社 2017 年版，第 1162 页。

士认为，在重整案件中，法官应当要求管理人向债权人会议释明他们可以设立债权人委员会；同时规定，对于债权人超过 50 人以上的，管理人应当建议成立债权人委员会，并积极予以协助。[1] 于此须提请注意的是，美国法上可根据重整参与人的不同法律属性设立不同的委员会，如无担保债权人委员会和担保债权人委员会。与此相对，根据德国《破产法》第 67 条第 2 款的规定，其债权人委员会的组成即包括了担保债权人、债权数额最高的普通债权人以及小额债权人，并且债权人委员会中应有职工代表。从运行效率和成本角度而言，显然德国的"一元委员会"模式更佳。然而，从信息供给和监督制约功能发挥角度而言，显然"多元委员会"模式更值得推崇。于我国而言，立法上可采取交由当事人自由选择的模式，即根据个案的需要选择采取"一元委员会"还是"多元委员会"。

### 三、破产重整中商业判断规则的适用

商业判断规则（Business Judgement Rule）是美国公司法发展出来的重要规则，其可追溯至 1829 年的 Percy v. Millaudon 案件。[2] 1997 年 4 月 21 日，德国联邦最高法院在"ARAG/Garmenbeck"判决中指出，只要董事以公司利益为目标，并在谨慎细致调查基础上进行企业决策，则其就不必承担损害赔偿责任。[3] 然而，直至 2005 年，德国立法者方才通过《企业完整性及股东撤销权现代化法》在新增的德国《股份公司法》第 93 条第 1 款第 2 句中对商业判断规则做出了明确规定。依该句规定，如果公司董事在做出企业经营决策过程时基于合理理由曾可相信，其是在获取适当信息基础上，并以公司利益为首要目标进行决策，则其行为将不会被认定为存在义务违反。简言之，商业判断规则的产生是基于企业经营决策的不确定性和风险性，以及由此产生的巨大责任风险，其根本目的在于责任风险合理化。

如上所述，破产重整中管理人或者自行管理情况下的债务人企业管理层

---

［1］ 纪红勇："浅谈破产重整程序中债权人的知情权"，载《法律适用》2012 年第 11 期。

［2］ 对美国法上商业判断规则的进化可参见邓峰："业务判断规则的进化和理性"，载《法学》2008 年第 2 期。

［3］ BGH, ZIP 1997, 883, 885 f.

同样必须做出一系列商业判断，其在履职中一方面拥有广阔裁量空间，另一方面亦承担巨大责任风险。尽管通过对破产管理人继续经营义务、债务人财产保值增值原则，[1] 或者说债权人利益最大化原则的解释可得出管理人采取相应措施的权限，并可作为管理人的约束和保护，但这仍具有一定不确定性，并无法完全解决管理人责任风险合理化的问题。如若商业判断规则无法适用于破产（重整）程序，则管理人考虑到重整的复杂性及巨大风险性，将会更倾向于破产清算，从而有碍于促进重整目标的实现。并且尽管管理人面临着"不决策，就免责"的诱惑，但其往往陷入不得不决策的被动困局。由此，在破产实务中引入公司法理论上的"商业判断规则"，将可降低破产管理人经营破产财产的内部成本（执业风险），进而形成对管理人经营破产财产的有效激励。[2] 德国学者亦认为，在破产程序中管理人就取得了类似企业经营管理人的法律地位，因此商业判断规则亦应适用于破产管理人。[3] 从债权人角度而言，由于其在破产清算程序中获得清偿数额往往很小，因此其也会愿意通过适当承担企业重整风险来获取更高数额的清偿。

亦为关键的是，法院裁判极有可能会受到决策结果的影响，也即在知悉相关决策不利后果的情况下对决策行为是否违反其义务进行判断。这种"事后诸葛"（"hindsight bias"）式的判断，并与法院缺乏相关企业经营管理知识的事实以及企业经营管理决策复杂性的实际情况相结合，无疑会导致决策者责任风险的不合理提高。[4] 而破产重整的复杂性更会进一步加剧对法院缺乏专业知识经验和"事后诸葛"式判断的担忧。此外，我国《企业破产法》第130条规定的表述与我国《中华人民共和国公司法》（以下简称《公司法》）第149条规定的表述基本相同。只不过破产管理人承担义务的相对主体是破产程序参与人，也即债务人企业及其债权人，而公司董事承担义务的相对主体则是公司。如若在公司法中引入商业判断规则，则在破产（重整）程序中亦应适用商业判断规则。于此须提请注意的是，尽管商业判断规则适用的前

---

〔1〕　参见齐明："论破产法中债务人财产保值增值原则"，载《清华法学》2018 年第 3 期。

〔2〕　参见韦忠语："破产财产经营论"，载《法商研究》2016 年第 2 期。

〔3〕　Berger/Frege, ZIP 2008, 204 ff.

〔4〕　Schäfer, ZIP 2005, 1253 f.；Fleischer, ZIP 2004, 685, 686.

提条件之一是不受法定义务的约束限制，但在管理人承担继续经营义务的情况下，其实际上并非失去了商业判断的空间，因为在继续经营会造成破产财产减少的情况下，其仍应提请停止营业或关停部分营业。此外，如若债权人会议作出了继续运营企业的决议，则管理人尽管就此失去了商业判断决策空间，但在如何运营企业方面仍需做出一系列商业判断。

于此仍值得一提的是，德国联邦最高法院在 2017 年的一份判决中指出，在债务人企业经营困难情况下，并考虑到多种不受控因素，尽管破产管理人应拥有较大的商业判断及预测空间，但其亦不得充分利用其破产管理人的有利地位，将与债务人营业相关，且本应属于债务人的优惠交易机会为己所用。在此案中，被告利用其破产管理人的特殊法律身份，以极低的价格购入了债务人企业早先出售并进行物业管理的房产，而这一交易机会本应属于债务人企业，并可实现破产财产的增值。就此，破产管理人应对此错误决策产生的损失承担损害赔偿责任。[1]简言之，破产管理人须善意以企业价值最大化为目标决策。此外，应考虑到管理人做出决策时的具体条件和情况，在做出具有风险的决策前是否进行了必要的准备工作，以及在决策做出后是否进行了必要的风险控制。如若管理人怠于进行尽职调查，或者忽视了尽职调查发现的风险，则显然无法适用商业判断规则。

## 第四节　重整计划草案的审议表决

### 一、债权人表决权的享有与行使

通过表决前的信息供给以及必要的决策思考时间框架，债权人将分组对重整计划进行表决。对债权人分组的问题下文将进行详细介绍。在表决权赋予方面，我国《企业破产法》第 59 条及德国《破产法》第 77 条第 1 款第 1 句均规定，依法申报且无争议债权的债权人享有表决权。而德国《破产法》第 77 条第 1 款第 2 句还规定："后位受偿债权人不享有表决权。"显然，如若

---

〔1〕　BGH, Urteil vom 16. 3. 2017, NJW 2017, 1749.

考虑到后位受偿债权人在破产程序中基本无法得到受偿，表决权的剥夺不仅合乎情理，而且将能大大简化破产程序，提高程序效率。与此同时，德国《破产法》第237、238、238a条第2款均规定，未受重整计划影响的（担保和普通）债权人及出资人不享有表决权。美国《破产法典》第1126条（f）款亦规定，未受重整计划影响的债权人及出资人将被推定为接受重整计划。换言之，未受调整组别的成员对重整计划不享有表决权。[1]

值得注意的是，1994年修正案废除了美国《破产法典》第1124条第（3）项，从而使获得全额清偿的组别仍属于"受调整"的组别而能参与表决，这一立法变革的目的在于确保获得全额清偿的组别亦可享有最佳利益标准和绝对顺位规则的保护。由此，未受调整的前提即是确保所有权利未被变更，或者纠正违约行为并进行补偿，同时回复已经加速到期的债务。[2]然而，令立法者始料未及的是，一方面，由于获得完全清偿的组别现在仍应视为受调整的组别从而享有表决权，所以重整计划强制批准的"至少一个受调整组别通过"的前提条件就较容易得到满足；另一方面，该组别表决权的享有必然导致需要向该组别成员寄送信息披露声明、重整计划等相关材料，由此重整程序的费用以及重整计划通过的不确定风险都将增加。[3]就此负面效应，并考虑到个案中依据美国《破产法典》第1124条判定"未受调整"的复杂性及不确定性，美国的这一立法举措值得再斟酌。完全回复到"加速到期"前的状态，并要求债务人对拟"不受调整"的债权人承担违约责任不仅不利于促进债务人重整，而且亦会产生对其他"受调整"债权人不公的问题。

对于债权尚未确定的债权人，德国《破产法》第77条第2款规定："对于有争议的债权，如若破产管理人和出席的有表决权的债权人在债权人会议中对其无异议，则争议债权的债权人亦享有表决权。如若无法达成合意，则由法院裁定该争议债权是否享有表决权。破产法院亦可依管理人或出席债权

---

〔1〕　[美]查尔斯·J.泰步：《美国破产法新论（第3版）下册》，韩长印、何欢、王之洲译，中国政法大学出版社2017年版，第1217页。

〔2〕　参见[美]查尔斯·J.泰步：《美国破产法新论（第3版）下册》，韩长印、何欢、王之洲译，中国政法大学出版社2017年版，第1218~1220页。

〔3〕　参见[美]查尔斯·J.泰步：《美国破产法新论（第3版）下册》，韩长印、何欢、王之洲译，中国政法大学出版社2017年版，第1221页。

人会议的有表决权的债权人申请，调整该争议债权的表决权额度。"有德国学者指出，尽管申报的债权在审查期日将会被审查，且表决期日不会早于审查期日，但仍存在着争议债权得以行使表决权的可能性。[1]如若事后有争议债权人表决权的行使关系到重整计划草案的通过与否，则会成为异议债权人的把柄。此外，考虑到债权人对有争议债权赋予表决权达成合议在个案中难度较大，德国法上遵从债权人协商意思自治的环节从程序效率及稳定性角度而言显然并非最佳设置。我国学者即指出，确定债权额的行为（即使是临时性的）是对当事人诉讼程序权利的确认，应属于人民法院的裁判范畴。[2]由此，我国《企业破产法》第59条第2款的规定无论从程序效率性，还是安全性角度而言，都更为合理。但值得借鉴的是德国"依管理人或出席债权人会议的有表决权的债权人申请调整该争议债权的表决权"的规定，即如若相关主体对债权提出异议，则法院应在当时或事后征询相关主体的意见，从而为最终表决权的赋予提供参考。须加以明确的是，如若法院赋予有争议债权相应表决权，即便事后该债权不成立或被确认为无效，则相应的已发生的表决效力不应受此影响，从而确保程序的稳定性。当然，管理人或法院在确定相关表决期日时亦可将相关争议债权判决作出日纳入考量。

对于有担保权的债权人，新破产法起草工作组成员一致认为，别除权人在债权人会议上并非没有任何利益，在将破产债权人与别除权人共同设置于一个债权人会议中的立法模式下，别除权人对与其利益相关的事项如债权调查、决定是否重整、是否继续债务人营业、监督管理人等应享有表决权。但对与其利益无关的事项如是否通过和解协议草案（因别除权人不受和解协议约束）、破产财产的分配方案，则不应享有表决权。[3]由此，我国《企业破产法》第59条第3款规定，未放弃优先受偿权的对债务人特定财产享有担保权的债权人对于和解协议、破产财产的分配方案不享有表决权。值得注意的是，依据德国《破产法》第237条第1款第2句的规定，担保债权人只有放弃优先受偿权利或于债权数额超过担保物价值部分的债权才享有表决权；如若债

---

〔1〕 Becker, Insolvenzrecht, 3. Aufl. , S. 441, Rn. 1663.

〔2〕 王欣新："论新破产立法中债权人会议制度的设置思路"，载《法学家》2005年第2期。

〔3〕 参见王欣新："论新破产立法中债权人会议制度的设置思路"，载《法学家》2005年第2期。

权数额超过担保物价值部分尚无法准确确定，则依预估的超过部分加以计算。由此，且鉴于我国《企业破产法》第59条第3款的规定，担保债权人权益只有受重整计划影响时，其才享有表决权。否则，其只有放弃优先受偿权利或于债权数额超过担保物价值部分的债权才享有表决权。实际上，担保债权人为了实现对破产重整程序的控制，特别是为了基于自己的利益促成重整成功亦有可能放弃优先受偿的权利从而取得表决权。[1]

此外，依据我国《企业破产法》的规定，职工债权人不参加重整计划草案的表决，而由职工和工会的代表参加，对有关事项发表意见。此规定一方面是由于职工债权的优先受偿地位，从而使其利益得以确保，另一方面则是从程序的效率性及公平性角度进行考量。[2]然而，在个案中，仍存在职工债权受重整计划影响的可能，在此情况下，职工债权应享有表决权，但应由工会代表集中行使表决权。

综上所述，对于破产重整程序中表决权的行使应以受重整计划影响为标准，但亦应从促进重整计划草案通过角度进行适当设计。通常情况下，只有当债权人通过破产重整计划能够获得更高受偿额时，其才会对重整计划投赞成票。值得注意的是，依据美国《破产法典》第1126条（e）款的规定，如若接受或拒绝重整计划的表决是基于恶意而做出的，或通过恶意的恳求或游说而做出，则法院可以依当事人的申请，并经通知和听证程序后，确认排除该表决意见。这一规定实际上亦是针对美国《破产法典》第1125条下的信息披露和表决意见征集规则所进行的一种审查保障。例如，如果债权人纯粹基于将作为竞争对手的债务人挤出市场、完全的恶意、讹诈勒索或获得不可告人的优势等目的而对重整计划表示反对，法院就会认定其表决系出于恶意。[3]尽管这一表决意见的排除可以防范滥用表决权的问题，但根据美国破产法协会在2014年《美国破产法协会美国破产重整制度改革调研报告》中的

〔1〕　参见齐砺杰：《破产重整制度的比较研究——英美视野与中国图景》，中国社会科学出版社2016年版，第129页。
〔2〕　参见王欣新："论新破产立法中债权人会议制度的设置思路"，载《法学家》2005年第2期。
〔3〕　［美］查尔斯·J.泰步：《美国破产法新论（第3版）下册》，韩长印、何欢、王之洲译，中国政法大学出版社2017年版，第1234页。

表述，这一恶意的认定标准过于模糊，举证责任也相当高，尤其对于债权人自利行为而言，其既可能丧失表决权，亦可能不足以排除表决意见。[1]尤其存有争议的是对于通过债权收购而取得的表决权。[2]笔者认为，可以在重整计划的批准程序中对表决意见排除的问题作出认定，从而在一定程度上减轻基于强制批准的复杂性而产生的压力。

除了债权人会议现场表决，德国《破产法》第 242 条还规定了书面表决的形式。该条规定："如若设定了单独的表决期日，则债权人的表决权可以书面行使。在审议期日后，法院应向有表决权的债权人寄送表决单，并告知其享有的表决权。有表决权的债权人寄送的表决单只有在表决期日前到达破产法院，才视为有效；表决单应对此作出明确表述。"我国《企业破产法》未对书面表决做出规定，但在第 59 条第 2 款中规定了债权人可以委托代理人行使表决权。引以为豪的是，《关于审理上市公司破产重整案件工作座谈会纪要》（以下简称《上市公司破产重整座谈会纪要》）规定："上市公司或者管理人应当提供网络表决的方式，为出资人行使表决权提供便利。关于网络表决权行使的具体方式，可以参照适用中国证券监督管理委员会发布的有关规定。"就此而言，重整计划的表决亦可采取网络表决的方式。在实践中，已存在网络债权人会议及出资人会议的实例。毫无疑问，网络表决的采用将能提高表决效率和参与率，并更好保障相关权利人的权益。例如以出资人网络投票为例，实务界人士即指出，自网络投票开通后，参加投票的出资人人数明显增加。然而问题在于，网络投票的开通使得出资人会议表决通过的难度增大，特别是很多中小股东不考虑债权人的损失程度，不愿意损失共担，为了自身利益的实现而滥用表决权。[3]对此问题，下文将在出资人表决通过的门槛设置部分讨论解决方案。此外，允许网络技术应用于重整计划表决并不代表债权人会议的进行可以完全在虚拟空间内实施，实体债权人会议场所亦为必要，

---

〔1〕 参见《美国破产法协会美国破产重整制度改革调研报告》，何欢、韩长印译，中国政法大学出版社 2016 年版，第 305 ~ 306 页。

〔2〕 参见［美］查尔斯·J. 泰步：《美国破产法新论（第 3 版）下册》，韩长印、何欢、王之洲译，中国政法大学出版社 2017 年版，第 1235 ~ 1236 页。

〔3〕 参见郑志斌、张婷：《公司重整制度中的股东权益问题》，北京大学出版社 2012 年版，第 214 ~ 216 页。

并通过网络技术进行现场直播。当然，管理人可以在会议进行前统计参加实体会议和网络会议的人数，从而做出有利安排。另一方面，网络会议的实施方亦应采取有效措施避免安全漏洞，为重整参与人"网上参会"提供必要的网络安全保障机制。

对于分组表决通过的门槛，美国《破产法典》第1126条（c）款规定，重整计划的通过需要经实际投票的债权人所持债权额的绝对多数（三分之二以上）和债权笔数过半通过。计算的基数只能是进行了实际投票的债权人或股东。[1]但美国破产法协会2014年的《美国破产法协会美国破产重整制度改革调研报告》指出，笔数要件最多只能发挥名义功能，且容易招致滥用，而"一债权人一票"的规则最为民主，因此其建议以"一债权人一票"规则取代现行第1126条（c）款的笔数要件。[2]实际上，双重多数的表决机制实际上是公平确保机制，即既避免了大债权人通过债权额多数操控破产（重整）程序，亦避免了小债权人通过人数多数取胜于大债权人。但值得注意的是，依据德国《破产法》第244条的规定，只有当各表决组经参与表决的债权人人数及债权额双过半同意重整计划草案时，重整计划方为通过。显然德国设定的表决通过门槛更低。其不仅只需要债权额过半即可，而且其计算的依据是参与表决的债权人所持债权额。就此而言，德国法的规定更有利于促成重整计划草案的表决通过。上述设置一方面源自于德国债权人参与破产（重整）程序积极性不高的现实状况，另一方面亦有赖于德国破产（重整）程序中后端异议权及申诉权的赋予，从而能给予异议债权人充分的权利救济途径。于我国而言，亦存在债权人参与积极性不高的问题，且债权额通过门槛设定过高反而有可能在目前强制批准制度不完善的情况下造成债权人滥用表决权的困局。当然，如若没有德国法上完善的异议权及申诉权保护机制，表决权门槛过低亦会引发相关权利人难以得到有效保护的问题。简言之，以促进重整为目的的表决门槛降低应与救济途径的完善联动实施。最后仍值得商榷的是

---

〔1〕［美］查尔斯·J.泰步：《美国破产法新论（第3版）下册》，韩长印、何欢、王之洲译，中国政法大学出版社2017年版，第1233页。

〔2〕《美国破产法协会美国破产重整制度改革调研报告》，何欢、韩长印译，中国政法大学出版社2016年版，第299页。

我国《企业破产法》第87条规定的二次表决机制。该条一方面未明确协商表决的具体时间间隔，另一方面二次表决机制尽管可赋予当事人更多意思自治的机会，但显然亦会进一步增加重整计划通过的时间和费用成本。

## 二、债务人企业的异议权

德国《破产法》第247条亦对债务人表决的问题做出了规定。该条第1款规定："如若债务人未在表决期日前书面或于其住所地的公告簿中对重整计划明确表示反对，即视为其同意重整计划。"德国学者认为，借此规定债务人企业的股东亦得以享有间接表决权，即可决议对重整计划草案提出异议。[1]但与此同时，德国《破产法》第247条第2款规定："如若重整计划的实施并不会导致债务人利益受损，并且无债权人获得高于其债权额的清偿，则债务人异议将不被采纳。"就此而言，债务人的异议权并无法与债权人的表决权相提并论。[2]于我国而言，在出资人被纳入重整计划表决程序的情况下，债务人企业异议权的赋予则显得有些多余。其理由在于：债务人企业异议权的行使理论上以股东（大）会决议为前提，而如若出资人组通过了重整计划草案，而债务人企业提出异议则显然不符合逻辑；而即使出资人组未表决通过，也无必要再以债务人企业的名义提出异议。申言之，通过出资人表决权及异议权赋予即可应对债权人滥用重整损害债务人企业及其出资人利益的问题，债务人企业异议权赋予徒增了不必要的时间及费用成本。由此，出资人表决权合理赋予的必要性亦得以凸显。

## 三、出资人的表决权

### （一）出资人表决权的享有

我国《企业破产法》第85条第2款虽明确规定了设出资人组表决，但出资人何时享有表决权等问题并未明确。毫无疑问，在将出资人纳入破产重整程序的情况下，出资人在破产重整程序中的支持配合不可或缺。尽管重整成

---

〔1〕 Noack in: Festschrift für Zöllner, S. 411, 419.

〔2〕 Eidenmüller, Unternehmenssanierung zwischen Markt und Gesetz, S. 55.

功可能会为出资人带来收益，但要求所有出资人从整体利益最大化出发做出理性选择显然并不现实。实际的情况是，并非所有出资人都会从公司利益出发进行决策，且企业继续经营价值越大，出资人滥用其权利谋求个人利益最大化的可能性就越高，上市公司出资人尤其如此。[1]如若考虑到出资人避免控制权丧失的心态，其非理性决策的可能性显然不低。亦不容忽视的是，出资人须承担程序参与成本，却很有可能无法获得价值分配。由此，出资人更有可能冒险行事，不择手段，乃至滥用破产重整法律制度赋予的各项权利，特别是表决权，达到分得一杯羹的目的。上文提及的我国上市公司破产重整实践中股东滥用表决权的现象即是如此。更为极端的是，出资人滥用表决权的目的可能只是希望债务人企业消灭从而可以开展与其相竞争的业务。由此，出资人表决权的合理赋予亦是防范出资人权利滥用的关键所在。

对于出资人表决权赋予的问题，我国实务界目前的主流观点主张，在资不抵债的情况下，由于股东权益不存在，因此股东不应享有表决权。[2]实际上，早在1986年，德国著名的破产法实务人士团体"Gravenbrucher Kreis"就曾提议，无价值股权不应获得任何保护，出资人亦不应参与重整计划的表决，而是应由债权人对重整措施进行表决。[3]2000年，德国著名破产法学家乌伦布鲁克（Uhlenbruck）教授亦撰文指出，在债务人企业资不抵债的情况下，股权价值应为零，因此出资人组的同意可有可无。[4]尽管如此，于2012年《重整促进法》改革时，上述立法建议并未被采纳。新增的德国《破产法》第238a条第2款只规定，出资人权益未受重整计划影响的，不享有表决权。显然，且不论股权价值评定的不确定性，单纯以企业资不抵债而股权无价值为由剥夺出资人的表决权显然欠妥。现实中，企业资不抵债而股权仍具有价值的例子并不鲜见。股权价值针对的是价值补偿的问题，而不应是表决权赋予

---

〔1〕　Eidenmüller/Engert, ZIP 2009, 541, 545.

〔2〕　参见李国光主编：《新企业破产法条文释义》，人民法院出版社2006年版，第417页；张勇健、杜军："破产重整程序中股权调减与股权负担协调问题刍议"，载李曙光、郑志斌主编：《公司重整法律评论》（第3卷），法律出版社2013年版，第73～77页；郑志斌、张婷：《公司重整制度中的股东权益问题》，北京大学出版社2012年版，第161页。

〔3〕　Gravenbrucher Kreis, BB-Beilage 15/1986, S. 1, 11.

〔4〕　Uhlenbruck in: Kölner Schrift zur InsO, 2. Aufl., S. 1175, Rn. 25.

与否的依据。以出资人权益调整作为表决权享有的依据一则更加合理，二来亦清晰明了。

（二）出资人表决通过的门槛设置

亦令人遗憾的是，我国《企业破产法》并未明确破产重整中出资人表决权计算标准和通过门槛。实践中更是操作混乱。[1]值得借鉴的是德国《破产法》的相关规定。依据德国《破产法》第238a条第1款的规定，出资人按其出资比例行使表决权，任何表决权的限制或特别表决权都于此不予适用。德国立法者认为，在破产情况下，只有出资比例才有意义。[2]于我国而言，在破产重整中应以出资人实际缴付的出资确定其享有的表决权。就表决通过门槛的问题，德国《破产法》第244条第3款规定，重整计划经出席会议的出资人所持表决权过半数通过即可；与此相对，依据德国《破产法》第244条第1款的规定，债权人组表决通过则需要双过半。与德国法规定相类似，美国《破产法典》第1126条（d）款规定，对出资人权益的调整须经占总股权三分之二以上多数的出资人表决通过；而美国《破产法典》第1126条（c）款规定，债权人组的表决通过不仅要债权额三分之二以上多数通过，亦要过半数债权人表决通过。显然，美德两国就出资人表决通过问题都设置了较债权人更低的门槛，即不要求人数过半，但德国设置了更低的出资人表决通过门槛。值得注意的是，《上市公司破产重整座谈会纪要》第7条的规定效仿了美国法"三分之二以上多数通过"的规定。但根据我国学者统计的12起上市公司重整计划强制批准的案件，其中只有两起是出资人组未表决通过重整计划，并且这两起案件中出资人组二次表决的通过率均高于60%。[3]就此而言，从促进重整角度出发，德国法的规定应更具有实际意义，并将能有效解决实践中人数众多的小股东滥用表决权的问题。

（三）出资人默示同意和明示反对？

在2012年《重整促进法》立法改革过程中，艾登穆勒教授曾提议将出资

---

〔1〕 参见郑志斌、张婷：《公司重整制度中的股东权益问题》，北京大学出版社2012年版，第170页。

〔2〕 Begr. zum RegE ESUG, BT-Drucks. 17/5712, S. 33.

〔3〕 丁燕：《上市公司破产重整计划法律问题研究：理念、规则与实证》，法律出版社2014年版，第154页。

人参照后位受偿债权人适用同意的拟制，或者在出资人未参与表决的情况下，视为出资人组表决通过该决议。[1]但最终新增的德国《破产法》第246a条只规定，如若相应出资人组无出资人参与重整计划表决，则视为出资人组表决通过重整计划。该条的目的显然是为了简化表决程序。因为立法者推测，在破产致股权价值为零的情况下，出资人参与表决的积极性应该不高。[2]亦值得注意的是，德国学者布吕宁（Brüning）在2008年曾提议，在股权价值为零的情况下，可不赋予出资人表决权，但可享有异议权。[3]与之相类似，英国立法规定，只要债权人表决通过了重整计划，则出资人只有在特定条件下才可请求法院撤销重整计划。[4]上述各种立法建议及规定或可为我国提供进一步的参考，特别是德国《破产法》第246a条的规定。然而，针对我国郑百文案中"出资人默示同意，明示反对"实践模式的批评之声仍余音绕梁，重整效率促进改革中债权人至上主义的立法倾向恐会再度造成力量对比的失衡。无论如何，破产重整制度的优化改革不应以牺牲一方利益为代价，只有利益平衡的制度构建方能产生真正市场化的利益博弈和合作妥协。从此角度而言，无表决权而只有异议权的立法建议显然值得再斟酌。

---

〔1〕　Eidenmüller/Engert, ZIP 2009, 541, 550.

〔2〕　Begr. zum RegE ESUG, BT-Drucks. 17/5712, S. 34.

〔3〕　Brüning, Gesellschafter und Insolvenzplan, S. 337 f.

〔4〕　Windsor/Müller-Seils/Burg, NZI 2007, 7, 10.

# 第四章　司法审查与重整识别

## 第一节　重整计划草案的预审查与正常批准

### 一、表决前的法院预审查

在破产重整程序的制度设计中，极具德国特色的是重整计划草案的法院预审查制度：重整计划草案制作完成后将首先交由法院进行预审查，如若存在法定的情形，则破产法院有权拒绝提交的重整计划草案。德国《破产法》第 231 条第 1 款第 1 句规定："如若存在以下三种情形，则破产法院将拒绝重整计划草案：①重整计划草案的提交有违本法有关提案权和重整计划内容，尤其是重整参与人分组的规定，并且重整计划草案提交人无法消除此缺陷，或无法在法院设定的期限内消除此缺陷；②债务人提交的重整计划草案显然无法获得债权人表决通过或法院批准；③债务人提交的重整计划草案对相关权利人的权利调整及债权受偿显然无法实现。"该条第 2 款又规定："如若债务人已经提交过重整计划草案，且该草案曾经未获表决通过，或未获法院批准，或在公告表决期日后被债务人撤回，则经债权人委员会（如设立）同意，破产管理人可申请破产法院拒绝该重整计划草案。于此情况下，法院必须拒绝债务人新提交的重整计划草案。"预审查制度目的在于防范不适格重整计划草案拖延程序进行，从而浪费司法资源，增加不必要的程序费用，损害债权人利益。[1]

---

[1]　Braun in：Nerlich/Römermann InsO，§ 231，Rn. 3.

　　视线再转至我国，2018 年《会议纪要》第 16 条指出："人民法院要加强与管理人或债务人的沟通，引导其分析债务人陷于困境的原因，有针对性地制定重整计划草案，促使企业重新获得盈利能力，提高重整成功率。"显然，如若按《会议纪要》的要求进行前置性的指导介入，则在此情况下，相对置后的识别介入，也即重整计划草案的预审查制度就极有可能会被形式化。但针对预重整情况下的重整计划草案以及无指导介入情况下制定的重整计划草案，此种预审查制度则仍有必要引入。并且预审查制度的引入不仅能进一步加强重整计划内容合法性的风险管控，而且可避免不必要程序费用的产生。

　　然而，毫无疑问，预审查应有必要界限。德国学者认为，破产法院应只在重整明显无望的情况下才会在预审查中行使否决权，从而避免有违债权人意思自治。[1]德国联邦最高法院在 2015 年 5 月 7 日的一份裁决中亦指出："破产法院的预审查应最大可能不影响其后债权人基于意思自治对重整计划的表决，因此，其不得对重整计划草案的经济适当性及可行性作出判断。破产法院的预审查应为一种法律审查，其应审查重整计划提案权和内容的相关法律规定是否得到遵守。其尤其应审查，重整计划权益处置部分有关效果及实施的规定是否足够具体，重整计划的陈述部分是否为重整程序参与主体及法院提供了决策所必需的充分信息，以及重整计划附件是否全面准确。"[2]德国立法者在 2012 年《重整促进法》的立法理由中亦指出："法院并不应在预审查中审查重整计划的经济适当性，且依据第 231 条第 1 句第 2、3 项对重整计划实施前景及可实现性的审查只有在例外情形下才应被关注。"[3]

　　如若提交的重整计划草案通过预审查，则依据德国《破产法》第 232 条的规定，德国破产法院将征询包括债权人委员会、职工委员会、企业高管委员会的意见。且在债务人提交重整计划草案的情况下应征询破产管理人的意见，在破产管理人提交重整计划草案的情况下应征询债务人的意见。同时该条第 2 款规定，破产法院亦可征询债务人所属行业协会、商会或相关专业机构的意见。由此，亦可集思广益，尽可能确保破产重整计划内容的公平适当

---

〔1〕　Maus in: Kölner Schrift zur InsO, 2. Aufl. , S. 952, Rn. 77.

〔2〕　BGH, Beschluss vom 7. 5. 2015, NJW 2015, 2660.

〔3〕　Begr. zum RegE ESUG, BT-Drucks. 17/5712, S. 32 f.

性。值得注意的是，在 2017 年 12 月 1 日举行的一场小型研讨会上，与会的德国专家一致认为，法院应在做出预审查决定前进行第 232 条规定的意见征询程序。[1]此外，按照德国联邦最高法院的观点，破产法院预审查裁决的结果对法院其后的裁决并无约束力，其并非确保通过预审查的重整计划草案可以获得表决通过或批准，而是为了避免因无意义的重整计划导致程序空转。并且如若预审查的裁决对法院其后批准审查具有拘束力，则会导致预审查与批准审查的效力等同。[2]

## 二、重整计划表决通过后的正常批准

### （一）正常批准程序概述

我国《企业破产法》第 86 条第 2 款规定了重整计划的正常批准。德国《破产法》第 248 条第 1 款亦规定表决通过的重整计划交由法院批准，并且该条第 2 款还规定："法院在批准重整计划前应征求破产管理人、债权人委员会（如设置）和债务人的意见。"美国《破产法典》第 1128 条（a）款亦对批准前的听证做出了规定。我国实务界人士亦认为，法院在批准重整计划之前可召开听证会，给予各方利益主体充分发表意见的机会。[3]学者亦指出，批准之前应当进行庭审程序，听取各方利害关系人对重整计划草案的意见特别是反对意见。[4]值得注意的是，德美两国均未对重整计划正常批准的期限做出明确要求。但美国通过 2005 年《破产滥用防止法》的修订新增了美国《破产法典》第 1129 条（e）款，该款规定："对于中小企业，只要提交的重整计划符合本法的要求，则法院应在 45 日内裁定批准，除非该期限得以延长。"显然，我国《企业破产法》第 86 条第 2 款规定的法院批准期限比美国《破产法典》中针对中小企业的批准期限还短。而于我国司法实践中，31 家正常批准重整计划的上市公司中有 11 家法院审查批准时间少于 5 天，甚至存在 1 天或

---

〔1〕 Brinkmann/Denkhaus/Horstkotte/Schmidt/Westpfahl/Wierzbinski/Ziegenhagen，ZIP 2017, 2430, 2431.

〔2〕 BGH, Beschluss vom 16. 02. 2017, NJW 2017, 2280.

〔3〕 刘敏、池伟宏："法院批准重整计划实务问题研究"，载《法律适用》2011 年第 10 期。

〔4〕 王欣新："重整制度理论与实务新论"，载《法律适用》2012 年第 11 期。

0 天的情况。由此，有学者质疑某些法院是如何在如此短的时间内审查批准重整计划。[1]

（二）正常批准的条件设置

上述我国法院审查批准时间过短的情况或许源自于我国《企业破产法》第 86 条对批准条件的简单规定。在美国，法院行使"一致同意批准权"之前必须审查重整计划是否满足美国《破产法典》第 1129 条（a）款规定的 13 个前提条件。我国学者将这 13 个前提条件概括为 3 个，即：①计划符合《破产法典》其他条款要求，包括信息披露和善意等；②计划符合合理和可行的要求；③符合债权人利益最大化的测试。其中可行性测试和债权人利益最大化测试是核心，分别保障重整价值优于清算并且无导致再次清算之虞，以及每一个权益人（特别是反对计划的少数派）不会被置于比清算更坏的境地。[2] 对于"善意"标准，泰步教授指出，这是一项宽泛且开放的标准，且这种灵活性与宽泛性有其必要性，因此需要法院对案件的"综合因素"进行考量，并将计划提交方的动机作为非常重要的考量因素。[3]

视线再转至德国，该国《破产法》第 249～251 条对法院的审查内容做出了详细规定。依据德国《破产法》第 250 条的规定，在下列情形下，法院将不予批准已表决通过的重整计划：①如若本法有关重整计划内容和破产重整的程序性规定被严重违反，且该缺陷无法被消除；②如若破产重整计划的表决通过是以不正当的方式促成的，尤其是以优待个别债权人方式。依据上述第 1 项的规定，法院在重整计划正常批准情况下审查的主要内容包括：①破产计划制定和表决通过是否遵守了相关程序性规定；②内容是否符合法律要求，特别是重点审查债权人分组的公平合理性以及德国《破产法》第 226 条规定的公平对待原则。按照德国立法者对 1994 年《破产法》的立法解释，德国《破产法》第 250 条第 2 项所规定的"不正当方式促成表决通过"的典型

---

〔1〕 丁燕：《上市公司破产重整计划法律问题研究：理念、规则与实证》，法律出版社 2014 年版，第 144 页。

〔2〕 高丝敏："重整计划强制批准规则的误读与重释"，载《中外法学》2018 年第 1 期。

〔3〕 参见［美］查尔斯·J. 泰步：《美国破产法新论（第 3 版）下册》，韩长印、何欢、王之洲译，中国政法大学出版社 2017 年版，第 1253～1255 页。

情形即是通过表决权购买并优待个别债权人的方式来促成重整计划的表决通过。[1]德国联邦最高法院在 2018 年的一裁决中强调指出，如若存在《破产法》第 250 条的情况，则破产法院并不存在自有裁量的空间，而必须拒绝批准此重整计划。[2]此外，依据德国《破产法》第 249 条的规定，如果重整计划是附条件的，法院还应审查该条件是否满足。更为关键的是，法院将审查债权人或出资人提出的因重整计划而处境恶化的异议（德国《破产法》第251 条）。

通过比较可以发现，美、德对于重整计划正常批准的规定大体相同，但德国法的规定并未将重整计划的可行性纳入正常批准审查的范围。于我国而言，《企业破产法》第 86 条对重整计划批准的条件只效仿美国《破产法典》第 1129 条（a）款第（8）项的规定设置了"各表决组通过重整计划草案"的前提条件，于此之外并未明确其他相应审查标准。实务界权威人士认为，经决议通过的重整计划仍存在多数人利用表决程序损害少数人权益的可能。故此，人民法院仍应审查，满足一定的条件后才能批准。[3]2018 年《会议纪要》第 17 条更明确指出："人民法院在审查重整计划时，除合法性审查外，还应审查其中的经营方案是否具有可行性。重整计划中关于企业重新获得盈利能力的经营方案具有可行性、表决程序合法、内容不损害各表决组中反对者的清偿利益的，人民法院应当自收到申请之日起三十日内裁定批准重整计划。"就内容合法，最高院法官进一步解释道："内容合法是指重整计划的内容符合债权人利益最大化原则、绝对优先原则、公平对待原则，不损害利害关系人和社会公共利益，尤其是不得损害少数反对者的合法权益。"[4]于此须提请注意的是，如若所有组别均未受调整，或均通过了重整计划，那么重整

---

〔1〕 Begr. zum RegE InsO, BT-Drucks. 12/2443, S. 211.

〔2〕 BGH, Beschluss vom 26.4.2018, NZI 2018, 691.

〔3〕 王富博："破产重整制度的发展与完善——《全国法院破产审判工作会议纪要》的解读（二）"，载《人民法院报》2018 年 3 月 28 日，第 7 版。

〔4〕 王富博："破产重整制度的发展与完善——《全国法院破产审判工作会议纪要》的解读（二）"，载《人民法院报》2018 年 3 月 28 日，第 7 版。

计划就无需遵守绝对优先权规则。[1]更值得探讨的是，如若说法院对于重整计划中的财务重整，或者说偿债方案尚能进行法律上可行性审查，但对于重整计划中经营方案的可行性审查则往往显得"心有余而力不足"。

（三）可行性审查的争议与解决方案

邹海林教授指出："'债务人的经营方案'是否可行，属于破产重整的利害关系人在商业上作出合理判断的内容，不应当交给不熟悉商业运作的法官判断。"[2]实务界人士亦提出，法院作为司法审判机关，往往缺乏审查的专业能力，难以判断重整后的公司能否真正恢复持续经营能力。[3]实际上，经营方案，抑或重整方案的可行性不是通过理论分析或推演得出的。换言之，分析认为确定可行的经营方案并不意味着重整最终能走向成功，而在某些人眼中不具有可行性的方案最终却有可能得以顺利实施。德国学者穆勒（Müller）即指出，基于债权人意思自治和多数决正当性推测的考量，法院此时审查任务应限定在合法性和原则合理性审查上。[4]德国联邦最高法院亦认为："破产法院在正常批准程序中不得审查重整计划的经济合理性及成功可能性。"[5]美国的泰步教授更明确指出："当债权人与股东进行表决之时，从理论上来说，他们对相关风险已经有了充分的了解。如果所有组别都通过了重整计划，但法院却判定重整计划不具有可行性，那么法院实际上是在以自己的判断来取代经济上利害关系人的自主判断。因此，美国《破产法典》第1129条（a）款第（11）项所规定的可行性审查与第11章所秉持的契约自由原则是相冲突的。"[6]

更为妥当的是采取两分法，即正常批准时尊重意思自治的可行性形式审查和强制批准时的可行性实质审查。实际上我国《企业破产法》第86条

〔1〕　参见［美］查尔斯·J. 泰步：《美国破产法新论（第3版）下册》，韩长印、何欢、王之洲译，中国政法大学出版社2017年版，第1211页。

〔2〕　邹海林："法院强制批准重整计划的不确定性"，载《法律适用》2012年第11期。

〔3〕　刘敏、池伟宏："法院批准重整计划实务问题研究"，载《法律适用》2011年第10期。

〔4〕　Müller, Der Verband in der Insolvenz, S. 369.

〔5〕　BGH, Beschluss vom 26. 4. 2018, NZI 2018, 691.

〔6〕　参见［美］查尔斯·J. 泰步：《美国破产法新论（第3版）下册》，韩长印、何欢、王之洲译，中国政法大学出版社2017年版，第1249～1250页。

并未对正常批准情况下经营方案的可行性审查作出明确规定，而第87条规定的强制批准却在第6项中明确应"对经营方案可行性进行审查"。具体而言，重整计划正常批准程序中"经营方案可行性"审查并不是以法官的商业判断替代重整参与人意思自治的商业判断，而是要求法院审查重整计划中重整计划制定者是否进行了可行性论证的具体细化的经营方案。当然，法院亦可召开听证会听取各方意见，抑或在必要时聘请有关专家解答专业技术问题，从而弥补法院不参与商业判断的不足。[1]如若有债权人对重整计划草案的可行性提出异议，并得到了证据支持，或者重整计划草案未获表决通过而申请强制批准，则法院于此时将启动对经营方案可行性的实质审查，并在必要时聘请相关专业机构出具独立专业的评估意见。值得注意的是《上市公司破产重整座谈会纪要》第8条规定的会商机制，[2]在此机制下，考虑到重大资产重组等审批事项，上市公司破产重整经营方案的实质性审查就难以避免了。

### 三、异议权的赋予

于重整计划内容及程序合法性审查之外，破产重整计划批准审查的另一重点即是重整参与人的异议。由于重整计划表决通过机制本身就有效率性的考量，如多数决，因此只有通过后端异议权赋予和法院审查来进一步确保重整计划的公平性。德国立法者即认为，在法院审查重整计划过程中，应重点审查对重整计划的各种异议。尤其应重点集中在保护少数债权人利益上。这不仅是因为多数决可能会对少数派利益造成损害，而且亦在于多数决并不能完全确保经济上的最优化和合理性。[3]尽管我国《企业破产法》对此问题并

---

〔1〕 参见刘敏、池伟宏："法院批准重整计划实务问题研究"，载《法律适用》2011年第10期。

〔2〕 该条规定："重整计划草案涉及证券监管机构行政许可事项的，受理案件的人民法院应当通过最高人民法院，启动与中国证券监督管理委员会的会商机制。即由最高人民法院将有关材料函送中国证券监督管理委员会，中国证券监督管理委员会安排并购重组专家咨询委员会对会商案件进行研究。并购重组专家咨询委员会应当按照与并购重组审核委员会相同的审核标准，对提起会商的行政许可事项进行研究并出具专家咨询意见。人民法院应当参考专家咨询意见，作出是否批准重整计划草案的裁定。"

〔3〕 Begr. zum RegE InsO, BT-Drucks. 12/2443, S. 79.

未做出明确规定，但学界及实务界均认为，法院在批准重整计划之前应当给予持反对意见的债权人充分表达意见或异议的权利。[1]但于此首先须加以明确的是，异议权的行使不同于重整计划批准中进行的听证程序，其行使由当事人自行提出，且应有效防范当事人滥用异议权。

对于重整参与人异议权的享有，美国《破产法典》第1128条（b）款规定，任何利害关系人均可对重整计划提出异议。而德国《破产法》做出了更为详细的规定。债权人或出资人均可依据德国《破产法》第251条的规定，向法院申请拒绝批准破产重整计划。依据德国《破产法》第251条的规定，如若债权人或出资人至迟在表决期日前以书面形式或通过记入会议记录的方式表达了对重整计划的反对意见，且其将会因破产重整计划而被置于比破产清算情况下更糟糕的境地，则法院将依此债权人或出资人申请拒绝批准重整计划。并且德国《破产法》第251条第2款规定，只要异议人至迟在表决期日前确信其将因重整计划而处境恶化，则其异议申请即应被受理。德国法上将此条规定称为"处境恶化禁止（Verschlechterungsverbot）"。美国《破产法典》第1129条（a）款第（7）(A)(ii)项的规定也与此基本相同，并通常将其称为"best-interests test"，也即"最大利益原则"。尽管我国《企业破产法》对异议权的享有并无明文规定，但在第87条中引入了"最大利益原则"，也即第2款第3项中的"按照重整计划草案，普通债权所获得的清偿比例，不低于其在重整计划草案被提请批准时依照破产清算程序所能获得的清偿比例"。学界和实务界对"最大利益原则"的适用也基本达成共识，并亦将其称为"利益最大化原则"或"清算价值保障原则"。

然而，计算标准不一、预估及重整的不确定性使得任何人都可主张破产清算为更优解决方案。值得注意的是，有国外学者通过对1992年至1996年间依照加拿大《破产法》进行重整的180家中小型企业的研究发现，尽管最大利益原则的测试貌似必须经过复杂的经济学分析，但对于重整成功与否的判定、重整时间的预估以及贴现率（discount rate）的复杂计算实际上对是否满足最大利益原则并无实质性影响，是否满足最大利益原则的测试只需重点

---

〔1〕　参见刘敏、池伟宏："法院批准重整计划实务问题研究"，载《法律适用》2011年第10期。

关注重整计划允诺的总受偿额与企业清算情况下的市场价值的对比即可。并且由于加拿大与美国在破产立法及司法实践中的相似性，这一论断亦可应用于美国《破产法典》第十一章规定的司法重整程序。[1]但不得不指出的是，上述研究成果只是结论性的，于司法实践中并无法在个案中阻却相关主体提出异议。按照德国联邦最高法院的观点，"处境恶化"的主张必须以具体事实证据为支撑，且达到极有可能的程度（die überwiegende Wahrscheinlichkeit）。在满足上述条件的情况下，法院将承担查明的义务，但法院的审查范围应以异议人主张的事实证据为限。[2]我国学者认为，如若债权人等提出异议的，人民法院应组织债权人、债务人和利害关系人举行听证会，在必要时可以委托中介机构重新测算。[3]此外，值得注意的是，在德国强制批准第一案中，Mühldorf a. Inn 地方法院指出，重整计划只是确保相关主体获得不少于破产清算的受偿，而并非确保其获得最佳商业利益。在此案中，尽管重整计划为担保债权人延期清偿提供了利息损失的补偿，但担保债权人组仍未表决通过重整计划，并主张其在市场上可获得更高的利息收入，因此重整计划的规定使其利益受损。[4]毫无疑问，是否满足最大利益原则在个案中仍会涉及变幻莫测、争议不断的商业判断。

固然，异议权的赋予是为了确保重整计划的公平性，防止以多数决的方式损害少数债权人的利益。另一方面，如若重整计划因个别债权人异议而被法院拒绝批准，则破产重整计划将"为了少数债权人的利益"而无法实施，这显然无法实现整体利益最大化。就此问题，我国学者建议，如果权利人的异议成立，法院可以要求计划制定者与异议者协商，对重整计划草案在不损害其他权利人利益的前提下进行修改以消除争议；如果不能消除争议，或者重整计划草案不具备修改的基础，法院可以裁定不批准重整计划草案，终止重整程序，并宣告债务人破产。[5]尽管如此，此方案亦无法完全应对"为了

---

〔1〕 See Timothy C. G. Fischer & Jocelyn Martel, "Does it Matter How Bankruptcy Judges Evaluate the Creditor's Best-interests Test?", *American Bankruptcy Law Journal*, Vol. 81, 2007.

〔2〕 BGH, Beschluss vom 29. 03. 2007, NZI 2007, 409, 410.

〔3〕 王欣新、宋玉霞："重整计划强制批准法律问题研究"，载《江汉论坛》2014 年第 10 期。

〔4〕 AG Mühldorf am Inn, Beschluss vom 27. 7. 1999, NZI 1999, 422 ff.

〔5〕 参见王欣新："重整制度理论与实务新论"，载《法律适用》2012 年第 11 期。

少数债权人的利益而牺牲多数人利益"的问题。更为关键的是，任何异议权的行使，不论正当与否，都将导致程序迟延和费用上升的问题，并使得债权人受偿率下降。并且重整参与人可能会滥用制度设计中所提供的利益保障机制。为了应对这一问题，德国通过 2012 年《重整促进法》在德国《破产法》第 251 条中新增第 3 款，引入了一种实务界常用的资金补偿条款模式（Ausgleichsmittel）。依此规定，如若异议人主张的利益受损已经通过重整计划中规定的资金补偿条款得到适当弥补，则破产法院将驳回不予批准重整计划的申请。有关资金补偿的相关争议将在破产程序外进行解决。简言之，资金补偿条款以及破产程序外的争议解决程序具有拯救缺陷重整计划的效果，并可避免异议权行使产生程序迟延效果。应该说，资金补偿条款模式应是异议权制度明确规定后不可或缺的配套组成部分。

## 第二节　重整计划的强制批准

### 一、强制批准的功能解读

强制批准制度源自美国《破产法典》第 1129 条（b）款规定的"cram down"程序，其目的在于有效应对重整参与人表决权滥用问题，从而提升破产重整成功的可能性。德国《破产法》第 245 条对强制批准制度做出了明确规定。德国学界通常将其称为"禁止不当阻碍下的同意拟制（Zustimmungsersetzung im Wege des Obstruktionsverbots）"。我国《企业破产法》亦在借鉴域外立法的基础上，在第 87 条第 2 款对此加以规定。然而，强制批准制度所涉及的价值判断和利益权衡的复杂性无疑会导致其适用的巨大不确定性，这轻则会产生程序迟延问题，重则导致重整彻底失败。

在强制批准制度引入我国之后，实务界亦面临着具体适用的种种疑惑，学术界更有各种担忧。但强制批准这一工具的功能很快就为实务界人士所认知，并在司法实践中被较为频繁地使用。实务界权威人士在 2006 年《企业破产法》实施不到 5 年之际就曾指出，法院拥有的在法定条件下强制批准重整计划的权力能够有效制约对重整计划有表决权的权利主体滥用权利，避免公平合法的重整计划因为个别人的不理性或者恶意干扰而夭折。[1] 依据学者的统计，上市公司重整实践中，50 个案件中有 13 个被人民法院强制批准。[2] 且我国上市公司进行破产重整的案件，凡申请法院强制批准重整计划的，均无例外地获得了法院的批准。[3]

与之相对，即便在重整文化前卫的美国，司法实践中对强制批准规则的适用也一直是相当谨慎。例如，美国 2008 年企业重整案件多达 10 161 件，而涉及法院强制批准的案件仅为 17 件，占 0.16%。[4] 有学者研究发现，13 个被人民法院强制批准的案件中有 12 个强制批准的案件是由清算组作为管理人。其进一步指出，人民法院的强制批准权被异化为政府干预上市公司重整的另一个入口，从而使债权人在重整程序中与债务人或股东讨价还价的能力被不恰当地减损。[5] 强制批准权的滥用亦造成了相关权利人的不满对立情绪，甚至引发了新闻媒体的关注。[6] 亦值得注意的是，在上市公司 12 起强制批准案件中，审查批准时间少于 5 天的有 5 家上市公司，另有 6 家在法定 30 日期限内通过审查，只有 ST 广夏 1 家超过法定的审查批准期限。审查期限过短，显然有滥用强制批准之嫌。[7]

2018 年《会议纪要》即意识到强制批准滥用问题，再次强调要审慎使用强制批准，不得滥用强制批准。不可否认，强制批准的滥用源自于部分法官的功能误读。实际上，强制批准貌似对意思自治的干预，但其真正价值不仅在于其实际运用，更在于其所产生的威慑作用。德国学者认为，这一"震慑性的核武器"将可有效防范滥用表决权敲诈勒索的行为，并产生一种行为导

---

〔1〕 刘敏、池伟宏："法院批准重整计划实务问题研究"，载《法律适用》2011 年第 10 期。

〔2〕 赵惠妙："上市公司重整中政府角色的实证研究"，载《兰州学刊》2017 年第 12 期。

〔3〕 邹海林："法院强制批准重整计划的不确定性"，载《法律适用》2012 年第 11 期。

〔4〕 高丝敏："重整计划强制批准规则的误读与重释"，载《中外法学》2018 年第 1 期。

〔5〕 参见赵惠妙："上市公司重整中政府角色的实证研究"，载《兰州学刊》2017 年第 12 期。

〔6〕 例如，《上海证券报》2011 年 11 月 23 日报道的《法院秒裁＊ST 金顶财产处置债权人会议形同虚设》；姚伸、刘惟宇："农行再否重整计划　法院强裁 S＊ST 光明"，载《21 世纪经济报道》2010 年 8 月 10 日，第 14 版。

〔7〕 丁燕：《上市公司破产重整计划法律问题研究：理念、规则与实证》，法律出版社 2014 年版，第 157 页。

向作用，有效促成各方达成合意。[1]在美国，强制批准规则也被视为引导谈判行为向均衡结果发展的精巧的程序控制。[2]进一步而言，强制批准滥用的根源不仅在于功能误读，而且在于规则不清晰、经验缺乏以及商业判断复杂性，更在于追求社会效果的司法裁判。此外，在僵尸企业处置背景下，实务界存在一种盲目追求重整成功的倾向，甚至从重整功能认知走向了重整迷信的极端。亦值得注意的是，重整参与人，特别是债务人往往存在对强制批准的过分依赖。其考虑的不是充分协商谈判，优化重整方案，而是寄希望于法院强制批准。考虑到裁判的社会效果，乃至地方利益，法院也被倒逼陷入一种无奈的状态，为追求重整成功而不得不强制批准。强制批准从本来的后端控制转变为一种前端预设。换言之，重整参与人的协商谈判与利益博弈都不再重要，重整方案的不断优化也可有可无，反正最终法院会强制批准。并且实务界过分强调重整的效率性，追求一个又一个的最短重整期间记录，在真正意义上预重整尚未完全实现的情况下，反而使得充分谈判和利益博弈无法有效展开，而往往求助于强制批准以实现高效。

　　另一方面，令人担忧的是，"审慎使用"的表述会否造成"惧用"的情况，乃至司法的不作为。毕竟强制批准规则的完善有赖于实践经验的累积，而我国强制批准制度的运用本身就处于经验累积的初级阶段。更为关键的是，在制度设计信息披露和协商空间不充分的情况下，在重整文化启蒙阶段，在商业实践复制创新的萌芽发展阶段，强制批准的功能失能是令人担忧的。对强制批准惧用的态度，乃至司法不作为将会造成后端司法控制的过度限缩，进而在强制批准制度功能失能的情况下使得利益博弈处于一种无序失衡的状态。2018年发表的《当前破产审判工作必须重点把握的十个问题》中亦明确指出："对于经审查，符合强制批准条件的，也要敢于批准，不能该裁不裁，让企业重整陷入僵局。"[3]准确而言，在立法及司法完善的情况下，强制批准只会被错用，而这种错用实乃基于社会认知和价值判断的不确定性。由此，

---

[1]　Schiessler, Der Insolvenzplan, S. 171；Müller, Der Verband in der Insolvenz, S. 312.

[2]　参见高丝敏："重整计划强制批准规则的误读与重释"，载《中外法学》2018年第1期。

[3]　杜万华："当前破产审判工作必须重点把握的十个问题"，载《人民法院报》2018年4月4日，第5版。

强制批准条件的合理设置就显得尤为关键。

## 二、强制批准条件的合理设置

视线先转至美国法。我国学者将美国强制批准的条件总结为两个方面：其一是美国《破产法典》第1129条（a）款第（10）项规定的"必须至少有一个利益受到削减调整的权利人组别投票通过了重整计划（不包括任何内部人员组别的接受）"；其二是根据美国《破产法典》第1129条（b）款第（1）项规定的公平条件，即重整计划不得对不同类别的权利人存在不公平的歧视，必须"公平、平等"地对待每一类权利受到削减调整而没有接受该计划的权利表决别组。并且美国《破产法典》第1129条（b）款第（2）项还分别针对担保债权人、无担保债权人和股权持有人规定了判断重整计划是否"公平与公正"的具体标准。于其中即隐含着对公平对待原则、最大利益原则及绝对优先权原则的审查。[1]

德国对强制批准的审查条件见于《破产法》第245条。该条第1款规定："即使某个表决组未达到法定多数通过破产重整计划方案，在下列前提条件下也可视为该表决组已同意破产重整计划方案：①可以预见到，异议组成员通过破产重整获得的受偿不低于破产清算情况下的受偿。②异议组成员通过破产重整计划获得的价值分配是公平适当的。③多数表决组以所需多数表决通过了重整计划草案。"为了进一步明确债权人参与价值分配的公平适当性，德国《破产法》第245条第2款规定了三大衡量标准：①无债权人获得超过其债权额的受偿；②相较于异议债权人组的后位债权人、债务人及债权人企业的出资人（在异议债权人全额受偿前）并未获得受偿；③与异议债权人处于同一受偿顺位的其他债权人并未获得更优受偿。此外，根据2012年《重整促进法》新增的第245条第3款的规定，如若满足以下两个条件，则视为债务人企业的出资人公平适当的参与了价值分配：①无债权人获得超过其债权额的受偿；②无处于同一法律地位的出资人获得更优对待。

通过比较可以发现，美德两国在强制批准法律条件方面基本相同，但美

---

[1] 参见王欣新、宋玉霞："重整计划强制批准法律问题研究"，载《江汉论坛》2014年第10期。

国法只要求一个表决组通过重整计划即可适用强制批准，而德国适用强制批准的前提是"多数表决组通过"。并且美国法上"只要一个表决组通过重整计划"必须是根据重整计划安排受到调整的组别，而不能包括"视为通过"的组别。[1]尽管如此，美国破产法协会还是对此规定提出了质疑。2014年的《美国破产法协会美国破产重整制度改革调研报告》指出："这一规定可能会阻碍债务人或计划制定者寻求对重整计划的强制批准。考虑到小组组成的多样性及债权人动机与目标的差异性，特定小组未通过并不必然表明重整计划在该组缺乏债权人的支持。甚至大债权人可以通过收购大量债权的方式控制每个小组的表决结果，从而阻止重整计划的强制批准。由此，且不论第1129条（a）款第（10）项的实际功效，其对强制批准造成的障碍令人生畏，所以应将该规定从《破产法典》中予以彻底删除。"[2]

我国《企业破产法》第87条第2款亦对强制批准的条件做出了规定，且2018年《会议纪要》第18条明确"还应当至少有一组已经通过重整计划草案"。就上述规定来看，我国强制批准的条件设置似乎更多效仿了美国法上的规定。然而，值得注意的是，我国强制批准一个基本的前提条件就是"未通过重整计划草案的表决组拒绝再次表决或者再次表决仍未通过重整计划草案"。此外，在第1项~第4项中都有着"或者该表决组已经通过重整计划草案"的表述。换言之，就是允许各表决组多次表决，或者说计划提交者只要在人民法院批准前让表决组通过就可获得批准。这固然是尊重债权人意思自治之举，但有降低程序效率之可能，甚至会造成强制批准这一工具的功能弱化。除了上述个性化规定外，我国强制批准条件与美国的规定基本相同，也即进行公平对待原则、可行性原则、最大利益原则及绝对优先权原则的审查。

首先，《企业破产法》第87条第2款第4项规定的"重整计划草案公平对待同一表决组的成员"，实际上涉及的就是对"公平对待原则"审查。即"在位于同一清偿顺位的债权分为不同的表决组别时，不同组别之间的清偿待

---

〔1〕　［美］查尔斯·J.泰步：《美国破产法新论（第3版）下册》，韩长印、何欢、王之洲译，中国政法大学出版社2017年版，第1248页。

〔2〕　参见《美国破产法协会美国破产重整制度改革调研报告》，何欢、韩长印译，中国政法大学出版社2016年版，第298~300页。

遇可以存在差别。因为有时候这种差别待遇在重整过程中是合理的，但需要考虑几个因素：①差别待遇是否有合理的理由；②差别待遇是否是破产管理人执行重整方案必不可少的；③差别待遇是否是以善意的方式提出的"。[1]其次，我国《企业破产法》第 87 条第 2 款第 6 项效仿美国《破产法典》第 1129 条（a）款第（11）项规定了"债务人的经营方案须具有可行性"。然而，邹海林教授指出："重整计划中的'债务人的经营方案'，若与利害关系人的权益分配无关，仅能作为破产重整的当事人的自治选项，不应当成为强制批准时法院审查重整计划的'条件性'内容。"[2]王欣新教授等虽认为由于涉及商业判断而导致可行性审查存有争议，但对重整计划可行性的审查也可能包括一些法律问题，所以人民法院应进行必要审查，并可借助专业人员和中介机构出具审查意见，以保障重整计划草案中的经营方案在强制批准后真正具有可行性。[3]不得不承认的是，就我国《企业破产法》规定而言，在申请强制批准时，可行性审查应是法院审查的核心内容之一。因此，一方面，应效仿美国司法实践，按照一般的商业理性人的角度来判断计划是否合理，能否成功。[4]另一方面，为了解决法院不（能）参与商业判断的问题，或许值得借鉴美国股东代表诉讼中的特别诉讼委员会制度。[5]具体就破产重整而言，在必要时可由管理人召集成立特别专家委员会，而法院只需要对特别专家委员会的独立公正性加以判定，或者直接由法院召集成立特别专家委员会，并听取该专家委员会的最终意见。

进一步而言，强制批准程序中须进行"最大利益原则"审查。如上所述，

---

〔1〕 张海征、王欣新："论法院强制批准重整计划制度之完善"，载《首都师范大学学报（社会科学版）》2014 年第 4 期。

〔2〕 邹海林："法院强制批准重整计划的不确定性"，载《法律适用》2012 年第 11 期。

〔3〕 张海征、王欣新："论法院强制批准重整计划制度之完善"，载《首都师范大学学报（社会科学版）》2014 年第 4 期。

〔4〕 参见高丝敏："重整计划强制批准规则的误读与重释"，载《中外法学》2018 年第 1 期。

〔5〕 在美国股东代表诉讼程序中，由于对公司优先利益，或者整体利益，乃至公共利益的判定十分复杂，加之信息的不全面性以及商业判断的复杂性使得法院很难对此做出准确的界定。因此，美国法院会交由独立的特别诉讼委员会进行判断是否符合公司利益，但考虑到特别诉讼委员会可能存在的"结构性偏见"，法院会对特别诉讼委员会的独立公正性加以判定。参见赵万一、赵信会："我国股东代表诉讼制度建立的法理基础和基本思路"，载《现代法学》2007 年第 3 期；耿利航："论我国股东派生诉讼的成本承担和司法许可"，载《法律科学》2013 年第 1 期。

"最大利益原则"的判断是建立在相应预估基础上的，因此其如同"可行性"审查，亦包含着巨大的不确定因素，且其本身亦以重整计划具有可行性为预设前提。然而，如若重整计划中存在上述的资金补偿条款，且立法明确了此条款模式，则"最大利益原则"审查不应会成为强制批准的实质障碍。但不可否认的是，仅就上述"可行性"和"最大利益原则"审查而言，强制批准的复杂性可见一斑，但实际上现今强制批准面临的最大难题在于绝对优先权原则。

### 三、绝对优先权原则的困局与展望

绝对优先权原则（absolute priority rule）的历史可追溯至 1869 年美国联邦最高法院"Railroad Co. v. Howard"案的判决，并首先通过 1934 年的修订将"公允平等"的表述植入了美国《1898 年破产法》第 77B 条。1939 年，美国联邦最高法院在 Case v. Los Angles Lumber Products Co. 判决中确认绝对顺位这一"既定规则"，借由"公允平等"的表述引入了《1898 年破产法》。而在《1938 年钱德勒法案后》之后，重整被分为 X、XI、XII 三章，仅有第 X 章继承了绝对优先权原则，而第 XI、XII 章仅要求最佳利益原则。作为 1978 年将《1898 年破产法》第 X、XI 章统一的妥协，绝对优先权原则被纳入了强制批准的审查标准中。[1]美国《破产法典》第 1129 条（b）款第（2）项规定的"公平与公正"标准即通常所说的绝对优先权原则。简言之，美国的绝对优先规则可归结为：其一，各项权利法定的清偿优先顺序不得改变；其二，前一顺序的权利人获得全额清偿之前，后一顺序的权利人不得给予清偿。[2]绝对优先权原则不仅确保了清偿顺位上的公平性，而且其理论上还具有促成破产财产最大化的作用。[3]我国《企业破产法》第 87 条第 2 款第 2 项中规定的

---

〔1〕 参见［美］查尔斯·J. 泰步：《美国破产法新论（第3版）下册》，韩长印、何欢、王之洲译，中国政法大学出版社 2017 年版，第 1260～1265 页。
〔2〕 王欣新、宋玉霞："重整计划强制批准法律问题研究"，载《江汉论坛》2014 年第 10 期。
〔3〕 即"其作为在理想状态下债权人协商一致而达成的结果，通过划分不同的清偿顺位来促使破产财产最大化的实现。清偿顺位在后的债权人为了自己可以得到相应的清偿，必然会通过各种途径来增加或发现债务人的破产财产"。参见丁燕、黄涛周："绝对优先原则的重新审视"，载《东方论坛》2017 年第 1 期。

"重整计划草案所规定的债权清偿顺序不违反本法第 113 条的规定"实际上就是绝对优先权原则的体现。

然而，存有疑问的是，如若破产企业通过重整恢复经营，实现了价值最大化，则债务人企业出资人所持股权亦将重获价值。而于此时，尽管全体债权人并未获得全额受偿，但债务人企业的出资人已经通过股权重获价值的方式获得了某种程度的受偿。针对此问题，德国学者即指出，在债务人企业出资人通过股权重获价值而获得价值分配的情况下，绝对优先权原则似从未被满足，并成为无法被逾越的障碍。[1]亦诚如我国学者所言，在我国破产法实施的司法实践中，仅在对不同权利顺位的债权人的清偿上适用了绝对优先规则，而在债权人与股东之间并没有完全采用绝对优先规则。[2]在发源地美国，绝对优先权原则也遭受众多非议。首先值得一提的是，在《1898 年破产法》第 X、XI 章分立的情况下，由于第 X 章要求适用绝对优先权原则，而第 XI 章只要求适用最佳利益原则，所以债务人开始用脚投票，并大量抛弃第 X 章程序而投向第 XI 章程序。[3]

时至今日，绝对优先权原则在法律实践中也并未被严格遵守，并且一些法律实践通常在重整计划中做出偏离该原则的某些规定。美国破产法协会 2014 年的《美国破产法协会美国破产重整制度改革调研报告》中亦指出，绝对优先权规则尽管是债权人的重要保护措施，但其也被证明欠缺灵活性且往往会构成债务人重整成功的障碍。[4]尤其在进行强制批准审查时，绝对优先权原则往往构成极高障碍，甚至有人考虑过废除绝对优先权原则。[5]实际上，在美国司法实践中，绝对优先权原则已逐渐为新价值例外理论（new value exception）所修正。新价值例外理论的历史可追溯至 1926 年的 Kansas City Ter-

---

〔1〕 Eidenmüller, ZGR 2001, 680, 699 ff.; Herweg, Das Obstruktionsverbot bei der Unternehmenssanierung, S. 91, Rn. 201.

〔2〕 王欣新、宋玉霞："重整计划强制批准法律问题研究"，载《江汉论坛》2014 年第 10 期。

〔3〕 ［美］查尔斯·J. 泰步：《美国破产法新论（第 3 版）下册》，韩长印、何欢、王之洲译，中国政法大学出版社 2017 年版，第 1265 页。

〔4〕《美国破产法协会美国破产重整制度改革调研报告》，何欢、韩长印译，中国政法大学出版社 2016 年版，第 245 页。

〔5〕《美国破产法协会美国破产重整制度改革调研报告》，何欢、韩长印译，中国政法大学出版社 2016 年版，第 274 页。

minal Railway Co. v. Central Union Trust Co. 一案。在此案中，美国联邦最高法院即提到股东或许可以通过向企业投入新资本来留存尚有价值的股权，从而为"新出资"例外埋下了种子。[1]在 1939 年的 Case v. Los Angles Lumber Products Co. 案中，美国联邦最高法院大法官 Douglas 在判决附带意见中重申了绝对优先权原则存在"新出资"例外。[2]美国立法者亦曾考虑过明确规定这一例外规则，但最终并未采纳。[3]尽管 1978 年的美国《破产法典》对此并无规定，但于司法实践中却时常被采用。

就新价值例外理论的问题，美国司法和学术界进行了不少阐释和发挥，其中最著名的有三种观点：伊斯特布鲁克法官认为债权人作为公司此时真正的剩余价值持有者，应当有权决定公司原股东是否能参与重整公司新资金的注入；而莱恩哈特法官则认为只要满足一定的客观标准，则应由法院来决定是否允许"新价值例外"；第三种观点则强调应由市场来决定谁来作为新钱的提供者，而不是由原股东取得排他的参与权。[4]就上述内容可以发现，三种观点争论的焦点在于谁有权提供"新价值"，进而通过"新价值"参与重整成功后的价值分配。毫无疑问，债权人、出资人及外部投资人都有权投入"新价值"，或者说进行重整融资，最终由谁进行理应是市场化竞争的结果。换言之，出资人不应取得"新价值"投入的专属权，从而独享参与"继续经营价值"分配的权利。泰步教授亦指出，如果债务人出资人享有投入新价值出资的排他性权利，那么法院就不能批准重整计划。此外，未提供服务的承诺或其他无形的非资本性出资都不足以构成"新出资"，例如，对未来贷款的保证就是不够的，放弃优先权的承诺同样如此。法院对"新出资"的实质性与对等性的判断都秉持着十分严格的态度。并且在迄今存在的美国联邦最高

[1] ［美］查尔斯·J. 泰步：《美国破产法新论（第 3 版）下册》，韩长印、何欢、王之洲译，中国政法大学出版社 2017 年版，第 1264 页。
[2] ［美］查尔斯·J. 泰步：《美国破产法新论（第 3 版）下册》，韩长印、何欢、王之洲译，中国政法大学出版社 2017 年版，第 1290 页。
[3] ［美］查尔斯·J. 泰步：《美国破产法新论（第 3 版）下册》，韩长印、何欢、王之洲译，中国政法大学出版社 2017 年版，第 1291 页。
[4] 参见齐砺杰：《破产重整制度的比较研究——英美视野与中国图景》，中国社会科学出版社 2016 年版，第 138～142 页。

法院对"新价值例外"的最后表态中，美国联邦最高法院拒绝强制批准的关键原因在于新出资机会的排他性，并强调竞争性市场化机制的作用，但却拒绝对此种市场化机制做出具体判断。[1]

如若通过市场化的博弈，只有出资人愿意提供"新价值"，则其"新价值"亦应符合一定的条件。2014年的《美国破产法协会美国破产重整制度改革调研报告》中亦指出，将新价值例外原则进行进一步厘清对破产重整是有益的，并应立法明确下来。其认为新价值例外的关键要素包括：①新的金钱或金钱价值投入；②与申请前股东所获得或保留的股权在数额上相当；③满足合理市场标准。[2]按照我国学者的观点，出资人提供的"新价值"应当符合以下条件：①体现为股东"新"的投入，而不是企业原有财产的转换；②价值的表现形态应当符合《公司法》规定的可以作为股东出资的各种财产形式；③该项新的投入应当是为企业重整生产经营所必需；④其价值应当按照重整价值而不是清算价值评估计算；⑤为股东保留的权益应当与其投入的新价值在价值上相当。[3]我国最高人民法院的法官则进一步指出："即便要突破绝对优先规则，似乎也应附加'为了维护公共利益'这一前提。当然，这一问题需要立法来解决。"[4]显然，新价值例外规则实际上是对绝对优先原则的有限突破，且在司法实践中的适用标准尚未统一。[5]美国联邦最高法院就曾于1988年和1999年两次针对案件的具体事实，拒绝适用新价值例外原则强制批准，但亦明确拒绝就新价值例外是否成立这一前提问题作出裁判。[6]《美国破产法协会美国破产重整制度改革调研报告》中虽对新价值例外原则的适用提出了建议，但其对"满足合理市场标准"仍无法进行准确界定，而认

---

〔1〕 参见［美］查尔斯·J.泰步：《美国破产法新论（第3版）下册》，韩长印、何欢、王之洲译，中国政法大学出版社2017年版，第1293～1300页。

〔2〕《美国破产法协会美国破产重整制度改革调研报告》，何欢、韩长印译，中国政法大学出版社2016年版，第260页。

〔3〕 宋玉霞：《破产重整中公司治理机制法律问题研究》，法律出版社2015年版，第84页。

〔4〕 杜军："中、英企业破产拯救制度的比较研究"，载《法律适用》2017年第21期。

〔5〕 丁燕、黄涛周："绝对优先原则的重新审视"，载《东方论坛》2017年第1期。

〔6〕［美］查尔斯·J.泰步：《美国破产法新论（第3版）下册》，韩长印、何欢、王之洲译，中国政法大学出版社2017年版，第1262页。

为法院应根据所呈现的事实、证据，及具体案件中的合理因素进行判断。[1]

　　为了保留绝对优先权原则，英国学者甚至发展出了多项选择模式（Options-Modelle），但据笔者观察，这一模式实际上引发了更多难解的理论和实务问题。[2]我国学者则提出了相对优先原则。[3]然而，相对优先原则能否为学界，乃至立法者所接受仍是一个"谜"。毫无疑问，绝对优先权原则的修正与现代化仍值得期许，此问题仍有赖于各国法学家，乃至经济学家的共同努力。

## 四、出资人决议的法院强制裁决权

　　强制批准制度针对的不仅是债权人的表决权滥用行为，其亦是应对出资人滥用表决权的有利武器。然而如上所述，现行的强制批准制度涉及的不仅仅是对出资人利益的权衡，其价值判断和利益权衡的复杂性无疑会导致其适用的巨大不确定性，并且"慎用强制批准"的指导思想也无疑使这一工具作用有限。重回上世纪 80 年代的德国，德国破产法委员会发布的破产法改革报告中曾规定，如若股权价值为零，且出资人不愿为重整提供后续支持或者参与增资，则法院可为了债权人的利益裁决强制出资人退出公司（Ausschluss der Gesellschafter wegen der Wertlosigkeit der Geschäftsanteile）。此强制退出的裁决只有当重整计划获法院批准时才生效。针对此强制退出裁决并无任何法律救济途径，因此该裁决是不可撤销的，从而确保重整程序可以高效运转。如若出资人主张股权存在剩余价值，则其可以通过诉讼方式要求对其股权剩余价值进行补偿。[4]

--------

　　〔1〕《美国破产法协会美国破产重整制度改革调研报告》，何欢、韩长印译，中国政法大学出版社 2016 年版，第 260 页。

　　〔2〕 对此可参阅 Achsnick, Options-Modelle im Insolvenzplanverfahren, S. 62 ff.

　　〔3〕 这一原则的相对性主要体现于，按照优先权顺位分配公司剩余价值时，即使清偿顺位在先的利益相关人未获得完全清偿时，顺位在后的利益相关人也可以根据公平、公正的原则获得一定的清偿。但是，获得清偿的前提是清偿顺位在后的利益相关人获得的利益不得高于清偿顺位在前的利益相关人所获得的利益。相对优先原则是在坚持公平、公正的前提下，对后顺位的权利人获得清偿的条件进行相应的限制。参见丁燕、黄涛周："绝对优先原则的重新审视"，载《东方论坛》2017 年第 1 期。

　　〔4〕 Kommission für Insolvenzrecht, Begründung zu Leitsatz 2. 4. 9. 5 EB, S. 282；Kautz, Die gesellschaftsrechtliche Neuordnung der GmbH im künftigen Insolvenzrecht, S. 166.

　　然而，这一立法建议在当时引发极大非议。[1]德国破产法学者巴尔茨指出，即使在股权价值为零的情况下，法院亦无权强制要求出资人退出公司。这不仅是由于财产权的宪法保护并不取决于股权的价值，而且财产征收（Enteignung）只有在为了公共利益的情况下才被允许，在破产重整方面往往不存在这样的利益诉求。[2]单纯的重整紧迫性并无法为强制退出裁决提供合理支撑。[3]并且强制退出裁决的存在亦不利于促使出资人尽早提出重整申请，[4]反而使债权人获得过于强大的谈判工具，[5]甚至迫使出资人不得不追加投资。[6]此外，法律救济途径的限制及裁决的不可撤销性也并非毫无问题。[7]基于上述众多知名学者的批评指责，这一立法建议最终并未写入 1991 年德国联邦政府提交的破产法改革草案中。尽管如此，仍然有众多德国学者认为法院的强制退出裁决权是一项值得考虑的立法建议。[8]这些学者认为，财产权的宪法保护只是禁止无补偿的强制退出，并且此时涉及的不是一种由国家进行的财产征收行为，而仅仅是一种为了债权人利益而进行的私法意义上的财产收回行为（Entzug），[9]或者说是基于破产而产生的财产权再分配（eine Umgestaltung der privatrechtlichen Beziehungen zwischen Inhabern dieser Rechte）。[10]进一步而言，若股权价值为零，通过透明公正的重整程序取消出资人的股权也是适当的；如若股权仍具有剩余价值，则补偿请求权亦能确保

---

〔1〕 Ulmer, ZHR 1985, 541, 550 ff. ; K. Schmidt, ZGR 1986, 178, 200；Balz, Sanierung von Unternehmen oder von Unternehmensträgern, S. 60 ff.

〔2〕 Balz, Sanierung von Unternehmen oder von Unternehmensträgern, S. 61, 63.

〔3〕 Müller, Der Verband in der Insolvenz, S. 316.

〔4〕 Krull, Bedingter Insolvenzplan und Kapitalschnitt, S. 188；Müller, Der Verband in der Insolvenz, S. 367.

〔5〕 Balz, Sanierung von Unternehmen oder von Unternehmensträgern, S. 64.

〔6〕 Müller, Der Verband in der Insolvenz, S. 370.

〔7〕 Ulmer, ZHR 1985, 541, 550 ff.

〔8〕 Kautz, Die gesellschaftsrechtliche Neuordnung der GmbH im künftigen Insolvenzrecht, S. 172 ff. ; Eidenmüller, MünchKomm-InsO, § 217, Rn. 76; ders. ZGR 2001, 680, 687 f. ; ders. , ZIP 2010, 649, 657; Eidenmüller/Engert, ZIP 2009, 541, 546; Braun in : Festschrift für Fischer, S. 53, 70; Uhlenbruck in : Festschrift für Lüer, S. 461, 470; ders. , NZI 2008, 201, 203; Uhlenbruck/Vallender, NZI 2009, 1, 3.

〔9〕 Eidenmüller, ZGR 2001, 680, 688; ders. , ZIP 2010, 649, 657; Eidenmüller/Engert, ZIP 2009, 541, 546.

〔10〕 Brüning, Gesellschafter und Insolvenzplan, S. 271 f.

出资人利益不受侵害。[1]而不可回避的问题是，强制退出会有违出资人结社自由的原则，并可能产生强制投资的效果。

与强制退出裁决权相比，1985年德国破产法委员会的另一立法建议似乎更值得借鉴。依此建议，如若出资人无法通过相应决议事项，则法院可裁决相关决议事项的通过。须提请注意的是，当时德国破产法委员会的立法建议实际上并未将公司决议事项真正纳入重整程序进行统一表决，而只是依公司法规定进行表决。在未表决通过的情况下，法院可行使其决议替代裁决权。然而破产法委员会的这一立法建议亦遭遇了滑铁卢。德国学者乌尔默（Ulmer）即指出，这一决议替代裁决权无疑会引发财产权保护的问题，特别是在因（行将）支付不能启动破产程序的情况下。[2]然而时至今日，如若重整计划能被强制批准，且被视为对当事人同意的一种拟制，则替代决议也并不为过。只不过替代决议与强制批准的区别之处在于，有鉴于发生破产原因情况下出资人权益的特殊性，法院可以在条件满足时直接替代出资人作出与重整相关的出资人决议，而不必受制于强制批准复杂而具有极大不确定性的判定条件。显然，相对独立的替代决议处理方式相较于强制批准更加简便高效，而相较于强制退出亦更加柔和适当。进而值得考虑的是，可将出资人组的表决提前，在出资人未表决通过权益调整事项决议的情况下，无须进行第二次表决，法院即可依法定标准先行裁定作出替代决议，从而提高债权人组表决通过的可能性。这样的方式不仅可以有效防范出资人滥用其表决权，提高重整效率，而且亦可提高债权人组表决通过重整计划草案的可能性。于此仍须提请注意的是，在统一纳入破产重整程序的框架下，替代决议是否生效仍取决于重整计划是否能获得人民法院的批准。

决议替代裁决权应是更优的解决方案，但核心问题在于法院做出替代决议的裁决标准。时光再回溯至20世纪90年代，德国联邦最高法院在1995年"Girmes"判决中指出，基于信义义务，出资人在行使权利时不得损害公司及其他出资人利益，而应在适当顾及公司及出资人利益的情况下，以有利于共

---

〔1〕 Eidenmüller, MünchKomm-InsO, § 217, Rn. 76；ders. ZGR 2001, 680, 688；ders. , ZIP 2010, 649, 657；Eidenmüller/Engert, ZIP 2009, 541, 546, 549.

〔2〕 Ulmer, ZHR 1985, 541, 556 ff.

同目标实现的方式行使出资人权利。换言之，出资人不得以谋求个人利益为目的滥用其表决权来阻止有利于公司发展的重整计划。[1]谋求个人利益的典型情况就是通过滥用表决权来为其本因破产而已无价值的股权谋得补偿。这种行为无疑会对公司及其他出资人的利益造成损害。[2]基于"Girmes"判决，德国学界普遍认为，在企业重整具有成功可能性的情况下，任何一个出资人都应对为重整所必需的决议事项投赞成票。[3]尽管"Girmes"判决涉及的是庭外重整，但其也同样适用于庭内的破产重整，因为企业破产显然不会产生减弱信义义务的效果。[4]

依"Girmes"判决，出资人重整同意义务的适用应具备以下两个前提条件：①该项决议事项是公司重整所不可或缺的重整措施，并可确保企业继续经营这一共同目标的实现；而如若无法达成此决议事项，将导致企业的解散清算。换言之，没有更柔和的措施能确保企业的继续经营。[5]②出资人并不会因该决议事项涉及的重整措施利益受损，或者出资人不得不接受这一利益损失，因为这是不可避免的并且是相对较少的利益损失情形。[6]简言之，适用重整同意义务的两个基本前提条件是重整措施相关决议事项的紧迫必要性以及利弊权衡下的可接受性。实际上，这两个前提条件往往可以合二为一。因为相应决议事项的紧迫必要性，特别是在此解决方案为唯一解决方案的情况下，出资人的可接受性成为必然。[7]而在破产程序中，决议事项的紧迫必要性亦得以凸显，因为缺少相应措施很可能会导致重整失败。于此情况下，

---

〔1〕 BGH, Urteil vom 20.3.1995, BGHZ 129, 136, 142 ff.

〔2〕 Spliedt in: Anwalts-Handbuch Insolvenzrecht, 2. Aufl., S. 242, Rn. 177.

〔3〕 K. Schmidt, Gesellschaftsrecht, 4. Aufl., S. 134; Hueck/Fastrich in: Baumbach/Hueck Kommentar zum GmbHG, 19. Aufl., § 13, Rn. 29; Schiessl in: Münchener Handbuch des Gesellschaftsrechts Band 3, 2. Aufl., S. 534, Rn. 23; Müller, Der Verband in der Insolvenz, S. 330 ff.; V. Schorlemer/Stupp, NZI 2003, 345 ff.; Pujol, Die Sanierung der Schuldnergesellschaft, S. 113 ff.; Picot/Aleth in: Unternehmenskauf und Restrukturierung, 3. Aufl., S. 1178 f., Rn. 71 ff.; Spliedt in: Anwalts-Handbuch Insolvenzrecht, 2. Aufl., S. 242, Rn. 177 f.

〔4〕 Müller, Der Verband in der Insolvenz, S. 335; Pujol, Die Sanierung der Schuldnergesellschaft, S. 111 f., 114 f.; Brüning, Gesellschafter und Insolvenzplan, S. 195 f.

〔5〕 BGHZ 129, 136, 153.

〔6〕 BGHZ 129, 136, 153; Pujol, Die Sanierung der Schuldnergesellschaft, S. 109 ff.

〔7〕 Pujol, Die Sanierung der Schuldnergesellschaft, S. 110.

出资人不仅将失去出资人资格，而且往往一无所得。与之相对，出资人通过重整往往能分享企业继续经营价值，重整成功所能带来的收益显然要高于破产清算情况下的收益。并且在破产重整程序中，重整计划的实施前景及适当性都已为专业、中立的破产管理人所审查。值得注意的是，重整同意义务的存在并不取决于出资人是归属多数派还是归属少数派，要求的是出资人利益须服从于公司的整体利益，而非服从公司的多数决。并且在多数情况下，信义义务是保护中小股东利益，防止大股东滥用多数决的利器。[1]

以德国"法官造法"的重整同意义务为参考，并基于我国《企业破产法》第87条第2款的规定，法院做出替代决议裁决的前提条件应是：①债务人的经营方案具有可行性；②重整计划草案对出资人权益的调整具有紧迫必要性和可接受性；③重整计划草案公平对待出资人表决组的成员；④依据重整计划草案无债权人获得超过其申报债权额的受偿。于此仍须提请注意的是，信义义务并不意味着出资人应不惜一切代价去挽救公司。[2]重整同意义务也并非适用于一切决议事项。众多德国学者认为，重整同意义务原则上可以适用于减资决议，因为在此情况下的减资只是将企业的注册资本与企业的现存资产相对应，其实际上只是名义减资，并不会给出资人带来利益损失，并且减资往往是引入新的自有资本（增资）的必经程序。此外，出资人在多数情况下也应支持为重整所必需的增资决议，但其并无参与增资的义务，而可自行决定是否行使优先购买权。[3]与重整同意义务相适应，替代决议也并非适用于一切决议事项，其具体适用范围应在个案中加以明确，法院应在个案中进行利益权衡，以确保该替代决议的紧迫必要性和对相关出资人的适当性。对于某些决议事项，出资人亦可自行决定是否参与决议事项的执行，从而避免替代决议会产生强制投资的效果。例如，出资人可自行选择是否参与增资，或者在不愿参与重整的情况下转让出资退出公司。此外，上文提及的价值补偿的相关规定亦可适用于此，从而补偿出资人在替代决议情况下可能遭受的

---

〔1〕 Pujol, Die Sanierung der Schuldnergesellschaft, S. 137 f.

〔2〕 K. Schmidt, Gesellschaftsrecht, 4. Aufl. , S. 134.

〔3〕 K. Schmidt, Gesellschaftsrecht, 4. Aufl. , S. 134 f. ; Müller, Der Verband in der Insolvenz, S. 336 f. ; Pujol, Die Sanierung der Schuldnergesellschaft, S. 118.

损失。亦不可否认的是，替代决议的裁量如同强制批准，仍具有一定的不确定性，且亦会产生程序迟延之问题。

## 第三节 针对批准裁决的上诉与重整计划执行

### 一、针对批准重整计划裁决的上诉权

破产重整计划（不）批准后涉及的一关键问题即在于法律救济途径。尽管我国《企业破产法》对此并未规定，但我国学术界及实务界人士均认为应建立针对（不）批准重整计划裁决的法律救济途径。[1]在美国，相关主体可对批准重整计划的裁定提出上诉。在提出上诉之后，上诉人可以请求法院中止执行重整计划。但法院考虑到中止执行重整计划的潜在损害并不一定会下达中止令，而在要求上诉人提供上诉保证金的情况下，由于金额往往巨大也使得中止令的权利成为鸡肋。并且重整计划的提交者往往会在法院批准重整计划后立即开始执行，以对抗可能的上诉。而法院考虑到重整计划已经基本履行完成等因素，亦可能基于衡平理由驳回对重整计划批准裁定的上诉。由此，这一上诉制度的象征意义远大于其实际意义。[2]

视线再转至德国法。依据该国《破产法》第253条的规定，无论最终法院做出的是批准还是拒绝批准的裁定，债权人、债务人和出资人均有权提出上诉（die sofortige Beschwerde）。该条第2款亦明确："债权人、债务人和出资人提出上诉的前提条件包括：①上诉人至迟在表决期日书面或以备案记录的方式反对重整计划草案；②上诉人已投票反对重整计划；③上诉人确信将因重整计划而处于更显著不利境地，并且其主张的利益受损无法通过第251条第3款规定中提及的资金补偿条款得到适当弥补。"与此同时，该条第3款规定："本条第2款第1、2项适用的前提是，在相应债权人会议公告和邀请

---

〔1〕 参见王欣新："重整制度理论与实务新论"，载《法律适用》2012年第11期；刘敏、池伟宏："法院批准重整计划实务问题研究"，载《法律适用》2011年第10期。

〔2〕 参见［美］查尔斯·J. 泰步：《美国破产法新论（第3版）下册》，韩长印、何欢、王之洲译，中国政法大学出版社2017年版，第1312~1313页。

函中明确指明提出反对意见和投票反对作为上诉权享有的必要性。"德国立法者在立法理由中指出,《破产法》第 253 条第 3 款规定的目的在于使相关主体明确程序参与对其主张上诉权的必要性。如若上诉人不知且无机会可知本条第 2 款第 1、2 项为其上诉权行使的前提,则依法治国家的要求,亦原则上不得剥夺其法律救济途径。[1]此外,上诉成功与否的关键在于破产法院是否有违重整计划批准的相关规定,以及上诉人是否因此而利益受损。[2]在相关主体针对(不)批准重整计划裁决提出上诉的情况下,重整计划将暂停执行,由此亦不会产生执行回转及责任承担的问题。

另一方面,德国立法者亦意识到滥用上诉权及重整及时实施的问题,并通过 2012 年《重整促进法》修订了《破产法》第 253 条,适当规制了上诉权的行使。德国立法者在 2012 年《重整促进法》的立法理由中即明确指出,德国《破产法》第 253 条第 2 款规定的目的是为了适当限制重整参与人滥用上诉权,第 2 项的规定更是要求上诉人必须参加重整计划草案的表决程序并投出了反对票。由此,不参与破产重整程序,却滥用上诉权阻碍程序进行的情况将能被有效遏制。[3]此外,德国《破产法》第 253 条第 2 款第 3 项中存在"显著性(wesentlich)"门槛要求,也即只有当债权人确信其处境恶化达到严重程度时,其方可对已批准的重整计划提出上诉。并且德国立法者在立法理由中更明确指出,如若仅仅是比破产清算情况下预估受偿减少了不到 10%,则不存在"显著性"的不利处境;与此同时,重整计划中资金补偿条款将可作为一种预防性措施排除上诉权的享有。[4]于此值得一提的是,德国联邦最高法院在 2014 年一份裁决中指出,尽管《基本法》第 19 条第 4 款并不禁止立法对司法救济途径设置前提条件,但立法者构建法律救济途径时无疑应追求有效保护权利的目标,并且所构建起的法律救济途径亦应是妥帖适当的。在法律解释时,法官亦应遵循上述原则,不得为相关主体法律救济之路设置不可预见的、缺乏正当理由的障碍。由此,基于德国《破产法》第 253 条并

---

〔1〕　Begr. zum RegE ESUG, BT-Drucks. 17/5712, S. 36.

〔2〕　Sinz in: MünchKomm-InsO, § 253, Rn. 19.

〔3〕　Begr. zum RegE ESUG, BT-Drucks. 17/5712, S. 35.

〔4〕　Begr. zum RegE ESUG, BT-Drucks. 17/5712, S. 35.

未规定提起上诉以相关主体曾在重整计划批准程序中提出异议为前提，所以即便相关主体在重整计划批准程序中并未提出异议，其仍可就（不）批准重整计划裁决提出上诉。与此同时，德国联邦最高法院亦认为，如若立法者欲将提出异议作为针对批准裁决提出上诉的前提条件，其完全可以立法明确规定。[1]换言之，如欲进一步限制针对批准重整计划裁决的法律救济途径，则可立法规定上诉以相关主体曾在重整计划批准程序中提出异议作为前提条件。

然而，上述对上诉权行使的条件限制并无法解决重整无法及时实施，乃至危及重整成功的问题。在相关主体提出上诉的情况下，重整计划批准的裁定将无法生效，重整计划亦无法得到执行，乃至上诉成立而裁定宣告破产。为应对这一问题，在《重整促进法》的立法过程中就曾有德国学者建议针对破产重整中的争议设置专门的调解程序。[2]亦有学者建议，立法可规定针对破产重整的上诉原则上不会产生阻却重整计划生效的作用，但应允许上诉人在个案中申请暂缓重整计划生效执行。并且可以预测的是，考虑到债权人的整体利益和债务人继续经营的重要性，破产法院可能只会在例外情形下才会暂停重整计划执行。[3]而更多德国学者则呼吁在破产法中引入德国《股份公司法》第246a条规定的瑕疵决议登记障碍消除程序。[4]

2012年《重整促进法》的改革接受了上述学界最后一种建议。为了避免效力延缓的产生，德国立法者效仿德国公司法中的登记障碍消除程序新增加了《破产法》第253条第4款的规定，即："如果法院确信重整计划执行迟延所产生的不利益超过了重整计划执行给上诉人带来的不利益，从而导致重整计划的立即有效性具有优先地位，则州法院可依破产管理人的申请拒绝上诉人的上诉。但如若重整计划的执行会导致严重的权利侵害，则上述规定不予适用。如若法院拒绝了上诉人的上诉请求，由于重整计划执行给上诉人造成

---

〔1〕 BGH, Beschluss vom 17. 7. 2014, NJW 2014, 2436.

〔2〕 Jaffé/Friedrich, ZIP 2008, 1849, 1855 f.; Jaffé, ZGR 2010, 248, 259.

〔3〕 Madaus, NZI 2010, 430, 434.

〔4〕 Eidenmüller, ZIP 2010, 649, 657; ders., Finanzkrise, Wirtschaftskrise und das deutsche Insolvenzrecht, S. 38 f.; Westpfahl/Janjuah, ZIP 2008, Beilage zu Heft 3, 1, 23; Madaus, NZI 2010, 430, 432 ff.; Undritz, ZGR 2010, 201, 210; Willemsen/Rechel, BB 2010, 2059, 2066; Frind, ZInsO 2010, 1524, 1526; ders., ZInsO 2011, S. 656, 658.

的损失将通过破产财产得到赔偿；恢复重整计划执行前的效力状态不可作为损害赔偿提出。对上述损害赔偿诉讼由拒绝上诉请求的州法院专属管辖。"换言之，法院在个案中需要进行利益权衡，只要法院确信该重整措施的紧迫必要性和适当性，并且上诉权的行使会给债务人企业、债权人及出资人带来的不利益超过了给上诉人带来的不利益，从而使得破产重整计划立即有效性具有优先地位，则法院可据此驳回上诉请求，而将上诉权所涉及的损害赔偿另案处理。由此，上诉权的行使将最大可能不会影响获批准的破产重整计划的效力及执行。须提请注意的是，在某些情况下，即使重整计划的执行给上诉人带来的不利益小于给公司带来的不利益，但基于该重整计划权利侵害程度的严重性，法院亦不能拒绝上诉申请。简言之，法院所进行的审查主要包括两大步骤：首先进行利益权衡，再审查是否存在权利受到严重侵害的情况。但不可否认的是，尽管这一规定可以为重整计划执行带来及时性及效力上的安全性，但这一利益权衡机制亦较为复杂，并具有不确定性。

## 二、重整计划的执行与监督

在破产重整计划被批准并生效后，就获得了对抗所有重整计划参与人的效力。我国《企业破产法》第92条及德国《破产法》第254条第1、2款做出了相类似规定。此外，依据德国《破产法》第257条的规定，生效的重整计划具有作为执行依据的效力（Vollstreckungstitel）。此规定可提高破产重整计划的实施效率，值得我国借鉴。更为值得借鉴的是德国《破产法》第254a条有关形式合法化拟制的规定。该条第1、3款规定："所有涉及标的物权利设立、变更、转让及终止的相关意思表示如若纳入重整计划，且重整计划生效，则相关意思表示均视为以符合法律要求的形式作出。上述规定同样适用于破产重整计划中记载的为设定、变更、转让、终止标的上权利或转让公司股份所作出的负担义务的意思表示。"德国曾有学者建议将第254a条规定同样适用于重整计划的附件，从而进一步提高重整计划的执行效率，降低成本和风险。[1]笔者亦赞同这一建议，并认为可将这一条款适用于所有重整计划

─────────────

〔1〕 Flessner in：HeidKomm InsO，§ 254，Rn. 6.

涉及的意思表示，例如债务人企业和投资人签订的投资协议。这一方式将使得重整涉及的法律文件效力一体化，提高重整计划的执行效率，降低成本和风险。亦值得借鉴的是，依美国法，在重整计划的执行阶段，法院对重整计划条款的履行仍具有管辖权，并拥有一定的裁量权来确保重整计划的执行，如要求相关主体采取有利于重整计划执行的必要行动。[1]

于德国法上，在重整计划获批生效后，破产法院将终止破产程序，并解散债权人委员会成员和破产管理人的职务，债务人重新获得支配破产财产的权利（德国《破产法》第259条第1款）。但破产管理人仍可基于德国《破产法》第259条第3款的规定继续进行破产重整程序中尚未终结的撤销诉讼，也可依据德国《破产法》第260条对破产计划的实施进行监督。我国《企业破产法》第89、90条亦做出了相类似的规定。此外，2018年《会议纪要》第9条亦明确，在重整计划规定的监督期内，管理人应当代表债务人参加监督期开始前已经启动而尚未终结的诉讼、仲裁活动。

值得注意的是，依据我国《企业破产法》第90条第1款的规定，应在重整计划中对执行监督期限做出明确规定，而德国《破产法》并未要求重整计划对执行监督期限做出设定，而是要求与重整计划义务履行期限相一致。与此同时，德国《破产法》第268条规定："如若重整计划规定的义务履行完毕或得到适当的担保，抑或在破产重整程序终止后的3年内无人申请债务人企业破产，则法院将取消对重整计划执行的监督。"就此规定而言，尽管德国法并未要求在重整计划中明确规定执行监督的期限，但其最高期限实际上是3年。毫无疑问，重整计划执行监督的目的在于确保相关义务的履行或措施的实施，由此我国重整计划中对于监督期限的设定应以相关义务履行或措施实施为主要时间指针，并可如德国法一样设定一个最高期限，毕竟过长的监督期限必将会对企业的运营产生（不利）影响。

尽管我国《企业破产法》第90条第2款规定了债务人报告重整计划执行情况和债务人财务状况，但该条并未明确具体要求。由此法院可在终止重整

---

〔1〕 参见［美］查尔斯·J. 泰步：《美国破产法新论（第3版）下册》，韩长印、何欢、王之洲译，中国政法大学出版社2017年版，第1317~1318页。

程序的裁定中明确债务人定期报告的期限，如每季度或每半年。未来在立法上亦可对此问题加以明确。对于管理人而言，其主要职责是监督重整计划的执行，并应在监督期届满时向人民法院提交监督报告。但显然我国对管理人监督职责的规定较为概括，只在我国《企业破产法》第 90 条第 2 款中明确了管理人"报告重整计划执行情况和债务人财务状况"的职责，并在第 91 条第 1 款中要求管理人应于监督期届满时向人民法院提交监督报告。就上述规定而言，似乎只明确了管理人的监督之权，而未明确管理人的具体监督之责。更确切地说，监督债务人企业履行重整计划的情况实乃管理人的职责。进一步而言，管理人对重整计划执行情况的监督应该是常态化的动态监督，而不应是监督期满后的"一锤子买卖"。值得注意的是，就第 91 条"破产管理人在必要时可申请延长重整计划执行监督期限"的规定，以及第 93 条"债务人不能执行或者不执行重整计划情况下管理人请求终止重整计划执行"的规定而言，管理人实际上亦应对债务人企业执行重整计划的情况进行动态监督。尽管如此，在立法上亦应明确管理人定期的报告职责以及依债权人委员会和法院要求提供相应资料或报告的义务。

与我国较为概括的规定相比，德国《破产法》对管理人监督职责的规定则较为详细。首先，德国《破产法》第 261 条第 1 款对管理人的监督职责做出了规定。该条第 2 款进一步明确："在重整计划执行监督期限内，管理人应每年向债权人委员会（如设立）及法院报告重整计划的执行情况及实施前景。债权人委员会及法院亦有权随时向管理人询问上述情况，或者要求其提供中期报告。"其次，德国《破产法》第 263 条规定："重整计划可规定，在监督期限内，债务人企业从事的特定法律行为以管理人同意为生效前提。"我国亦可借鉴这一规定，从而对债务人企业的特定行为进行有效监督。且如若考虑到对债权人意思自治的确保，则亦可决定由债权人委员会认可，而在情况紧急时由人民法院批准。最后，德国《破产法》第 267 条明确规定了重整计划执行监督的公示，第 269 条还明确规定了重整计划执行监督的费用由债务人承担。

亦值得注意的是我国《企业破产法》第 93 条的规定。[1]德国《破产法》第 255 条实际上亦做出了类似规定，也即："如若债务人严重迟延履行重整计划，则债权人根据重整计划所做出的债权减免或延期将不再有效。在债权人书面催告债务人迟延履行，且设定了不少于两个星期的再次履行期限的情况下，则可认定存在本款所称的'严重迟延履行'（第 1 款）。如若在重整计划履行完毕前，针对债务人财产又启动了新的破产程序，则债权人所做出的债权减免及延期同样失效（第 2 款）。重整计划可对上述问题另行做出约定。但与本条第 1 款相区别的约定不得不利于债务人（第 3 款）。"显然，德国《破产法》对"不能执行或者不执行重整计划"的规定更为详细清晰。此外，值得注意的是，德国《破产法》第 262 条规定："如若管理人确信债务人企业不执行或不能执行重整计划，则其应毫不迟延地向债权人委员会及法院报告。如若未设立债权人委员会，则管理人应向全体利益受重整计划执行影响的债权人报告。"换言之，在债务人企业不执行或不能执行重整计划的情况下，管理人应将此情况及时报告，并交由债权人来决定，其可提供必要的决策信息和建议，但不应替代债权人做出商业决策。

值得称赞的是 2018 年《会议纪要》第 19、20 条的规定。[2]与此两条规定相类似，在美国法上，债务人亦可基于重整计划批准之后出现的"未能预见的情势变更"而申请第二次重整，并且法院于此时亦会认定债务人的善意性而进入"第二十二章"连续重整程序。[3]相较于上述重整计划变更的规定，德国《破产法》的规定则主要针对重整计划中存在错误情况下的变更。该法

---

〔1〕 该条规定："债务人不能执行或者不执行重整计划的，人民法院经管理人或者利害关系人请求，应当裁定终止重整计划的执行，并宣告债务人破产。在人民法院裁定终止重整计划执行的情况下，债权人在重整计划中作出的债权调整的承诺失去效力。"

〔2〕 该两条规定："在重整计划执行过程中，如若因出现国家政策调整、法律修改变化等特殊情况，导致原重整计划无法执行的，债务人或管理人可以申请变更重整计划 1 次。人民法院裁定同意变更重整计划的，债务人或者管理人应当在 6 个月内提出新的重整计划。变更后的重整计划应提交给因重整计划变更而遭受不利影响的债权人组和出资人组进行表决。债权人会议决议同意变更重整计划的，应自决议通过之日起 10 日内提请人民法院批准。债权人会议决议不同意或者人民法院不批准变更申请的，人民法院经管理人或者利害关系人请求，方才裁定终止重整计划的执行，并宣告债务人破产。"

〔3〕 参见［美］查尔斯·J. 泰步:《美国破产法新论（第 3 版）下册》，韩长印、何欢、王之洲译，中国政法大学出版社 2017 年版，第 1319 ~ 1320 页。

第 221 条第 2 句的规定："破产管理人经重整计划授权，可为了实施重整计划采取必要措施，并对重整计划中明显的错误进行修正。"与此同时，该法第 248a 条又规定："破产管理人依据本法第 221 条第 2 句所为的重整计划的变更必须经破产法院的批准（第 1 款）。破产法院在做出批准裁定前应听取债权人委员会（如设置）、涉及其权益调整的债权人和出资人，以及债务人的意见（第 2 款）。如若由于重整计划的变更导致重整参与人相较于原定重整计划执行情况下更为不利的处境，则法院将拒绝批准变更重整计划（第 3 款）。对于法院批准或拒绝变更重整计划的裁定，相关权益受损的债权人或出资人以及管理人可以提出申诉。本法第 253 条第 4 款相应予以适用（第 4 款）。"上述规定实际上均是在《重整促进法》最后提交表决时新加入的，其目的显然是为了针对重整计划执行过程中发现的错误进行及时调整，避免重整计划执行的延误或不能。笔者建议，可将此规定与我国 2018 年《会议纪要》中的规定相结合，从而根据重整计划执行过程中的情况变化及时调整重整计划的内容，增强重整计划的应变性和可操作性。与此同时，德国通过法院直接批准重整计划变更的方式在操作上也更为简便高效，并通过听证及异议权赋予的方式保障了相关主体权益不受侵害。实际上，在美国法上，法院亦可依照具体情况认定重整计划可以修改，修改后的计划亦须经过通知和听证程序，并由法院再次根据美国《破产法典》第 1129 条予以批准。[1]

### 三、重整计划执行完毕的效果

自重整计划执行完毕时，债务人依照我国《企业破产法》第 94 条的规定不再对按照重整计划减免的债务承担清偿责任。这就是破产重整的免责效果。于美国，重整计划的批准也意味着于计划批准之前产生的所有债务均获得立即免责，而为重整计划所规定的义务所取代（美国《破产法典》第 1141 条 (d) 款第 (1) 项）。[2]然而，与我国《企业破产法》第 92 条第 2 款规定相

---

〔1〕 参见〔美〕查尔斯·J. 泰步：《美国破产法新论（第 3 版）下册》，韩长印、何欢、王之洲译，中国政法大学出版社 2017 年版，第 1223～1124 页。

〔2〕〔美〕查尔斯·J. 泰步：《美国破产法新论（第 3 版）下册》，韩长印、何欢、王之洲译，中国政法大学出版社 2017 年版，第 1307 页。

类似，德国《破产法》第 254b 条规定："本法第 254 条和第 254a 条规定亦适用于未申报的债权。"据此规定，未（及时）申报债权的债权人亦可依照重整计划规定获得与其具有同等法律地位或性质的债权人所能获得的受偿。

实际上，德国《破产法》亦考虑到债务人企业在重整过程中因突然出现的未申报债权而再次陷入危机的情况，并针对此问题做出了有利于重整计划执行的规定。首先，德国《破产法》第 229 条第 3 句规定，对于在破产重整程序中未申报，但已明知的债权，需要在财务报表及重整计划的财务规划中列明。其次，依据德国《破产法》第 259a 条的规定，在破产重整程序终结后，如若基于在重整程序中未申报债权的强制执行措施将危及重整计划的执行，则破产法院可依据债务人申请，在不超过三年的期限内全部或部分拒绝上述债权人强制执行申请。只有当债务人确信上述执行措施将危及重整计划执行，并提交具体证据证明时，债务人的申请方能获得破产法院批准。该条第 2 款同时规定，在符合条件的情况下，法院亦可暂停正在进行的强制执行措施。亦为关键的是，德国《破产法》第 259b 条对破产重整程序中未申报债权的诉讼时效做出了特殊规定。依此规定，针对破产重整中未申报债权的诉讼时效为 1 年。该诉讼时效自该债权到期，且重整计划获批之日起算。如若该债权依其他规定得以更早诉讼时效届满，则适用该诉讼时效。德国立法者认为，通过上述规定，未申报债权人对重整计划执行可能产生的消极影响就得以最小化。[1]

然而，在德国《重整促进法》生效后的 5 年多，仍有学者和实务界人士认为未申报债权的履行将会危及重整计划的履行，尤其是第 259b 条规定的诉讼时效是自该债权到期日起计算。由此，这些学者一致认为，一方面应将 1 年的诉讼时效缩短为 6 个月，另一方面应将此诉讼时效的起算点定为重整计划批准生效之日。[2]更为激进的是，德国著名的破产法实务人士团体"Gravenbrucher Kreis"在 2014 年建议，德国《破产法》第 254 条的规定尽管也同样适用于未按期申报的债权，但该债权至迟必须在重整计划批准生效后

---

〔1〕 Begr. zum RegE ESUG, BT-Drucks. 17/5712, S. 38.

〔2〕 Brinkmann/Denkhaus/Horstkotte/Schmidt/Westpfahl/Wierzbinski/Ziegenhagen, ZIP 2017, 2430, 2432.

的四个星期内申报。[1]换言之，重整计划批准生效 4 个星期后再申报的债权就无法依据重整计划的相关规定获得受偿。在法律实践中，考虑到未（及时）申报债权可能对重整产生的不利影响，甚至出现了权利排除条款的规定，也即：未（及时）申报债权的债权人在破产重整程序终止后将无法获得受偿。对此问题，德国联邦最高法院在其 2015 年 5 月 7 日作出的一裁定中明确指出："重整计划不得规定排除未申报债权的债权人获得清偿的权利。这种肆意的权利排除条款仅依据是否及时申报债权即对具有同等法律地位和相同经济利益的债权人进行区别对待，因而有违《破产法》第 226 条第 1 款所确立的组内平等对待原则。未（及时）申报债权的债权人与重整计划中虑及的相应债权人本质上并无不同，其丧失的仅仅是程序性权利。权利排除条款的规定严重限制了相关债权人依照《基本法》第 14 条第 1 款所享有的财产权，而必须以法律明文规定为前提。但立法者明显拒绝了做出此种限制性的规定，而只是采用了现行《破产法》的规制模式。"[2]尽管如此，笔者认为，德国破产法实务人士团体"Gravenbrucher Kreis"的立法建议不失为折衷的良策。

---

[1]　Gravenbrucher Kreis, ZIP 2014, 1262, 1265.

[2]　BGH, Beschluss vom 7. 5. 2015, NJW 2015, 2660.

# 第五章　债务人自行管理制度的优化

## 第一节　债务人自行管理的利弊解析

债务人自行管理的重整促进功能一直为学术界及实务界人士所津津乐道。我国《企业破产法》虽确立了破产重整中的债务人自行管理制度，但不可回避的问题是，立法简陋造成了法律实践中的困惑，而一些认识误区更使这一问题雪上加霜。尽管人民法院在债务人自行管理方面进行了有益尝试，但基本规则缺失无疑会引发法律运行的巨大风险，也必然会影响债务人自行管理效用的发挥。根据实务界人士的统计，目前实施的 50 家上市公司破产重整案例中，仅有 10 例运用了债务人自行管理。[1] 因此，对债务人自行管理利弊仍待进一步反思和重新认识。

### 一、债务人自行管理的重整促进功能

通说认为，相较于破产管理人，债务人企业经营管理人员更熟悉企业的业务和财务状况，[2] 更明确"危"源何起，"机"在何处。由此，债务人自行管理不仅可以最大程度上利用企业管理层的专业知识、丰富经验以及业务关系，而且将避免因破产管理人介入而导致的程序迟延，从而提高重整成功可能性及效率，降低重整费用。在德国，债务人自行管理还能节省破产管理人聘用成本。依据德国《破产管理报酬条例》第 12 条第 1 款的规定，重整监

---

〔1〕　许胜锋："重整中债务人自行管理制度价值及风险的实用性研究"，载《中国政法大学学报》2017 年第 3 期。

〔2〕　安建主编：《中华人民共和国企业破产法释义》，法律出版社 2006 年版，第 108 页。

督人的报酬原则上应为破产管理人报酬的 60%。于集团重整而言，债务人自行管理不仅避免了集团下属子公司不同破产管理人间协调配合问题，而且对集团资产及相关资源的统筹运营管理和支配处分将更有利于企业价值最大化目标的实现。[1]就我国现有债务人自行管理案例而言，有实证研究表明，债务人自行管理模式在重整效率方面并不会比管理人管理模式来得低。[2]简言之，债务人自行管理能够带来巨大的重整效率优势。

进一步而言，债务人自行管理的核心优势在于能最大程度上确保企业运营的连续性，从而有助于现有合作关系的延续或重构，尽可能降低破产重整程序启动对企业的消极影响。[3]与之相对，管理人主导破产重整的固有缺陷在于，由于管理人缺乏相关经营管理知识和经验，深入了解企业情况亦需要一过程，所以企业运营的连续性往往难以确保。并且经验及知识的缺乏必然会导致决策迟延或偏差，而在企业经营管理过程中，特别是在重整过程中，决策迟延或偏差都会对企业产生不利影响。破产管理人的介入亦会对企业运营连续性造成影响。从重整角度而言，债务人自行管理下的破产重整可视为庭外重整的一种延续，从而使重整的连续性得以确保。不仅如此，债务人自行管理能确保重整成功后企业经营的连续性。在破产管理人主导破产重整的情况下，如若重整计划获批生效，将面临破产管理人向谁及如何交权的问题。从破产管理人向新管理层交权过渡是一大难题，而交权后新管理层由于不熟悉企业情况而再度经营失败的案例在各国也并不鲜见。

相较于破产清算，破产重整涉及更多的经营决策，其复杂性要求破产重整团队必须是复合型团队，且债务人企业相关人员的参与配合对于破产重整而言至关重要。与破产管理人作为外部人主导的复合型重整模式相比，债务人企业管理层作为内部人主导的复合型重整模式不仅能确保企业运营及重整的连续性，而且具有效率高、费用低的优势。亦不容忽视的是，破产管理人

---

〔1〕 Piepenburg, NZI 2004, 231, 234; Körner, NZI 2007, 270, 273 f.; Bales, NZI 2008, 216, 220; Jaffé, ZHR 2011, 38, 46 f.

〔2〕 参见高丝敏："我国破产重整中债务人自行管理制度的完善——以信义义务为视角"，载《中国政法大学学报》2017 年第 3 期。

〔3〕 Buchalik/Rinker in: Restrukturierung Sanierung Insolvenz, 3. Aufl., 2009, S. 128, Rn. 109.

"化繁为简、降低责任风险"的考量会使其倾向于破产清算的解决方案，而现有制度下缺乏对破产管理人行为的有效监督和激励。与此相对，自行管理人比破产管理人更具挽救公司的驱动力。[1]更为关键的是，破产重整的失败往往源自于重整程序启动的迟延。出于避免丧失企业控制权的考量，债务人企业管理层往往希望通过庭外重整来挽救企业，甚至粉饰企业危机。自行管理的可能性则可吸引债务人尽早启动破产重整程序，从而提高重整成功可能性。[2]剥夺管理处分权固然是对企业原经营管理层的一种惩戒手段，但债务人自行管理这种"以奖代惩"的模式应更利于促进重整目标的实现。

## 二、功能发挥的德国教训与中国难题

大陆法系国家的代表德国早在 20 世纪 80 年代即展开了对债务人自行管理制度（Eigenverwaltung）的学术研究，并在吸收转化美国债务人自行管理制度基本原理的基础上，通过 1994 年的破产法改革正式确立了该制度。然而，与美国将债务人自行管理设置为《破产法典》第十一章重整程序中的一般原则不同，德国《破产法》以保护债权人利益为首要目标，并将债务人自行管理亦适用于破产清算程序，因此视其为破产程序中的例外情形，从而在立法之初对债务人自行管理的批准设置了较为严格的前提条件。在长期法律实践过程中，1994 年德国《破产法》中的债务人自行管理制度一直未能发挥当初设想的应有效用，尤其是重整促进功能。这一方面是由于债务人自行管理的批准条件甚为严格；[3]另一方面，债务人自行管理亦遭受学界和实务界人士的强烈质疑。[4]基于德国学界对债务人自行管理制度的种种质疑，甚至是某些理解误区及偏见，德国破产法院也一直对债务人自行管理的批准持较为保守的态度。[5]依德国学者所做数据统计，2005 年 ~ 2010 年批准债务人自行管

---

〔1〕 参见郑志斌、张婷：《公司重整制度中的股东权益问题》，北京大学出版社 2012 年版，第 85 页。

〔2〕 Jaffé, ZHR 2011, 38, 44.

〔3〕 Bales, NZI 2008, 216, 220.

〔4〕 Gravenbrucher Kreis, ZIP 1990, 476, 477; K. Schmidt, Wege zum Insolvenzrecht der Unternehmen, 1990, S. 197; Bales, NZI 2008, 216, 220 f.; Uhlenbruck/Vallender, NZI 2009, 1, 7.

〔5〕 Uhlenbruck/Vallender, NZI 2009, 1, 5 f.; Vallender, NZI 2010, 838, 842.

理的破产案件占所有企业破产案件（笔者注：德国的债务人自行管理亦适用于破产清算案件）的比例基本维持在 0.5% 左右，其中最低为 2006 年的 0.39%，最高为 2010 年的 0.67%。[1] 考虑到债务人自行管理批准具有极大不确定性，债务人为避免因破产管理人介入而丧失对企业的控制权，往往会尽量拖延破产重整申请，这就导致了众多企业重整成功机会的彻底丧失。[2] 基于上述情况，德国立法者不得不对债务人自行管理规定进行再调适。2012 年《重整促进法》改革的重点之一就是通过对债务人自行管理制度的修改，真正达到发挥债务人自行管理重整促进功能的立法目的。[3]

回归中国之语境，《企业破产法》颁布时中国企业信用制度建设尚不健全，企业诚信度较低，立法者基于对债务人的不信赖和对管理人的充分信赖而选择管理人管理财产和营业事务为主，债务人自行管理为例外的模式。[4] 时至《企业破产法》实施十余年之际，尽管学术界及实务界对债务人自行管理的重整促进功能都赞许有加，但对债务人自行管理被滥用的担忧亦从未停息。特别值得注意的是，在 2008 年 8 起上市公司重整案中仅有 1 例债务人自行管理，占比 12.5%；在 2009 年和 2010 年 7 起上市公司重整案中升至 2 例债务人自行管理，占比 28.6%；在 2011 年 5 起上市公司重整案中有 2 例债务人自行管理，占比 40%；在 2012 年 4 起上市公司重整案中亦有 2 例债务人自行管理，占比 50%；而在 2013 年 4 起上市公司重整案中仅有 1 例债务人自行管理，占比 25%。遗憾的是，在 2014 年 ~2016 年的 7 起上市公司重整案例中无一例债务人自行管理。从上述数据可以发现，我国实务界对债务人自行管理从功能发现再发展到极度质疑。这其中一个重要的原因就在于对债务人自行管理滥用的严重担忧。

有实务界人士指出，中国重整制度下的债务人自行管理，其实质是股东的自行管理，或者更准确地说，是控股股东的自行管理。根据其统计，中国目前已实施重整的上市公司共计 50 家，除了 *ST 偏转以及 *ST 舜船重整中普

[1] Brinkmann/Zipperer, ZIP 2011, 1337.
[2] Kranzusch, ZInsO 2008, 1346 ff.
[3] Begr. zum RegE ESUG, BT-Drucks. 17/5712, S. 2.
[4] 池伟宏："论重整计划的制定"，载《交大法学》2017 年第 3 期。

通债权得到全额清偿以外，其他 48 家上市公司的普通债权无一例外都被削减；与此同时，该 48 家公司没有任何一家股东权益被完全剥夺，甚至有 6 家股东权益未作任何调整。[1]例如，在 2012 年的 ST 宏盛重整案中，出资人权益并未被调整，而普通债权削减率达到 88%；同年的 ST 中华重整案中，第一和第二大股东的出资人权益削减是 10%，其他股东为 8%，而普通债权削减率为 69.33%。[2]与中国实践相对，在美国，无论管理层更换与否，其都是破产财产的代表，而并不会偏向股东利益。[3]在德国，债权人的强势地位更是毋庸置疑。债权人会议甚至可在自行管理程序中授权财产监督人制定重整计划，从而提交相竞争的重整计划。换言之，中国上市公司破产重整中逐步显现出来的控股股东的强势地位增强了人们对债务人自行管理的不信任感。例如，在债务人自行管理首案 ST 华源案中，从提出重整申请（2008.8.11）到提交重整计划（2008.12.2）只用时不到 4 个月，到重整计划执行完毕（2009.4.24）也只用时 8 个多月。而 2012 年 ST 中华从裁定重整到提交重整计划历时 9 个月，债权人会议表决通过及法院批准亦耗费 3 个多月，并且债权人会议第一次表决并未通过重整计划。

综上所述，债务人自行管理制度于德国长期未能发挥应有效用的关键在于：实务界和学术界的认识误区导致了立法过于严格，而德国破产法院的保守态度更使这一局面雪上加霜，由此导致的债务人自行管理批准的低概率诱发债务人企业拖延进入破产重整程序，降低了债务人企业司法重整的积极性。而债务人自行管理制度于我国未能发挥应有效用固然是由于立法简陋所导致的债务人自行管理批准的巨大不确定性，但实践认知无疑亦加深了人们对债务人自行管理滥用的质疑。实际上，债务人自行管理制度在其发源地美国也经历过一段从无知无畏到极力反对，再到理性面对的过程。换言之，最大化发挥债务人自行管理效用的关键在于理性认知债务人自行管理的利弊，并以

---

〔1〕 许胜锋："重整中债务人自行管理制度价值及风险的实用性研究"，载《中国政法大学学报》2017 年第 3 期。

〔2〕 数据来源：宋玉霞：《破产重整中公司治理机制法律问题研究》，法律出版社 2015 年版，第 63～64 页表 10。

〔3〕 参见高丝敏："我国破产重整中债务人自行管理制度的完善——以信义义务为视角"，载《中国政法大学学报》2017 年第 3 期。

此为基础合理设计债务人自行管理制度。

### 三、债务人自行管理弊端的理性再反思

对债务人自行管理的一大疑虑在于，企业危机，乃至破产本身即是对企业经营管理层能力或道德的一种否认。然而，首先须加以明确的是，破产原因纷繁复杂，不仅仅是由于管理层的无能、失误或欺诈谋私。现有误区即在于，企业陷入重整或破产之境地实际上就是对原管理层经营能力的否认，且债务人自行管理不利于发现企业既往经营中存在的欺诈、违规、甚至违法行为。[1]依美国之经验，一方面，管理不当的程度并非那么严重，债务人的重整需求往往源自于"纯粹的商业挫折"，而非"欺诈、缺乏诚信或整体管理不当"；另一方面，即便存在管理层的过错，这些"坏家伙们"在正式进入破产重整程序前就通常被新的具有重整经验的新管理团队所替代。[2]根据美国学者的统计，大型上市公司破产重整中污点 CEO 的更换率为 95%。[3]在其统计的 40 件大型上市公司破产重整案中，27 家污点 CEO 在破产申请前即被更换，8 家在破产申请后的 6 个月内被更换，其中 17 例案件中债权人参与了污点 CEO 的更换。[4]经营管理层的更换也已成为德国破产重整中债务人自行管理的常态。[5]根据波士顿咨询公司的统计，在 2017 年德国最大的 50 起破产案件中，32 家采用了债务人自行管理，其中有 72% 企业的管理层被重整专业人士所取代。[6]换言之，债务人企业"器官"之上存在的毒瘤或寄生虫能被及时切除，债务人自行管理是适格经营管理层的管理，而非原经营管理层的完全保留。经营管理层的适度调整和重整专家的引入将能解决能力及道德缺失

---

〔1〕 齐明："重整期间公司控制权二元模式探究"，载《求是学刊》2010 年第 5 期。

〔2〕 参见 [美] 查尔斯·J. 泰步：《美国破产法新论（第 3 版）下册》，韩长印、何欢、王之洲译，中国政法大学出版社 2017 年版，第 1155 页。

〔3〕 [美] 罗帕奇、魏福德："大型上市公司破产重整中的公司治理"，毅友译，载李曙光、郑志斌主编：《公司重整法律评论》（第 2 卷），法律出版社 2012 年版，第 149 页。

〔4〕 [美] 参见罗帕奇、魏福德："大型上市公司破产重整中的公司治理"，毅友译，载李曙光、郑志斌主编：《公司重整法律评论》（第 2 卷），法律出版社 2012 年版，第 189~191 页。

〔5〕 Foltis in: Frankfurter Kommentar zur InsO, vor § § 270 ff. , Rn. 32.

〔6〕 The Boston Consulting Group, Sechs Jahre ESUG, http://image-src. bcg. com/Images/Focus-ESUG-study_tcm108-190947. pdf, 最后访问时间：2018 年 10 月 1 日。

所引发的商业风险问题。进一步而言，在良好的法制和社会信用环境下，没有理由认为专业管理人的道德和能力会普遍比原企业高管更高、更值得信赖、立场更中立或更能代表债权人利益。这也是美国破产重整中债务人自行管理常态化的原因。[1]

然而，值得注意的是，早在 2002 年，德国杜伊斯堡地方法院即在"Babcock Borsing AG"重整案中质疑债务人自行管理模式下更换经营管理人员的行为，并将其称为"披着自行管理外衣的外部人管理"。[2]尽管更换不适格经营管理人员及引入重整专家会相应提高重整成本，并且在破产管理人重整模式下，亦可通过引入适格经营管理人员达到补缺效果，但显然债务人自行管理重整模式下补缺成本更低。债务人自行管理重整模式下的人员调整犹如"毒瘤"切除或器官移植，甚至只是理个发，剪指甲；而破产管理人重整模式下的原经营管理人员补缺则是将一病入膏肓者的身体与另一大脑嫁接。更为关键的是，债务人自行管理在重整促进方面的核心优势在于确保企业运营及重整的连续性，并且"以奖代惩"的模式更能促使债务人企业积极尽早启动破产重整程序，从而提高重整效率及成功可能性。英国的经验即表明，立法者最好是引诱而不是胁迫高管尽早提出破产申请。[3]与其让独立公正的外部人扮演运营管理人的角色，还不如让其扮演顾问、监督人的角色。

债务人自行管理所引发的最大担忧无疑在于滥用的潜在风险。特别是在重整即将失败的情况下，自行管理团队可能会粉饰企业重整状况，拖延破产重整程序向破产清算程序的转换。于此首先值得一提的是，考虑到破产给企业所带来的负面影响，债务人企业为了滥用自行管理而启动破产程序的可能性应该不大。[4]其次必须明确的是，破产重整的自行管理债务人，其法律地位并非原来的债务人，而是以"债务人的名义"居管理人的地位。[5]并且在

〔1〕 参见齐砺杰：《破产重整制度的比较研究——英美视野与中国图景》，中国社会科学出版社 2016 年版，第 173 页。

〔2〕 AG Duisburg, Beschluss vom 1. 9. 2002, NZI 2002, 556 ff.

〔3〕 齐砺杰：《破产重整制度的比较研究——英美视野与中国图景》，中国社会科学出版社 2016 年版，第 180 页。

〔4〕 Jaffé, ZHR 2011, 38, 53.

〔5〕 邹海林："供给侧结构性改革与破产重整制度的适用"，载《法律适用》2017 年第 3 期。

企业破产之时，债权人被视为企业财产的真正所有者，因此债务人自行管理机构理应对债权人负责，对债权人承担忠实勤勉义务。[1]美国立法者之所以可以放心地将债务人自行管理作为重整中的一般原则，而不需要经过法院的审批，其根本的原因即在于州法上的信义义务仍然有力地约束着破产重整中债务人及其高管的行为，保证他们为了破产财产的最大化，勤勉忠诚地工作。[2]如若债务人自行管理机构成员的适格性得以确保，加之忠实勤勉义务的约束，则债务人自行管理应不会被滥用，程序的适时转换也不应存在障碍。更为关键的是，在债务人自行管理模式下，存在破产管理人或重整监督人监督、债权人和股东监督以及破产法院监督三方监督制约体系。上述监督制约体系和债务人自行管理批准的管控将可有效保护债权人利益，确保对新旧经营管理层有责必究。毋庸否认，债务人自行管理的滥用风险及对此的担忧将始终存在，但不能因噎废食。与其因为潜在风险而不用或过于保守，还不如加强风险管控。风险管控有赖于相关方的职权配置和监督制约，但亦可通过债务人自行管理批准来确保。

## 第二节　债务人自行管理审查批准机制

基于上述债务人自行管理的利弊分析，充分发挥重整促进功能与切实保护债权人利益就成为我国债务人自行管理制度设计的关键所在。而债务人自行管理批准机制的设计则既是发挥重整促进功能的第一道门槛，又是保护债权人利益的第一道防线。具体到我国而言，《企业破产法》第 73 条虽规定债务人自行管理以人民法院批准为前提，但该条并未明确批准的具体前提条件。立法简陋所引发的债务人自行管理批准的巨大不确定性显然是必须解决的核心问题。进一步而言，应尽量减少债务人自行管理批准程序性设置对企业运营及重整连续性的消极影响。与此同时，滥用防止亦是批准规则设计的重点。

---

〔1〕　Eidenmüller, ZHR 2011, 11, 19; Jaffé, ZHR 2011, 38, 46.

〔2〕　高丝敏："我国破产重整中债务人自行管理制度的完善——以信义义务为视角"，载《中国政法大学学报》2017 年第 3 期。

## 一、批准条件的梳理

首先，债务人自行管理应以债务人自行管理意愿为前提，即以债务人申请为前提，我国《企业破产法》第73条及德国《破产法》第270条第2款第1项都对此做出了明确规定。并且债务人申请自行管理，应经公司董事会和股东（大）会作出决议。[1]然而，必须要指出的是，我国《企业破产法》第73条的规定为"在重整期间，经债务人申请"，但债务人自行管理申请时间点理应不限于重整期间，债务人完全可以在申请破产重整的同时提交自行管理申请。[2]并且法院应对两项申请同时审查，当法院裁定受理债务人重整申请时，应同时对自行管理的申请做出是否同意的裁定。[3]实际上，债务人在重整期间申请自行管理涉及的是债务人自行管理其后批准的问题，应区别处理。为应对这一立法缺陷，司法实践中的变通做法是，债务人于裁定重整当日申请自行管理，人民法院当日批准债务人自行管理。尽管人民法院在此前或许已就债务人自行管理进行了审慎调查，但这一做法在形式上显然欠妥。并且不可回避的问题是，如若人民法院在裁定受理重整申请时即依据我国《企业破产法》第13条指定破产管理人，则裁定重整后方批准债务人自行管理的做法无疑导致控制权的频繁转移，必然会严重影响企业运营及重整的连续性。更令人担忧的是，债务人为避免控制权转移亦极有可能拖延重整申请，错失破产重整良机。因此，债务人自行管理申请时间点的解限就显得尤为重要。于此值得一提的是，《重整促进法》修订前饱受德国学界诟病的是德国《破产法》第270条第2款第2项的规定。依此规定，如果破产申请由债权人提出，则债务人自行管理的批准必须以该债权人同意为前提。凭借这一规定，任何一个债权人都可以通过尽早提出破产申请的方式来阻碍债务人获得自行管理，而这显然与消除债务人自行管理申请障碍的立法宗旨相违背。[4]因此《重整

---

〔1〕 王欣新："论破产重整中的债务人自行管理制度"，载《政治与法律》2009年第11期。

〔2〕 王欣新："论破产重整中的债务人自行管理制度"，载《政治与法律》2009年第11期；邹海林："供给侧结构性改革与破产重整制度的适用"，载《法律适用》2017年第3期。

〔3〕 参见王欣新："论破产重整中的债务人自行管理制度"，载《政治与法律》2009年第11期。

〔4〕 Begr. zum RegE ESUG, BT-Drucks. 17/5712, S. 38.

促进法》删除了该项规定。

在债务人自行管理批准实质条件方面，德国《破产法》第 270 条第 2 款第 2 项规定，只要不存在具体情况可以证明，债务人自行管理会造成债权人不利益，即可依债务人申请批准自行管理。这一规定亦是通过《重整促进法》修订得以优化。德国旧《破产法》原本规定，债务人自行管理的批准必须以其不会导致程序迟延或债权人不利益为前提。德国立法者在立法理由中指出，旧规定要求债务人必须证明债务人自行管理不会对债权人利益造成损害，而新规定不仅免除了债务人的举证责任，并且在无法查明债务人自行管理是否会给债权人带来不利益的情况下，法院还应作出有利于债务人的裁决。[1]换言之，德国债务人自行管理批准条件通过上述修改被简化了，其审查核心在于债权人利益保护，且债务人不必再自证清白，而只有当存在危害债权人利益具体情况时，法院才应拒绝债务人自行管理的申请，且必须书面阐明理由。

毫无疑问，对于"危害债权人利益"标准的判定极为抽象，法院在个案中加以考虑的因素主要包括：债务人的破产原因、债务人过去的行为、债务人在企业危机中的行为、债务人管理企业的经验度、债务人的合作意愿、债务人的专业管理能力等等。[2]此外，德国著名的破产法实务人士团体"Gravenbrucher Kreis" 在 2014 年对《重整促进法》的评估文章中建议，应在第 270 条第 2 款中增加 1 项作为第 3 项规定："债务人确保其在申请提交的前后是值得信赖的，并具有合作意愿，如：其一直履行其财务会计报告的义务，纳税申报的义务，且无拖延支付工资及劳动报酬超过四个星期的情况。"[3]

于美国而言，该国《破产法典》第 1104 条（a）款规定的指定管理人的三种情形是：①管理层于破产程序启动前后存在欺诈、不诚实、缺乏能力、严重的管理失当等情形，或者类似情形；②指定管理人符合债权人、出资人及其他利害关系人的利益；③如若依据本法第 1112 条存在程序转换或驳回案件的情形，则亦可为了债权人及破产财团的最佳利益而指定管理人。可以发现，与德国法更侧重于从债权人利益保护角度进行判断不同，美国法尽管亦

〔1〕　Begr. zum RegE ESUG，BT-Drucks. 17/5712，S. 38.
〔2〕　Westrick，NZI 2003，65 ff.
〔3〕　Gravenbrucher Kreis，ZIP 2014，1262，1263.

注重债权人和破产财团的利益最大化，但似乎更关注债务人的自行管理能力。这一点在美国司法实践中尤为明显。具体而言，美国司法实践形成的最大利益测试的四要件判定规则：首先，决定是否批准债务人自行管理的底线，是债务人及其管理人是否有不良的历史记录，债务人或者管理层是否有不诚实或者不称职的问题。其次，债务人本身的管理能力以及债务人重整的前景，也是法院必须考虑的。再次，整个商业社区以及债权人对于债务人自行管理是否有信心，是法官必须考虑的。最后，法院需要考虑批准债务人自行管理的风险、成本、利益，并把这些因素和指定管理人的因素相对比，采取对于破产财产利益最大化的模式。[1]

尽管德、美两国对债务人自行管理分别采取"批准授予"和"自动授予"两种模式，授予因素也分别从债权人和债务人角度进行考量，且美国法亦注重对债务人自行管理重整效益的考量，但实际上异曲同工。结合上述对债务人自行管理的利弊分析，上述美国司法实践中形成的最大利益测试的四要件可简化为三大标准，即：①债务人自行管理机构的独立性和道德风险；②债务人自行管理机构的能力风险；③债务人自行管理下的重整前景和重整效益优势。进一步而言，可借鉴德国债务人自行管理批准审查中的两步分析法：第一步，分析是否存在债务人自行管理会对债权人利益造成不利的情况；第二步，如若存在危害债权人利益的情况或可能性，是否能通过相应的监督制约措施消除此种危害或可能性。[2]实际上，在我国司法实践中，债务人自行管理的批准已经具备了德国两步分析法的雏形。例如，在淮矿现代物流案中，法院考虑了三大因素，即债务人自理能力、风险可控和有外部监督（主要是管理人监督）。[3]

与德国债务人自行管理制度同时适用于破产清算程序和破产重整程序不同，我国债务人自行管理制度只适用于破产重整程序。而与美国将债务人自

---

〔1〕 参见高丝敏："我国破产重整中债务人自行管理制度的完善——以信义义务为视角"，载《中国政法大学学报》2017年第3期。

〔2〕 Foltis in: Frankfurter Kommentar zur InsO, vor §§ 270 ff., Rn. 30.

〔3〕 高丝敏："我国破产重整中债务人自行管理制度的完善——以信义义务为视角"，载《中国政法大学学报》2017年第3期。

行管理作为司法重整程序中基本原则不同，我国债务人自行管理以法院批准为前提。且不论将债务人自行管理作为司法重整程序中基本原则的美国，从德国债务人自行管理制度演变路径看来，批准的宽松化及灵活化应为发展之趋势。亦值得注意的是，法国前置庭内重整程序的特色即是债务人自行管理的常态化，即债务人在前置庭内重整程序中有权自行管理企业财产，从事相关经营活动，而管理人通常只扮演监督或支持债务人进行企业重整的角色。[1]简言之，以促进重整为目的，各国都对破产重整中债务人自行管理的批准持一种相对宽松的态度。然而，于我国国情而言，滥用风险亦是不得不直面的现实。显然伴随着破产程序的进行，对于债务人自行管理能力和风险判定准确性也会随之提升。由此，针对破产程序不同阶段、不同重整意愿情况下债务人自行管理批准条件的区别化处理更为合理。并且由松至严的批准条件设置将能促使债务人尽早主动展开重整活动，申请进入破产重整程序。

## 二、裁定重整前债务人自行管理的常态化

视线先转至德国法，《重整促进法》改革之前，破产法院通常会在破产启动程序中任命一名临时破产管理人，并对债务人企业的某些行为设置限制性及禁止性措施，这就严重影响了企业运营及重整的连续性，并极有可能造成重整过程中控制权的频繁转移。这一规定也成为债务人不愿尽早提出破产重整申请的另一重要原因。[2]为了改变这一状况，《重整促进法》在德国《破产法》中新增第270a条。该条第1款规定，只要债务人的自行管理申请并非明显无获得批准可能，则在破产启动程序中法院将不再颁布禁止债务人对其财产支配的命令以及其支配行为需要得到批准的命令。在此情况下，法院在破产启动程序中也将不再任命临时破产管理人，而只任命临时财产监督人。此款规定实际上就确立了破产启动程序中债务人自行管理的常态化，从而确

---

〔1〕 前置庭内重整程序（法语：procédure de sauvegarde）是一个相较破产重整程序（法语：Redressement judiciaire）独立的重整程序。除了程序独立性特点外，法国前置庭内重整程序的另一突出特点在于程序启动条件低，即设定了一个相较破产重整原因门槛更低的重整原因。Robbe-Grillet, Planmäßige Sanierung nach französischem und nach deutschem Insolvenzrecht, S. 358 f.

〔2〕 Begr. zum RegE ESUG, BT-Drucks. 17/5712, S. 39.

保了程序早期债务人企业重整的连续性。[1]

以德国法为鉴，我国亦应规定裁定受理重整申请至裁定重整时债务人自行管理的常态化。裁定重整前债务人自行管理的常态化不仅可以吸引债务人积极尽早启动重整程序，确保重整的连续性，而且可以起到一种"考察期"的效果，从而为裁定重整时是否正式批准债务人自行管理提供参考，其出发点亦是保护债权人利益。并且受理重整申请与裁定重整间隔的非限定性亦能增强这一"考察期"设定的灵活性。然而，德国《破产法》第270a条第1款的规定过于原则，学术界和实务界对此也鲜有论述。有鉴于程序初始阶段很难对债务人自行管理机构的能力风险以及债务人自行管理下的重整前景和重整效益优势做出准确判断，且从加速程序进行和促使债务人企业尽早启动重整程序的角度出发，裁定受理重整时的债务人自行管理批准标准应以债务人自行管理机构的独立性和道德风险为核心。具体指标可以是债务人破产原因，债务人及其管理层历史上是否有不良行为、不诚实或者不称职的问题，公司治理结构是否完善，债务人在企业危机中的行为（如是否转移资产），债务人的合作意愿和既往管理经验等。此外，值得考虑的是，如若债务人在行将支付不能情况下提出重整及自行管理申请，且同时提交破产重整计划草案，则亦应在债务人自行管理批准时作为一重要加分指标加以考量。这一设置的目的显然是为了确保预重整情况下重整的连续性。实际上，在德国《重整促进法》立法过程中，就有学者提出了预重整情况下债务人自行管理常态化的立法主张。德国学者Madaus就指出，在债务人有计划的申请破产重整的情况下，债务人获得自行管理应成为常态。[2]德国学者艾登穆勒则建议，如果债务人在前破产状态下提出重整申请并要求获得自行管理，则法院应立即批准，从而加速程序进行，避免债务人企业的价值贬损。[3]然而，须指出的是，重整意愿，抑或重整申请提出时的企业及重整状态固然是考量的重要因素，但不应成为唯一考量因素。

必须明确的是，裁定重整前债务人自行管理的常态化并非债务人自行管

〔1〕 Pape, ZInsO 2010, 1582, 1594.

〔2〕 Madaus, Der Insolvenzplan, 2011, S. 580 ff.

〔3〕 Eidenmüller, ZHR 2011, 11, 35 f.

理的绝对化。如若有明显证据表明，债务人自行管理将会严重损害债权人利益，人民法院应拒绝批准债务人自行管理，并说明理由。但如若法院可以通过附加相应的监督制约机制消除对债权人利益的不利影响，则仍可批准债务人自行管理。于此须说明的是，在我国，考虑到申请便利化，司法实践中常常由债权人提起重整申请。[1]特别是经公司董事会和股东大会决议方可提出破产重整申请的理论观点和实践做法，实际上增加了债务人直接申请启动重整程序的难度。[2]由此，如若债权人提出重整申请，债务人于裁定受理重整前申请自行管理，则法院应在受理重整申请前征询相关债权人意见，而不应一概否认债务人重整的合作意愿。进一步而言，从保护债权人利益角度出发，应借鉴德国法，设置裁定重整前的监督人。并且债权人亦应有权在裁定重整前对债务人自行管理提出异议，或申请法院对债务人行为附加限制性条件，乃至申请撤销债务人自行管理。

值得注意的是，德国《破产法》第270a条第2款规定："如果债务人在行将支付不能的情况下提出破产（重整）申请和自行管理申请，而法院认为债务人自行管理批准条件尚未满足，则法院必须给予债务人收回破产申请的机会。"德国立法者在其立法理由中指出，债务人自行管理制度在旧法框架下作用甚微的主要原因之一就是，法院有可能在个案中拒绝债务人自行管理申请并启动以破产管理人为主导的破产程序；通过第270a条第2款的规定，债务人将不必担心因以破产管理人为主导的破产程序启动而丧失对企业的控制权，从而会尽早尝试企业重整。与此同时，德国立法者也意识到，债务人在收回破产申请的情况下可能会继续尝试庭外重整，从而使在破产程序框架下进行企业重整并取得成功的机会彻底丧失；但其认为，德国《破产法》第15a条规定的破产申请义务将能避免这一情况的发生。[3]然而，有德国学者指出，债务人企业可能在法院审查期限内已经陷入了支付不能或资不抵债的境

---

〔1〕　许胜锋："重整中债务人自行管理制度价值及风险的实用性研究"，载《中国政法大学学报》2017年第3期。

〔2〕　参见贺丹：《上市公司重整：实证分析与理论研究》，北京师范大学出版社2012年版，第108～109页。

〔3〕　Begr. zum RegE ESUG, BT-Drucks. 17/5712, S. 39 f.

地，因此其在收回破产申请后，又不得不依据德国《破产法》第15a条的规定在三个星期内提出破产申请；有鉴于此，第270a条第2款规定的破产申请收回权可能并无太大实际意义。[1]艾登穆勒教授更进一步指出，一个企业，特别是上市公司，因债务人自行管理申请被拒绝而收回破产申请，无疑将会对企业的形象及市场价值造成极为不利的影响。[2]具体就我国而言，即使立法规定了破产申请义务来约束拖延司法重整之行为，但破产申请义务亦可使破产（重整）申请收回权形同虚设。进一步而言，且不论收回破产申请对企业形象及价值的不利影响，如若使债务人在极不符合自行管理前提条件下得以收回破产重整申请，则无疑会造成程序迟延、债权人利益受损之恶果。假使破产管理人介入已成必然，则不必画蛇添足。

### 三、裁定重整时债务人自行管理的批准

经过裁定重整前的"考察期"，特别是债权人的意见反馈及法院的审慎调查，法院即可在裁定重整同时决定是否正式批准债务人自行管理。在此程序阶段，债务人自行管理机构的能力风险以及债务人自行管理下的重整前景和重整效益优势应为人民法院批准债务人自行管理的重要评价指标，且法院应重点参考裁定重整前债务人自行管理的实际效果。

显然，法院审查的核心目的在于保护债权人利益。然而与其让法院就债务人自行管理的风险与收益做出不准确的预测性判断，不如变法官裁量为债权人意思自治。通过减少法院介入，增强债权人意思自治不仅能提高债务人自行管理批准程序的效率，亦可确保债务人自行管理团队的独立公正性。德国《重整促进法》改革的另一创新之处即在于新增的德国《破产法》第270条第3、4款的规定。依据第270条第3款的规定，在法院就债务人自行管理申请作出决定前，应听取临时债权人委员会的意见，除非该听证程序的进行明显会导致债务人财产的进一步减少。如果债务人自行管理申请获得临时债权人委员会的一致支持，则法院不得以债务人自行管理对债权人不利为由拒

---

[1]　Hölzle, NZI 2011, 124, 130.
[2]　Eidenmüller, ZHR 2011, 11, 36.

绝自行管理申请。由此，临时债权人委员会的一致支持决议就对法院具有一定的约束力。[1]新增的德国《破产法》第270条第4款又规定，如果法院拒绝债务人自行管理申请，则必须书面阐明理由。基于此新增两款规定，法院在债务人自行管理批准方面较为保守的态度将会得到大大改观，从而实现了债务人自行管理批准的助推效应。[2]

依美国之经验，大债权人，特别是诸如享有担保物权的银行等大债权人，往往可以在债务人自行管理模式下操控重整程序，从而不再是债务人滥用重整损害债权人利益，而转变为大债权人滥用权利侵害股东及中小债权人利益。[3]以此为鉴，并考虑到我国重整市场中金融债权人往往具有强势地位，债权人听证会意见目前也仅宜作为考量的重要因素之一，而非唯一因素。此外，尽管依据我国《企业破产法》第45条的规定在受理破产申请后至迟3个月即可完成债权申报，但债权人早期参与的弊端无疑在于有可能导致程序迟延。由此，债权人听证会的举行必须以不导致程序迟延为前提。为了节约相关的程序成本，亦可采取债权申报时意见征询、其后书面意见征询、与第一次债权人会议合并进行等方式。

值得注意的是，在《重整促进法》立法过程中，德国学者艾登穆勒曾建议，在债务人提出破产申请的情况下，只要债务人自行管理得到至少25%可以预见到的有投票表决权的债权人支持，即可推定债务人自行管理不会造成债权人不利益。[4]循着这一思路，以加快程序进行，节省相关费用为目的，只要债务人在裁定重整前与已知的债权人就自行管理事项达成相应协议，且上述债权人所持有表决权的债权额及人数均超过已知债权额及债权人人数的一半，则法院在裁定重整时即可直接认可该协议效力，而不必再进行听证程序。对于裁定受理重整时债务人自行管理的批准，亦可适用这一规则，但随之带来的问题是，债务人有可能提供经过"修饰"的债权人名单，从而有助

---

〔1〕　Frind, ZInsO 2010, 1524, 1527.

〔2〕　Willemsen/Rechel, BB 2011, 834, 837.

〔3〕　参见齐砺杰：《破产重整制度的比较研究——英美视野与中国图景》，中国社会科学出版社2016年版，第168~170页。

〔4〕　Eidenmüller, ZIP 2007, 1729, 1735; ders., ZIP 2010, 649, 659.

于其获批债务人自行管理。有鉴于此，值得考虑的是，债权人应有权对债权人名单提出异议，并提供证据证明债务人自行管理并未真正获得"双过半"通过。且一旦发现存在重大欺诈或隐瞒债权人真实情况的情形，即可拒绝债务人自行管理申请，亦或撤销债务人自行管理，并要求相关人员承担赔偿程序迟延所造成损失的责任。

### 四、债务人自行管理其后批准的相对严格化

债务人自行管理的其后批准是指在法院受理破产（重整）申请后，债务人企业才提出自行管理申请。显然，在此情况下应对债务人自行管理的批准采取一种更为严格谨慎的态度。依照修订后的德国《破产法》第 271 条的规定，只要债权人会议以德国《破产法》第 76 条第 2 款规定的债权多数和参与表决的债权人人数多数通过提出债务人自行管理申请的决议，且债务人对此表示认可，则法院必须批准债务人自行管理。而按照德国旧《破产法》第 271 条的规定，债务人自行管理其后批准还必须以法院之前曾拒绝债务人自行管理申请为前提。德国立法者认为，这一附加条件为债务人自行管理其后批准设置了不必要的障碍。新规定不仅尊重了债权人的意思自治，而且通过"双过半"的设置消除了少数大债权人或人数众多的小债权人操控债务人自行管理其后批准的风险。[1]然而有德国学者指出，债务人自行管理其后批准在长期的法律实践中几乎鲜有案例，并且考虑到改革后债务人自行管理批准的宽松化及债权人的参与，可以预见到的是，债务人自行管理其后批准即使在修订后仍将是一种例外情形。[2]

于我国而言，如若破产清算案件已为法院所受理，而债务人其后提出重整及自行管理申请，则此时债务人自行管理的批准必须以债权人会议"双过半"通过相应决议为前提。这一方面可促使债务人尽早启动重整程序，从而提高重整成功可能性；另一方面也可有效保护债权人利益，防止债务人通过其后申请重整的方式阻碍程序的正常进行。然而，在人民法院裁定受理重整

〔1〕 Begr. zum RegE ESUG, BT-Drucks. 17/5712, S. 41.
〔2〕 Pape, ZInsO 2010, 1582, 1595.

并指定破产管理人的情况下，如若债务人其后提出自行管理申请，则应区别对待处理。假使之前债务人已提出过自行管理申请而未获批准，则债务人自行管理的批准仍应以"双过半"为前提。但如若债务人首次提出自行管理申请，则债权人会议"双过半"的设置显得过于繁琐，特别是在裁定受理重整情况下极有可能造成程序迟延及费用提高的后果。由此值得考虑的是，在已裁定受理重整情况下，如若债务人首次提出自行管理申请，则只要债务人证明自行管理不会导致程序迟延或债权人不利益，即可批准债务人自行管理；但债权人委员会、占有债权总额四分之一以上的债权人对债务人自行管理明确表示反对的，应交由债权人会议表决。如此设置的目的不仅在于有效保护债权人利益，而且关键在于使债务人学会打好破产重整与债务人自行管理这套组合拳。

### 五、债务人自行管理的撤销

早在 1994 年《破产法》立法理由中，德国立法者即指出，法院只是对债务人自行管理申请暂时作出裁决。[1] 基于这一理念，德国《破产法》第 272 条第 1 款规定："自行管理在下述三种情况下被撤销：①债权人会议以德国《破产法》第 76 条第 2 款规定的债权多数和参与表决的债权人人数多数通过决议提出撤销债务人自行管理申请；②一名享有别除权的债权人或一名破产债权人申请撤销，并且德国《破产法》第 270 条第 2 款第 2 项规定的前提条件已经丧失，且债务人自行管理明显对提出撤销申请的债权人造成或可能造成重大不利益；③债务人申请撤销。"并且依据该条第 2 款的规定，破产法院在决定之前，必须征询债务人的意见。债权人或债务人均有权对破产法院的决定提请复议。并且法院撤销自行管理的决定必须依据德国《破产法》第 273 条进行公告。显而易见，债务人自行管理的撤销亦是对抗债务人自行管理滥用的终极武器。

上述德国的立法规定显然对我国相关立法完善具有借鉴意义。在债务人自行申请撤销以及债权人会议以"双过半"多数作出撤销债务人自行管理决

---

〔1〕 Begr. zum RegE InsO, BT-Drucks. 12/2443, S. 223.

议的情况下，人民法院必须立即撤销债务人自行管理。然而，考虑到债务人自行管理滥用防范的及时性问题，如若由个别债权人提出撤销债务人自行管理，则法院应有权在债权人利益遭受严重损害或有遭受严重损害潜在可能性的情况下暂停自行管理，并由财产监督人代行破产管理人职责。暂停执行的前提应是没有其他更适当的手段可以防范损害债权人利益情况的发生。并且人民法院在一般情况下应听取自行管理人、财产监督人及债权人委员会的意见，必要时可将是否撤销债务人自行管理交由债权人会议表决。此外，德国著名的破产法实务人士团体 "Gravenbrucher Kreis" 在 2014 年建议，应同时赋予债权人委员会及财产监督人申请撤销债务人自行管理的权利，从而对债务人自行管理形成更为有效的监督制约。[1]这一立法建议亦值得加以考虑。

于此仍值得一提的是，奥地利《破产法》第 170 条第 1 款第 3 项规定，如果破产重整方案在 90 日内未获得债权人通过，则债务人自行管理将自动终止。此外，依据奥地利《破产法》第 169 条第 1 款第 1 项的规定，只有当债权人依破产重整方案在未来最长的两年内受偿比例不低于 30% 的情况下，债务人企业才能获批自行管理。如果其后重整方案调整而使债权人受偿比例低于 30%，则债务人自行管理将会被撤销。[2]限定重整方案通过期限的方式可倒逼债务人企业尽早与债权人沟通，为破产重整及债务人自行管理做好准备，而非将破产重整及自行管理作为其最后的救命稻草。然而，将受偿比例作为债务人自行管理批准与撤销的标准则显得过于机械。

## 六、结论

批准条件的合理设置无疑是债务人自行管理制度效用发挥的基石。德国《重整促进法》对债务人自行管理批准规定的修改，意在促使债务人尽早主动提出重整申请，充分发挥债务人自行管理的重整促进功能。破产启动程序中自行管理的常态化将更有利于确保重整的连续性，而重整程序正式启动时及其后自行管理批准门槛的降低则显然能进一步促进债务人自行管理效用的发

---

〔1〕 Gravenbrucher Kreis, ZIP 2014, 1262, 1264.
〔2〕 Stephan Riel, ZInsO 2011, 1400 ff.

挥。并且通过在批准程序中引入债权人参与，基于债权人意思自治的债务人自行管理其后撤销亦使得债权人意思自治得到充分尊重。德国联邦最高法院在 2011 年的一份裁决中明确指出："如若债权人会议决议采取债务人自行管理模式，则法院必须批准债务人自行管理申请。反之，如若债权人会议决议申请撤销债务人自行管理，则法院亦无须进行实质审查而遵从债权人会议的决议。《破产法》第 271、272 条的规定体现出对债权人意思自治的尊重。"[1]

根据波士顿咨询公司统计的自 2012 年 3 月至 2018 年 1 月的共计 57 200 起企业破产（重整和清算）案件中，2.7% 的案件获批了债务人自行管理，其中德国 16 个州中比例最高的为巴登符腾堡州的 4.2%。并且 2015 年德国最大的 50 起破产案件中有 20% 采用了债务人自行管理，2016 年德国最大的 50 起破产案件中有 58% 采用了债务人自行管理，2017 年德国最大的 50 起破产案件中有 64% 采用了债务人自行管理，并且债务人自行管理申请成功率高达 95%。由此可见，债务人自行管理已经逐步成为大型企业重整的常态。此外，在所有自行管理的案件中，大型企业只占比 33%，其他 67% 均为中小企业。[2]相比较德国改革前债务人自行管理批准率基本维持在 0.5% 左右，上述数据显然说明德国 2012 年《重整促进法》对债务人自行管理的改革还是相当成功的。与此同时，德国科隆的地方法院在《重整促进法实施 30 月后之评估》一文中曾批评指出，债务人仍然是缺乏债务人自行管理前的必要准备和经验，例如在破产（重整）程序中对破产程序性规定的不熟悉，与大债权人缺乏沟通等等。[3]此外，根据波士顿咨询公司统计的自 2012 年 3 月至 2018 年 1 月的 1272 起申请债务人自行管理的案件，其中 17% 的申请被拒绝，22% 的债务人自行管理虽被批准而后被撤销。[4]由此可见，《重整促进法》修订后的债务人自行管理批准及撤销机制已于实践中发挥了滥用防止门槛的作用。

具体就我国而言，首先值得期待的是，债务人自行管理申请时间点的解

〔1〕 BGH, Urteil vom 21.7.2011, NZI 2011, 760.

〔2〕 The Boston Consulting Group, Sechs Jahre ESUG, http://image-src. bcg. com/Images/Focus-ESUG-study_tcm108 – 190947. pdf, 最后访问时间：2018 年 10 月 1 日。

〔3〕 Laroche/Pruskowski/Schöttler/Siebert/Vallender, ZIP 2014, 2153, 2161 ff.

〔4〕 The Boston Consulting Group, Sechs Jahre ESUG, http://image-src. bcg. com/Images/Focus-ESUG-study_tcm108 – 190947. pdf, 最后访问时间：2018 年 10 月 1 日。

限。通过申请时间点的解限，不仅能调动债务人司法重整的积极性，而且也可避免重整过程中企业控制权的频繁转移，确保企业经营及重整的连续性。多层次的债务人自行管理审查批准机制则意在促使债务人尽早主动提出重整和自行管理申请，进而充分发挥债务人自行管理的重整促进功能。并且在批准程序中引入债权人的参与，亦使得债权人意思自治得到尊重。债权人对债务人自行管理批准的参与权，乃至时机成熟时的决策权也必将能促使债务人尽早与债权人就企业重整事宜进行协商，进而实现债务人自行管理批准的灵活化和高效化。亦为关键的是，法院在驳回债务人自行管理申请的情况下，应负有解释说明的义务。此举应能避免人民法院在债务人自行管理批准方面过于保守，并有利于通过实践继受使债务人自行管理批准条件得以细化。在债务人自行管理其后批准方面，"双过半"的设置防止了大债权人及人数众多的小债权人对债务人自行管理批准的不当影响。然而于我国，如若债务人企业在法院裁定受理重整并指定管理人后首次提出自行管理申请，则不应以债权人会议"双过半"通过相应决议为前提。但此时债务人不仅必须自证清白，而且将面临债权人强大的异议权。

然而，债务人自行管理批准条件的设置并无法完全消除债务人滥用自行管理的潜在风险。毋庸否认，这一风险及担忧将始终存在，但不能因噎废食。与其因为潜在风险而不用或过于保守，还不如加强实施过程中的监督制约。毫无疑问，问题关键是在"放权"和"制约"间寻找到一个最佳平衡点，从而在最大程度发挥债务人自行管理制度优势的同时，防范债务人滥用自行管理，确保债权人利益最大化的实现。由此，债务人自行管理的职权配置及过程中的监督制约即成为另一个有待解决的关键性问题。

## 第三节　债务人自行管理的职权配置与监督制约

### 一、债务人自行管理的机构设置

首先必须解决的是债务人自行管理机构设置的问题，也即是保留现有公司法意义上组织机构，还是新设自行管理委员会等类似破产法意义上机构。

在我国司法实践中的一种模式是，债务人企业在申请重整前事先设立了"自行管理委员会"一类的机构，设定其职责，进行前期工作，并以该机构作为重整期间企业管理的负责机构。[1]值得注意的是，根据德国著名咨询公司 Roland Berger 于 2018 年 1 月公布的一项问卷调查结果，即便在《重整促进法》改革后的 5 年，仍有 73% 的受访者认为企业的原管理层不适于作为债务人自行管理的主体，而应通过其他手段对其运营管理能力加以支持或补充。[2]就此而言，债务人自行管理委员会的设置一方面更换了无能抑或腐败的原管理层，另一方面则可引入具有重整专业技能及经验的新管理层。换言之，自行管理委员会可以由适格的原运营管理层、重整运营管理专业人员等组成。但由此产生了债务人自行管理委员会与公司法意义上组织机构的协调的问题。此外，如若从债务人自行管理运营和重整连续性的核心优势出发，并考虑到机构设立、运行及协调的成本，则保留现有公司法意义上组织机构的债务人自行管理模式更具优势。并且在美国的实践中往往会任命一名首席重整官，即一个实质上的受托管理人，在重整案件中取代公司高管层而扮演核心角色，甚至通过这种指定成功地剥夺了在位高管层的决策权。[3]此模式实际上在保留公司法意义上组织机构的同时亦融入了新设自行管理机构的元素。Roland Berger 于 2018 年 1 月公布的 1 项问卷调查结果亦显示，有 94% 的受访者认为在债务人自行管理中需要专业人士的及时介入，且有 83% 的受访者认为需要任命独立的首席重整官。[4]

进一步而言，应确立自行管理机构成员任免的破产法规则。例如，德国《破产法》第 276a 条第 2、3 句规定："对于企业运营管理机构成员的任免必须以财产监督人的同意为前提。财产监督人只有在企业运营管理机构成员的任免不会造成债权人不利益的情况下，才能同意这一任免决议。"德国立法者

---

〔1〕　王欣新："论破产重整中的债务人自行管理制度"，载《政治与法律》2009 年第 11 期。

〔2〕　Roland Berger, 5 Jahre ESUG, https://www.rolandberger.com/en/Publications/pub_five_years_esug.html，最后访问时间：2018 年 10 月 1 日。

〔3〕　参见齐砺杰：《破产重整制度的比较研究——英美视野与中国图景》，中国社会科学出版社 2016 年版，第 170～171 页。

〔4〕　Roland Berger, 5 Jahre ESUG, https://www.rolandberger.com/en/Publications/pub_five_years_esug.html，最后访问时间：2018 年 10 月 1 日。

认为，该规定将能有效防止对于企业运营管理机构成员的恶意性更换，并能加强企业运营管理机构成员的独立性。[1]从此角度出发，进一步的立法举措可以是，债权人会议或债权人委员会应可提议股东（大）会作出公司法意义上的决议更换不适格的高级管理人员，否则将申请撤销债务人自行管理。由此将可确保债务人自行管理机构摆脱大股东控制，更多地为企业价值最大化目标服务。于此方面，债务人自行管理委员会模式的优势又有所显现。毕竟债权人会议或债权人委员会决议更换债务人自行管理委员会成员相较于更换公司法意义上的组织机构成员更加简便易行。

## 二、债务人自行管理的职权配置

在德国法上，债务人在自行管理程序中取代了破产管理人的地位，扮演一种自行管理人（Eigenverwalter）的角色。我国《企业破产法》第73条亦规定，在债务人自行管理模式下，将由债务人企业在管理人的监督下自行管理财产和营业事务，行使《企业破产法》规定的管理人职权。邹海林教授认为，债务人基于"管理人的地位"独立实施如下的行为：有关债务人财产的占有和管理、债务人财产状况的调查、制定重整计划草案、审查和异议债权、债务人的内部事务管理和相应的支出、债务人营业的继续或者停止、债务人财产的处分、诉讼或者其他法律程序的进行、提议召开债权人会议、通知债权人会议的召开、与债权人协商重整计划草案、提请表决重整计划草案等。[2]此外，有实务界人士认为，债务人职责包括：①管理财产和营业事务（包括管理账簿、文书、财产，决定留用人员和内部管理事务，决定日常开支和其他必要开支，履行或解除双方均未履行完毕的合同等）；②制定重整计划草案；③执行重整计划。[3]此外，于我国司法实践中，例如在深圳地区，对于债务人自行管理的案件，管理人仍代表债务人参加诉讼、仲裁或者其他法律

---

〔1〕 Begr. zum RegE ESUG, BT-Drucks. 17/5712, S. 42.

〔2〕 邹海林："供给侧结构性改革与破产重整制度的适用"，载《法律适用》2017年第3期。

〔3〕 许胜锋："重整中债务人自行管理制度价值及风险的实用性研究"，载《中国政法大学学报》2017年第3期。

程序，仍组织召开关系人会议。[1]尤其就"深圳中华自行车（集团）股份有限公司破产重整案"，邹海林教授指出，自行管理债务人事实上并没有取得管理人的法律地位，法院仍然将注意力集中于管理人在重整程序中如何执行职务方面。只有认识到自行管理债务人在重整程序中具有管理人的地位，才能够充分发挥《企业破产法》第73条规定的债务人自行管理制度的功能。[2]

另一方面，王欣新教授指出："有鉴于可能存在的利益冲突，并从保护债权人等利害关系人利益的角度出发，人民法院在批准债务人自行管理的同时，应当明确授权管理人依据《企业破产法》第31条、第32条、第33条等规定对债务人的财产、债权债务状况或行为进行调查，且《企业破产法》第35条、第36条规定的对股东未缴纳出资的追缴和对高管人员非正常收入和侵占企业财产的追回等职权亦只能由管理人行使；此外，由管理人行使撤销权也更符合撤销权的立法宗旨。"[3]实际上，德国《破产法》亦对破产管理人（德国法称之为财产监督人）的权限保留做出了明确规定。例如，该法第274条规定，由财产监督人检查债务人的经济状况。此外，第280条规定，只有财产监督人才可主张德国《破产法》第92条规定的破产财产减损的损害赔偿请求权以及第93条规定的向公司股东的追索请求权，也只有财产监督人才可以行使破产撤销权。德国《破产法》第270c条第2句亦规定，在债务人自行管理程序中，债权应向财产监督人申报和登记。换言之，除了维系企业经营的相关事务，债务人自行管理的事务主要是重整事务型职权。[4]管理人的权限保留主要集中在债务人财产以及债权债务状况真实性和准确性的调查，以及部分财产请求权、破产撤销权的行使。

另一值得注意的问题是，我国《企业破产法》第80条第1款规定，债务人自行管理财产和营业事务的，由债务人制作重整计划草案。而德国《破产法》第284条规定，除了债务人拥有重整计划提案权外，债权人会议亦可在

---

〔1〕　许胜锋："重整中债务人自行管理制度价值及风险的实用性研究"，载《中国政法大学学报》2017年第3期。

〔2〕　邹海林："供给侧结构性改革与破产重整制度的适用"，载《法律适用》2017年第3期。

〔3〕　参见王欣新："论破产重整中的债务人自行管理制度"，载《政治与法律》2009年第11期。

〔4〕　王欣新："论破产重整中的债务人自行管理制度"，载《政治与法律》2009年第11期。

自行管理程序中授权财产监督人制定重整计划。德国《破产法》通过债权人会议授权的方式实现了重整计划提案权的适度竞争，从而有效防止债务人自行管理模式下滥用或操控重整的问题。亦值得注意的是，依据德国《破产法》第 218 条第 1 款第 1 句的规定，在管理人主导的破产重整程序中，债务人或破产管理人均享有重整计划的提案权，并无需事先获得债权人会议的授权。就此而言，德国立法者亦试图对此时的竞争提案权进行一定限制，防止财产监督人过多或不当的干预，而将其更多的设计为一种谈判工具。此外，须提请注意的是，在上述德国《破产法》第 270b 条规定的重整准备程序中，债务人不仅得以自行管理重整事务，而且享有重整计划草案的提案独享权。

于此仍须明确的是，破产企业的公司治理应首先依破产法规则，公司法意义上的治理权限应被缩减到最小限度，且以不损害债权人利益和企业重整为前提。这一方面是由于某些破产法赋予的职权行使不宜以公司法上的决策机制展开；另一方面亦是由于在企业破产情况下，债权人才是企业财产的真正享有者，才应拥有最终的决策权。换言之，在破产（重整）相关事项方面，破产法的规则具有优先适用性。例如，在 S*ST 朝华和 S*ST 星美案件中，法院即认为，承债式的资产收购不需要股东大会作出决议，亦无需遵循证监会设定的正常经营情况下的资产处置行为程序。[1]美国破产法协会 2014 年的《美国破产法协会美国破产重整制度改革调研报告》中亦建议，美国《破产法典》应明确董事会或类似管理组织有权开展并完成美国《破产法典》第 363 条规定的交易，而无需组织股东进行表决。[2]此外，重整计划的制定和提交是破产程序的特殊事项，应当特殊对待，对此无须适用公司法或章程规则。也即，债务人管理层或者其聘请的破产专家代表公司提出重整计划时无须经过股东会决议。[3]实际上，于我国上市公司重整实践中，在采取债务人自行管理模式的情况下，董事会制定的重整计划草案也没有经过股东大会批准的

---

〔1〕 参见贺丹：《上市公司重整：实证分析与理论研究》，北京师范大学出版社 2012 年版，第 120~121 页。

〔2〕《美国破产法协会美国破产重整制度改革调研报告》，何欢、韩长印译，中国政法大学出版社 2016 年版，第 227 页。

〔3〕 池伟宏："论重整计划的制定"，载《交大法学》2017 年第 3 期。

案例。[1]尽管如此，公司组织机构仍可依公司法形成相应决议，但此时之决议不仅得符合股东及公司整体之利益，更不得与债权人利益，或者说企业价值最大化的目标相违背。亦可期待的是，通过要求债务人自行管理机构对债权人承担信义义务及债权人对自行管理决定权的设置将解决信息不对称的问题，从而改变我国债务人自行管理中股东控制权过于强势的现状，促成债权人控制权的实现。

### 三、债务人自行管理的监督与制约

防范债务人自行管理滥用的关键在于自行管理实施过程中的监督制约。我国《企业破产法》第73条第1款即明确债务人是在管理人的监督下自行管理财产和营业事务。德国《破产法》第270条第1款亦规定，债务人是在财产监督人（Sachwalter）的监督下自行管理和支配破产财产。从监督职能角度而言，德国法上"财产监督人"的称谓更为准确。依德国学者观点，尽管自行管理机构取得了破产管理人的法律地位，但只获得受限的管理处分权，并且这一权限还受到财产监督人、债权人及法院的广泛监督制约。[2]特别是专业财产监督人的持续性监督可以有效防范损害债权人利益或程序迟延情况的产生。[3]根据德国著名咨询公司 Roland Berger 于2018年1月公布的一项问卷调查结果，91%的受访者认为债务人自行管理顺利运作的关键在于自行管理团队与重整监督人的密切合作，81%的受访者认为需要及时成立债权人委员会，79%的受访者认为目前德国《破产法》对于债务人自行管理下的职责分工是有效可行的，并且55%的受访者认为这样的分工协作能促成重整结果的优化。[4]于此须说明的是，尽管在债务人自行管理的情况下，财产监督人及债权人委员会均有监督之责，但笔者认为，于我国而言，债权人委员会的监督是一种非常态化监督，而财产监督人的监督则应是专业化的常态监督。某

---

〔1〕 郑志斌、张婷：《公司重整制度中的股东权益问题》，北京大学出版社2012年版，第101页。

〔2〕 Hess/Ruppe, NZI 2002, 577, 578 f.；Körner, NZI 2007, 270, 273; Bales, NZI 2008, 216, 221.

〔3〕 Körner, NZI 2007, 270, 274.

〔4〕 Roland Berger, 5 Jahre ESUG, https://www.rolandberger.com/en/Publications/pub_five_years_esug.html，最后访问时间：2018年10月1日。

种角度而言，由于债权人委员会的工作机制，其监督可能更多是一种事后监督，而财产监督人的监督则是事前、事中、事后的全方位监督。

于美国，该国《破产法典》第 1104 条（c）款规定："如若破产法院未依据本法任命破产管理人（Trustee），则在重整计划批准前的任何时刻，可依任何利害关系人或联邦托管人的申请，在经通告和听证后，法院将任命审查人（examiner），由其来进行适当调查，以查明债务人及其现今和之前管理层是否存在欺诈、不诚实、不胜任、不当行为、管理不当以及管理中违规行为等情况。任命审查人的情形包括：①这一任命有利于债权人、出资人及其他破产财团利害关系人的利益；②除了债务人因购买货物及服务，或缴纳税款，或对内部人所负债务之外，其所负的经决算所确定的无担保债务超过 500 万美元。"美国法上审查人的主要职责是对债务人行为的"适当性"进行调查并提交报告，其通常不会接手债务人的运营，参与其谈判或提交重整计划，或承担债务人的任何职责。当然，法院亦有权扩大或调整审查人的职权范围，例如推动或协调重整计划的制定，代表破产财团提起诉讼，但其并不会剥夺债务人在重整程序中自行管理人的身份。其目的在于在避免管理人成本开支和交接麻烦的同时，通过对债务人实施的调查来在必要时任命破产管理人。[1]值得注意的是，根据加拿大破产法的相关规定，虽然债务人企业的管理层仍主导重整，但须由适格管理人启动并由其监督重整程序进行。其职权主要包括对债务人财产相关事项进行调查，向债权人提供信息，召集债权人会议，其履职则受债权人委员会的监督。有学者即指出，加拿大破产法上的管理人角色应更类似于美国破产法上的审查人。[2]就上述而言，美国法上的审查人仍区别于德国法上的财产监督人，而加拿大的立法规定似乎更接近德国法的规定。但毫无疑问，德国法的规定更符合我国《企业破产法》第 73 条第 1 款规定的要求，但问题关键在于职权的合理配置。然而遗憾的是，我国《企业破产法》并未明确规定管理人具体的监督职能。有实务界人士认为，在

---

〔1〕 参见［美］查尔斯·J. 泰步：《美国破产法新论（第 3 版）下册》，韩长印、何欢、王之洲译，中国政法大学出版社 2017 年版，第 1159～1161 页。

〔2〕 See Timothy C. G. Fischer & Jocelyn Martel，"Does it Matter How Bankruptcy Judges Evaluate the Creditor's Best-interests Test?"，*American Bankruptcy Law Journal*，Vol. 81，2007，pp. 510－511.

债务人自行管理程序中，管理人主要对债务人的财产管理情况、经营事务管理活动、日常财务支出及重整费用支出、债务重组和资产重组、信息披露工作等进行监督。[1]

视线再转至德国，该国《破产法》第 274 条第 2 款明确规定，由财产监督人监督债务人的企业运营。该条第 3 款亦明确，如若财产监督人发现自行管理会对债权人利益造成损害，应当立即报告债权人委员会和破产法院。在未设置债权人委员会的情况下，财产监督人应及时通知已申报债权的债权人和有别除权的债权人。有德国实务界人士指出，虽然第 274 条第 3 款的规定并未明确其后的相应措施，但这一规定实际上却是财产监督人最锋利的武器，因为在通常情况下，破产法院鉴于财产监督人的告知，将会终止债务人自行管理。[2]在上述概况性规定的基础上，该国《破产法》还列举了一些具体监督措施，包括：①财产监督人有权对债务人因常规经营行为产生的债务提出异议，在提出异议情况下，债务人不得履行该债务（德国《破产法》第 275 条第 1 款第 2 句）。②财产监督人可以要求债务人所有到账金钱只能由财产监督人受领，支出的款项只能由财产监督人给付（德国《破产法》第 275 条第 2 款）。③财产监督人应对破产财产的财产目录、债权人名册、财产一览表以及债务人提出的结算报告进行审查（德国《破产法》第 281 条第 1 款第 2 句、第 281 条第 3 款第 2 句）。④财产监督人应对破产财产的分配进行审查，并以书面的形式说明是否应对破产财产的分配提出异议（德国《破产法》第 283 条第 2 款）。⑤如果在破产程序中通过了破产重整计划，财产监督人应监督破产重整计划的执行（德国《破产法》第 284 条第 2 款）。⑥由财产监督人向破产法院报告破产财团财产不足（德国《破产法》第 285 条）。概言之，德国法上财产监督人主要是对运营重整中的财产性事务进行监督。

更为关键的是，德国《破产法》赋予了财产监督人对特定事项的参与决策权。例如，德国《破产法》第 275 条第 1 款第 1 句规定，对于因非常规经营所产生的债务，债务人只有经财产监督人批准方可承担。又如，依据德国

---

〔1〕 许胜锋："重整中债务人自行管理制度价值及风险的实用性研究"，载《中国政法大学学报》2017 年第 3 期。

〔2〕 Berner/Köster/Lambrecht, NZI 2018, 425, 430.

《破产法》第 279 条第 2 句的规定，对于合同履行选择权的行使，债务人必须与财产监督人取得一致。再如，债务人对于担保财产的估价也必须与财产监督人取得一致（德国《破产法》第 282 条第 2 款）。此外，债务人的某些行为只有经财产监督人批准才能生效，如债务人依据德国《破产法》第 120、122、126 条规定所行使的权利（德国《破产法》第 279 条第 3 句）。更进一步，德国《破产法》第 277 条规定："经债权人会议申请，破产法院可以决定债务人的特定法律行为只有经财产监督人同意才能生效。一名破产债权人或一名享有别除权的债权人也可以向破产法院申请债务人的特定法律行为只有经财产监督人同意才能生效，但其应确信为避免债权人利益损失立即做出这一决定是必要的。"于此须提请注意的是，破产法院不得依据德国《破产法》第 277 条对债务人行为设定概括性限制。并且在违反德国《破产法》第 277 条的情况下，相关行为是无效的，除非第三人可依善意取得制度取得相关标的物；而在违反德国《破产法》第 275 条第 1 款的情况下，自行管理人所从事的相关行为是有效的，但却可能导致撤销债务人自行管理。[1]显然，上述权限限制将能对债务人的行为加以进一步管控和制约。

于我国而言，一方面债务人自行管理中的管理人仍然强势，其仍扮演着某些应由自行管理人扮演的角色，其监督制约权显然需要参照德国立法重新进行权限梳理，特别是非常规经营债务的承担、合同履行选择权的行使、担保物的估价以及法院的特别授权；另一方面，我国破产重整中控股股东的强势地位也造成了债权人监督制约作用的弱化，加强债权人监督制约作用的发挥亦成为尤待解决的问题。然而考虑到债权人会议召开的非及时性及复杂性，加之个别债权人的搭便车心理与能力缺失，则似乎更应让债权人委员会发挥作用。例如，美国《破产法典》第 1104 条（b）款规定的各种债权人和股权持有人组成的委员会在重整程序中有权进行各种重要交涉，有权与托管人和经管债务人就下列问题进行磋商：日常管理、调查债务人及其他相关事项、参与制定重整方案并就方案的接受或否决向债权人或利害关系人提出建议。委员会可以请求任命托管人或监察员；为维护其所代表的债权人或股东的利

---

〔1〕 Foerste, Insolvenzrecht, 7. Auflage, S. 312, Rdnr. 617 ff.

益而提供其他服务；并在特定情况下提出重整方案。基于这些权力，委员会在重整程序中起着举足轻重的作用。[1]又如，德国《破产法》第276条明确规定，在自行管理情况下，债务人实施对破产程序意义重大的行为（如德国《破产法》第160条第2款列举的行为）时，必须征得债权人委员会的同意，未设立债权人委员会的，应征得债权人会议的同意。由此，在自行管理程序中，债权人委员会或债权人会议也将对债务人的行为产生一定的制约作用。然而，就美国大债权人滥用权利侵害股东及中小债权人利益之经验而言，管理人（或财产监督人）监督的模式可有效降低大债权人滥用权利的可能性。此外，无担保债权人委员会的设置也可形成抗衡大债权人的力量。[2]

　　然而，仍存有疑问的是，在已存在多重监督体系的情况下，是否有必要限制公司法意义上监督机构的权利行使？德国立法者认为，破产企业财产监督人、债权人委员会及债权人会议已起到了监督企业运营的作用，因此再通过公司法上的企业监督机构对企业决策进行监督就显得多余了，而且在个案中有可能对企业重整起到阻碍性作用。[3]基于这一考虑，德国《破产法》第276a条第1句规定，债务人企业公司法上的监督机构在自行管理的情况下将不再能对企业运营施加任何影响。然而，德国学术界认为，第276a条的规定限制了企业监督机构，如公司监事会的职能，因此有可能会对自行管理制度的实施及鼓励债务人企业尽早提出破产重整申请产生消极的影响。[4]于此须提请注意的是，与德国强势的监事会不同，我国监事会只是单纯的公司监督机构。而公司法及破产法上双重监督机制必然会降低重整的效率，在破产法监督体系有效构建和运行的情况下，监事会监督亦似画蛇添足。换言之，债务人企业公司法上的监督机构在破产重整自行管理的情况下将不再能对企业运营重整事务施加任何影响。

　　最后仍须加以明确的是，在债务人自行管理模式下，破产管理人的责任

---

〔1〕　参见［美］大卫·G.爱泼斯坦等：美国《破产法典》，韩长印等译，中国政法大学出版社2003年版，第738~748页。

〔2〕　Eidenmüller, ZHR 2011, 11, 21.

〔3〕　Begr. zum RegE ESUG, BT-Drucks. 17/5712, S. 42.

〔4〕　Kammel/Staps, NZI 2010, 791, 797.

承担规则也适用于自行管理机构。[1]德国联邦最高法院在2018年4月26日的判决中即指出,债务人公司管理层将参照《破产法》第60、61条的规定对破产程序参与人负责。其理由在于:①当债务人企业的经营管理层被赋予了广于其公司法意义上权限的职权,也即本应由破产管理人享有的职权,则亦应构建相应的责任承担规则。债务人自行管理程序与一般破产程序的同等化亦要求破产管理人与自行管理人在责任承担方面的一致性。②单纯的监督亦无法完全防止债务人公司管理层在自行管理情况下可能给程序参与人造成的损害。并且财产监督人在监督失职情况下的责任承担并不能为程序参与人提供充分法律保护。对破产程序参与人利益保护的关键在于债务人公司管理层亦须如破产管理人那样承担相应责任。③通过责任承担来确保自行管理人审慎行事,甚至通过潜在法律责任风险使得公司管理层审慎决定是否申请债务人自行管理。尤其是相应的责任承担机制将可对其"不惜一切代价进行重整"的风险偏好加以有效管控。④如若只有监督者承担责任,而作为决策者的管理层却可免除相关责任,则显然是不适当的。债务人自行管理程序不应被理解为有利于债务人公司管理层的免责宣言。⑤由于依据《破产法》第276a条公司管理层在债务人自行管理情况下不再在破产程序事项方面听命于公司的监事会或股东会,所以其亦应对其自主履职行为负责。⑥公司法的规定只是对内责任的设定,其并无法对义务违反情况下遭受损失的破产程序参与人提供适当的利益保护。一方面,自行管理人的行为可能并不不会导致公司利益受损,却有可能损害程序参与人的利益,例如破产财团债务的设定,尤其是在公司已获得全部对待履行的情况下。另一方面,如若只明确债务人公司对外承担责任,进而由债务人公司依据公司法的规定向运营管理层追偿,则债权人只能先起诉债务人公司。而在破产程序中,公司对管理层行使追索权所获得的资金并非专供上述受到损害的债权人受偿,而应纳入破产财产供全体债权人受偿。这样复杂的责任追偿路径显然相较于可直接向破产管理人求偿的规定并不公平适当,且无法为破产程序参与人提供充分的法律保护。此外,德国联邦最高法院在此判决中亦指出,债务人自行管理中的财产监督人不仅

---

[1] Eidenmüller, ZHR 2011, 11, 19.

须基于监督失职承担责任，而且如若法院依照《破产法》第 277 条第 1 款第 1 句的规定裁决债务人的特定行为须经财产监督人同意方能生效，而财产监督人同意了债务人设定破产财团债务的行为，但最终破产财团债务无法得到（足额）清偿，则其须依据《破产法》第 277 条第 1 款第 3 句以及第 61 条的规定承担相应责任。[1]简言之，责任的设定不仅符合"权责一致"的基本原则，而且亦可促使行权者为了相关者利益审慎行权，达到预防、震慑的效果。

---

〔1〕 BGH, Urteil vom 26. 04. 2018, NJW 2018, 2125.

# 第六章　破产重整措施的制度设计

## 第一节　破产重整促进措施

### 一、企业资产完整性确保措施

实现重整连续性的关键不仅在于程序设计，亦在于企业资产完整性确保。在破产重整程序启动前，由于债权人可申请执行债务人资产，因此存在企业资产被拆散的风险。为了实施重整，债务人企业一方面需要与债权人进行早期沟通，尽量赢得债权人的支持配合；另一方面，其亦应尽早申请破产重整，从而充分利用破产程序中的财产保全措施，确保企业资产的完整性。就破产（重整）程序中资产完整性确保措施的制度设计而言，各国都进行较为详细的规定，并在共性问题的基础上进行了个性化设计。例如，我国《企业破产法》第19条及德国《破产法》第89条第1款均对执行中止的基本原则做出了明确规定。显然，这一规定可确保企业资产完整性，实现企业价值最大化目标。于我国而言，仍待解决的问题是：就《企业破产法》第10条规定的破产案件受理期限而言，在债务人申请情况下最短15日的受理期限内，债务人的财产亦有可能由于执行、担保物权、取回权的行使而发生不利变化。由此，存有疑问的是，法院是否可在破产重整申请受理审查程序中对债务人企业财产设定必要的临时财产保全措施？依据德国《破产法》第21条第1款的规定，破产法院在破产启动程序中可采取一切必要措施，确保在正式受理破产（重整）案件前债务人财产不会发生不利变化。

德国破产启动程序中临时财产保全措施的核心是《破产法》第21条第2

款第 3、5 项的规定。其中该款第 3 项规定，破产法院可暂停或拒绝一切针对债务人的强制执行措施。进而，该款第 5 项规定："只要取回权或别除权涉及的标的物对于企业继续经营是不可或缺的，则破产法院可颁布决定暂停担保物权或取回权的行使；由于使用而对担保物或取回权涉及的标的物造成的价值贬损，应对相关权利人的损失进行补偿。只有当使用担保物造成了担保债权人利益受损，方才产生对担保债权人的价值补偿义务。"上述规定将能最大程度避免有违重整目的的相关行为，确保企业继续经营连续性。针对德国《破产法》第 21 条第 2 款第 5 项的规定，德国联邦最高法院法官 Pape 曾撰文指出，基于保护取回权人利益的考虑，破产法院在颁布相关决定时必须严格审查，是否真正有必要维系企业继续经营，以及取回权涉及的标的物是否真正为企业继续经营所必需。[1]另一位德国联邦最高法院法官 Ganter 亦指出，一旦破产法院颁布相关决定，债务人企业即可按通常交易所需对涉及标的物进行加工、使用，乃至出售。[2]

于我国而言，《企业破产法》只在第 75 条第 1 款中对重整期间担保权的暂停行使做出了规定。尽管德国《破产法》第 21 条第 2 款的规定针对的是德国破产启动程序中的临时财产保全措施，但对我国裁定受理程序以及裁定受理至裁定重整期间的财产保全措施设定具有借鉴意义。此外，有学者针对我国《企业破产法》第 75 条第 1 款第 2 句中"担保物有损坏或者价值明显减少的可能，足以危害担保权人权利的，担保权人可以向人民法院请求恢复行使担保权"的规定指出，尽管这一规定具有一定的指导性意义，但并未要求担保财产对于企业的持续经营具有不可或缺性，而且为证明"价值明显减少"需要对担保财产的价值进行评估，"足以危害"这一标准更是为法官自由裁量预留了较大空间而使其在司法实践层面上并不具有可操作性。可行的解决方案应是：其一，在指定期限内对该担保财产进行"是否为企业持续经营所必要"的考察，只要该财产是企业维系正常运转的必需品，都应当阻止担保债权的行使；其二，适当赋予担保债权人对经营方案可行性的挑战权限，若担

---

[1] Pape, NZI 2007, 425, 430.

[2] Ganter, NZI 2007, 549, 552.

保债权人能证明该重整计划不可行则担保权可不受限制。[1]进一步而言,《企业破产法》第 75 条第 1 款第 2 句的规定将使中止执行制度成为摆设,为有担保债权人突破程序限制提供可乘之机。由此,立法应明确:一方面,由于市场原因导致的担保物价值贬损,不在赔偿范围内;另一方面,如果对担保财产的使用会给有担保债权人的权益造成危害,但该项财产又为经营活动所必需,则应通过提供其他弥补措施的方式确保债务人企业能继续使用担保财产,例如可提供替代担保或现金补偿。[2]上述立法建议实际上与德国《破产法》第 21 条第 2 款第 5 项的规定相类似。

仍值得关注的是,有德国学者指出,依据德国《破产法》第 21 条第 2 款第 3、5 项颁布相关决定仍然需要时间,因此存有疑问的是,相关财产保全措施决定是否能及时颁布。[3]不可否认,德国法上依申请而为财产保全措施的规定可能在个案中引发非及时性的问题,更值得借鉴的是美国《破产法典》第 362 条规定的全面"自动冻结制度(automatic stay)",从而在保证债务人财产完整性的同时,保护债务人不受个别债权人追讨的困扰。[4]对于自动冻结发生法律效力的时点,存在自动停止主义和裁定停止主义。前者侧重于债务人利益和社会利益的保护,而后者则着眼于债权人利益与债务人利益的平衡。从有利于债务人再生和债权人平等保护角度而言,自动停止主义的立法例优势更为明显。[5]我国有学者建议,当事人在申请重整的时候,只要同时提交了预重整计划,就适用破产法的自动冻结原则,而不必等到法院正式受理重整申请。[6]笔者亦赞同这一立法建议,但对未提交预重整计划之情形,则应采取裁定停止方式。

进一步而言,德国《破产法》亦在第 135 条第 3 款中对出资人的取回权

---

〔1〕 参见李忠鲜:"担保债权受破产重整限制之法理与限度",载《法学家》2018 年第 4 期。

〔2〕 参见陈英:《破产重整中的利益分析与制度构造——以利益主体为视角》,山东大学出版社 2013 年版。

〔3〕 Kemper, Die U. S. -amerikanischen Erfahrungen mit "Chapter 11", S. 225.

〔4〕 〔美〕大卫·G. 爱波斯坦等:美国《破产法典》,韩长印等译,中国政法大学出版社 2003 年版,第 75 页。

〔5〕 胡利玲:"破产重整制度之审思",载《中国政法大学学报》2009 年第 4 期。

〔6〕 王佐发:《上市公司重整中债权人与中小股东的法律保护》,中国政法大学出版社 2014 年版,第 249 页。

行使在一定期限内进行了限制。该款规定："如果债务人企业出资人将其财产
交由债务人企业使用，只要这一财产对于债务人企业的继续经营至关重要，
则该出资人在破产程序启动后的 1 年内不可以主张其财产取回权。基于使用
出资人财产的事实，必须给予出资人一定的经济补偿；这一经济补偿数额的
计算以破产程序启动前一年度所付使用费的平均值为依据，如果对这一财产
的使用少于上述期限则以实际使用期限中的使用费平均值为计算依据。"德国
立法者认为，股东为了避免投资风险，可能会首先购买公司经营所需的财产，
再将其出租给公司使用。通过这一方式，股东就保留了对此财产的所有权，
那么即使公司破产，该财产也不会被列入破产财产分配给债权人。由此就产
生了这样一种风险，即股东在破产程序开始后立即收回其提供给公司使用的
财产或权利，而这些财产或权利是公司经营所必需的。显然，股东这种随时
收回行为一方面有违股东对公司的诚信义务，另一方面也不利于破产程序目
的的实现，即债权的最大清偿。即使股东不愿意参与公司重整，但依据股东
对公司的信义义务，其也不得进行任何有违公司利益的行为。由此，通过规
定股东在一定期限内不可以要求公司返还该财产，就可以避免公司重整可能
性降低。而在确实存在重整可能性的情况下，破产管理人应该可以在一年之
内和相关当事人达成协议，从而保证公司继续经营。超过这一期限，股东理
应有权要求返还该财产。[1]

　　与德国上述规定相比较可以发现，我国《企业破产法》第 76 条对取回权
行使的限制一方面只适用于重整期间，另一方面得符合事先约定的条件。而
如若按约定的条件，例如租赁期限在重整期间届满，则财产权利人可在重整
期间取回财产，这显然可能会对重整产生不利影响。就上述而言，德国法对
取回权自程序启动之时即可进行限制，以及针对出资人取回权固定期限限制，
并辅之以价值补偿的规定更为妥当。此外，各国破产法赋予管理人的其他一
些权限亦可实现企业资产的完整性。例如，破产管理人可以通过合同履行选
择权和破产撤销权的行使将企业继续经营所必需的资产纳入到破产财产中。
又如，我国《企业破产法》第 37 条规定，管理人可以通过清偿债务或者提供

---

〔1〕　Beschlussempfehlung und Bericht des Rechtsausschusses zum MoMiG, BT-Drucks 16/9737, S. 59.

为债权人接受的担保，取回质物、留置物。但有学者指出"为债权人接受的担保"实际上是以债权人的主观意愿取代客观的判断标准，为担保物的取回增加障碍，所以应以客观的标准来代替有担保债权人的主观判断，从而避免有担保债权人恶意要挟或阻碍债务人企业取回已经移转占有的担保物。[1]最后，往往为人们所忽视的是，对于破产重整至关重要的不仅是企业所拥有的有形和无形资产，亦包括了对企业运营不可或缺的商业合作关系以及员工。由此，债务人企业或管理人亦应采取适当措施确保上述商业合作伙伴和员工不会流失，并将其纳入到重整规划中。

### 二、企业运营连续性确保措施

#### （一）管理人的积极经营义务

破产重整中资产完整性固然至关重要，但同时亦应尽量避免因破产（重整）程序启动对企业运营产生不利影响。前者主要有赖于制度设计，而后者更依仗于管理人的积极作为。尽管企业继续运营会产生相应费用，但经营连续性是避免企业价值贬损，确保企业完整性，促成重整成功的最佳手段。例如，相较于暂停营业引发的客户流失，商业合作伙伴丧失信心，经营连续性的确保将可维系或重获客户、商业合作伙伴的信心，证明企业继续经营能力，从而使得破产程序启动对企业负面影响得以最小化。又如，通过半成品加工制作销售不仅可以避免半成品价值损失，节省库存费用，而且可以赚取利润，提升企业价值。与此同时，企业运营连续性确保亦可为重整计划优化，协商沟通赢得时间。根据德国著名咨询公司 Roland Berger 于 2018 年 1 月公布的一项问卷调查结果，96% 受访者认为企业运营连续性对重整至关重要，同时68% 受访者指出要确保企业运营连续性难度很大。[2]

在债务人自行管理情况下，企业经营连续性通常能得以确保。而在破产管理人介入情况下，其亦应积极作为，并应在债权人会议作出相应决议前承

---

〔1〕 参见陈英：《破产重整中的利益分析与制度构造——以利益主体为视角》，山东大学出版社2013 年版，第 164 页。

〔2〕 Roland Berger, 5 Jahre ESUG, https://www.rolandberger.com/en/Publications/pub_five_years_esug.html，最后访问时间：2018 年 10 月 1 日。

担上述维系企业继续经营的义务。并且以确保债务人企业运营连续性和价值最大化为目的，管理人应尽早开展相应重整措施，而不应待至重整计划草案表决通过或批准后方采取。持续性的重整措施不仅能能确保企业运营的连续性，而且能提高重整成功可能性，乃至提升企业继续经营价值。我国学者进一步指出："管理人应意识到积极经营破产财产是债务人财产增值的唯一路径。如果破产财产处于经营状态，则评估机构不仅有理由而且应当按照收益现值法或者现行市价法进行评估，其评估价格的提高有利于提高破产财产的最后变现值，从而增加破产财产的分配额。"[1]

德国联邦最高法院在 2017 年的一份判决中明确指出，破产管理人在破产程序中显然承担保管及合理运营破产财团财产的义务。这一义务源自于破产管理人的忠实勤勉义务，并应以债权人利益最大化价值目标为指针。[2]具体而言，德国联邦最高法院 2014 年一份判决即明确指出，破产管理人在破产程序中保管及合理运营破产财团财产义务的履行不仅仅是维持破产财团现状即可，而亦须尽力使破产财产增值。例如，破产管理人对于破产财团闲置的资金不是只要妥善保管即可，而是应通过存款方式获得适当利息。[3]简言之，为确保企业运营连续性，管理人应积极经营和采取重整措施。

（二）企业运营费用降低和资金供给

对于危机企业而言，当务之急无疑是降低企业运营费用和成本，从而减少企业的资金需求，避免债务的进一步扩大。首先，可以通过"企业瘦身"降低企业运营成本。企业瘦身措施包括关停或出售部分营业实体，如非主营业务实体、亏损业务实体以及过剩产能业务实体，缩减库存，降低生产成本，缩小业务范围等。[4]尤其通过出售一些企业的营业实体，不仅能有效降低企业运营成本，而且亦可为破产企业带来新运营资金。此外，适当裁员可降低企业运营成本。亦值得推荐的是，合同履行选择权的行使一方面可以剥离一些不利的商业合同，另一方面亦可作为一种施压工具，即合同相对方为了避

---

〔1〕　韦忠语："破产财产经营论"，载《法商研究》2016 年第 2 期。

〔2〕　BGH, Urteil vom 16. 3. 2017, NJW 2017, 1749.

〔3〕　BGH, Urteil vom 26. 6. 2014, NZI 2014, 757.

〔4〕　Ritter, Unternehmenssanierung im neuen Insolvenzrecht, S. 286.

免合同解除，而愿意接受对其不利，而对于破产企业而言更为有利的商业条件。于此须提请注意的是，"因管理人或者债务人请求对方当事人履行双方均未履行完毕的合同所产生的债务"为共益债务。我国《企业破产法》第42条第1项以及德国《破产法》第55条第1款第2项对此都作出了明确规定。

进一步而言，在破产重整早期阶段，企业现金流确保往往要优先于盈利能力恢复（Liquidität vor Rentabilität）。[1]在缺少必要资金情况下，企业运营几乎不可能。尤其是某些商业合作伙伴，如供应商，往往在破产情况下只愿意接受"一手交钱，一手交货"的交易方式。因此，伴随着破产程序启动的首要任务即是确保企业拥有足够资金来维系企业运营。实际上，破产法中的某些制度设计即可为债务人企业提供资金来源。例如，在破产情况下，不仅债务人企业所享有的未到期债权视为已到期，而且债务人企业出资人的出资义务亦根据《企业破产法》第35条的规定加速到期。又如，通过撤销权行使和出售企业资产均能为债务人企业带来一定运营资金。然而，上述现金流优化措施往往是杯水车薪，新资金获取则至关重要。

于新资金引入方面，潜在投资人往往扮演着十分重要的角色。一方面，潜在投资人希望能够确保企业的持续运营，从而避免企业价值贬损；另一方面，投资者的早期介入亦能增强债权人参与重整的积极性和信心。于众多资金供给方式中，增资无疑是最佳方式，但增资资金在重整失败情况下将会作为破产财产分配给债权人，因此往往并不现实。此外，政府的资金援助虽亦值得期许，但显然并不是一种市场化手段。就我国上市公司接受政府财政补助或者补贴的情况，学者即批评指出，虽然政府补助改善了企业现金流，一定程度上缓解了上市公司的财务，但很多受补助的上市公司并没有恢复经营能力，甚至无主营业务，在资本市场上僵而不死。[2]更准确而言，破产重整中过渡性贷款更为现实。然而，在破产情况下，贷款提供者往往会要求债务人企业提供相应担保，而债务人企业自有担保物往往早已耗尽，由第三方提供担保亦不现实。

---

〔1〕 Mönning, Betriebsfortführung in der Insolvenz, S. 342.

〔2〕 参见赵惠妙："上市公司重整中政府角色的实证研究"，载《兰州学刊》2017年第12期。

（三）破产财团债务设定与风险防范

针对上述破产重整程序中融资难的问题，众多国家通过立法规定管理人设定破产财团债务权限的方式来加以化解。例如，德国《破产法》第55条第1款第1项规定："破产管理人或债务人企业可将为企业运营所必需的贷款设定为破产财团债务，并取得相较于普通债权的优先受偿地位。"我国《企业破产法》第75条第2款亦规定："在重整期间，债务人或者管理人为继续营业而借款的，可以为该借款设定担保。"

然而，问题的另一方面在于，破产财团债务的设定会增加破产财产负担，乃至对债权人受偿造成不利影响。尽管管理人依据我国《企业破产法》第69条须及时报告债权人委员会，但立法不仅未对债权人委员会其后具体处置方式做出规定，而且事后监督方式未必有助于风险防范。视线转至德国《破产法》，该法第61条明确规定："如若破产管理人所设定的破产财团债务无法得到（足额）清偿，则破产管理人将对相关破产财团债权人承担损害赔偿责任。但破产管理人在设立破产财团债务时不知且不应知破产财产将无法（足额）清偿破产财团债务的除外。"德国立法者在立法理由中指出："鉴于债务人破产情况下合同谈判与缔结的特殊情况，此条规定的目的在于弱化因与破产债务人缔结合同而会增加的法律风险，并可在无须提供特别担保的情况下促成第三方与破产管理人缔结合同，从而便于债务人企业维系继续经营。另一方面，此规定亦可促使管理人审慎行权。"[1]换言之，破产管理人作为独立专业人士将进行破产财团债务设定的必要性判断，并通过其责任设定一方面避免破产财团债务的过分扩大，另一方面为破产财团债权人提供适当保护，促成资金供给。

更进一步，德国《破产法》第258条第2款规定："在破产重整程序终结前，破产管理人应偿付无争议且到期的破产财团债务，对于未到期或存有争议的破产财团债务应提供适当担保。"尽管这一规定是为了确保破产财团债务履行，但由此带来的问题是：贷款提供人考虑到在破产重整程序终结后破产财团债务即丧失了优先受偿地位，其为了避免承担风险，往往会在程序终结前要求清偿破产财团债务，而这显然会造成程序终结时债务人企业面临巨大资金支

---

〔1〕　Begr. zum RegE InsO, BT-Drucks. 12/2443, S. 129.

付压力，从而成为重整计划实施的拦路虎。[1] 由此，2012 年《重整促进法》修订时在第 258 条第 2 款增加了一句，并规定："对于未到期的破产财团财务亦可制定详细的偿付计划，并确保破产财团债务能依据该偿付计划得到履行。"

### 三、破产重整融资优化

#### （一）重整计划执行期间的重整贷款优先受偿

如上所述，设定破产财团债务的处置方式只能确保相关贷款在破产重整程序中得到优先受偿。如若在破产重整程序终止后，债务人企业重整失败而再度陷入破产境地，则原本作为破产财团债务的重整贷款于新启动的破产程序中将无法得到优先受偿。考虑到重整成功与否的不确定性，重整融资提供方或会要求提供担保，或倾向于尽快收回贷款。而一方面可供担保的财产往往捉襟见肘，另一方面重整贷款的短期性必然会对重整过程中财务规划产生不利影响。进一步而言，重整成功并非以重整程序终止为标志，而是以重整计划顺利执行完毕为标志。由此，德国《破产法》在第 264 ~ 266 条创设了重整贷款优先受偿框架（Kreditrahmen）这一工具，其目的不在于人工维系债务人企业的生存，而在于降低重整阶段所面临的资金供给压力，确保有效资金供给。[2]

德国《破产法》第 264 条第 1 款规定："重整计划可规定，债务人企业在重整计划执行监督期内所接收的贷款债权处于优先于普通债权的受偿地位，抑或破产重整程序中的破产财团债权在重整计划执行监督期内仍享有相对于普通债权的优先受偿地位。在此情况下，重整计划应列明所有被纳入重整贷款优先受偿框架的债权数额。这一数额不得超过第 229 条第 1 句规定所指财产清单列明的资产总额。"并且依据德国《破产法》第 265 条的规定，在重整计划执行监督期内所新产生的合同之债亦相较于被纳入重整贷款优先受偿框架的债权处于劣后受偿的地位。基于此规定，诸如侵权之债等法定债务就不会受到重整贷款优先受偿框架的影响，而实际上取得了与纳入优先受偿框架债权相同的优先受偿地位。简言之，重整贷款优先受偿框架中的贷款是指在

---

〔1〕 Begr. zum RegE ESUG, BT-Drucks. 17/5712, S. 37.

〔2〕 Braun in: Insolvenzrechts-Handbuch, 4. Aufl., S. 1113, Rn. 13; Braun in: Kölner Schrift zur Insolvenzordnung, 2. Aufl., S. 1145, Rn. 19.

重整计划执行期间获得的贷款或者被纳入框架的破产重整程序中设定的破产财团债务，其优先受偿性是相对重整计划执行监督期内新产生的合同之债而言。须提请注意的是，德国《破产法》第39条第1款第5项规定的股东贷款的后位受偿并不受上述规定的影响（德国《破产法》第264条第3款）。换言之，股东贷款无法被纳入重整贷款优先受偿框架而获得优先受偿地位。一些德国学者认为这一规定有碍于重整中的资金供给。[1]但上述学者并未提供一个有效的解决方案。笔者认为，折衷的做法可以是：股东贷款可被纳入优先受偿框架，但在此情况下，股东贷款只是从后位受偿债权升格为普通债权，而无法如其他重整贷款取得相对于普通债权的优先受偿顺位。

被纳入框架的重整贷款的优先受偿只适用于在重整计划执行监督期届满前启动的破产程序中（德国《破产法》第266条）。换言之，如若重整执行监督期届满后而债务人企业又陷入破产境地，则此时被纳入框架的重整贷款将无法获得优先受偿。此外，考虑到德国《破产法》第268条对重整计划执行监督最高期限的规定，重整贷款优先受偿期限最长为破产重整程序终止后的3年。这一重整贷款优先受偿期限以重整计划执行监督期限及最高3年为限，实际上具有防止滥用重整贷款优先受偿框架及保护新旧债权人的功能，即如若重整贷款优先受偿期限毫无限制，则不仅会给新旧债权人带来不可估量的风险，亦会基于贷款手段不公平性而造成竞争扭曲。[2]然而，另一方面，亦有德国学者指出，重整贷款优先受偿期限限制不仅会造成贷款期限过短，[3]而且如若债务人企业再度面临危机，则相关债权人为了确保其债权最大受偿，极有可能滥用其破产申请权，从而使其债权优先受偿符合"在重整计划执行监督期满前"的条件。[4]就此而言，重整贷款优先受偿期限限制是一把双刃剑，并有赖于财务的合理规划。而被纳入优先受偿框架的债权人亦应与管理人保持联系，从而及时获知重整计划的监督何时终止。[5]如若在重整计划执

〔1〕　Smid/Rattunde, Der Insolvenzplan, 2005, S.134, Rn.5.79; Schiessler, Der Insolvenzplan, S.218 ff.

〔2〕　Schiessler, Der Insolvenzplan, S.222.

〔3〕　T. Frank, Die überwachung der Insolvenzplanerfüllung, S.105, Rn.329.

〔4〕　T. Frank, Die überwachung der Insolvenzplanerfüllung, S.106, Rn.333.

〔5〕　T. Frank, Die überwachung der Insolvenzplanerfüllung, S.107, Rn.334.

行监督期限届满前债务人再度进入破产程序，则尽管被纳入重整贷款优先受偿框架的债权相较于普通债权优先受偿，但却劣后于新破产程序中的破产财团债务。[1]由此，德国学者亦将被纳入重整贷款优先受偿框架的债权称为其后启动破产程序中的劣后破产财团债务（letztrangige Masseschulden）。[2]

尽管重整贷款优先受偿框架的设定将可确保重整资金的有效供给和重整计划的顺利执行，但另一方面必然会对新旧债权人的利益产生影响。针对"新债权人未参与重整计划审议表决，却须承受后位受偿不利后果"的质疑，德国立法者在立法理由中指出，由于德国《破产法》第267条第2款第3项对重整贷款优先受偿框架的公示做出了明确规定，所以新债权人可以自行评估相应的法律风险并基于意思自治决策。[3]进而，德国《破产法》对重整贷款优先受偿框架的设定做出了限制性规定。依据德国《破产法》第264条第2款的规定，被纳入重整贷款优先受偿框架的前提包括与相关债权人达成协议、重整计划中明确列明具有优先受偿地位的包括主债权、利息和费用在内的具体数额以及管理人对上述协议的书面确认。上述规定不仅要求优先受偿的重整贷款总额必须事先在重整计划中加以明确，而且还设定了上限，也即超过重整计划规定以及协议明确的重整贷款将无法获得优先受偿地位。由此，重整贷款优先受偿的随意性得以降低，新旧债权人的利益也得到适当保护，而被纳入重整贷款优先受偿框架的债权亦能在最大限度上避免无法获得清偿的情况。[4]并且有德国学者指出，为尽可能确保被纳入优先受偿框架的债权人能获得清偿，此时企业资产计算的指标应是清算价值，而非继续经营价值。[5]但即便如此，如若企业再度陷入破产，考虑到担保等因素，被纳入重整贷款优先受偿框架的债权往往将无法获得足额清偿。[6]

在重整计划执行监督期限内，债务人是重整计划执行的主体，因此其有

---

〔1〕 Braun in: Kölner Schrift zur Insolvenzordnung, 2. Aufl., S. 1149 ff., Rn. 32 ff.; Frank in: Anwalts-Handbuch Insolvenzrecht, 2. Aufl., S. 1480, Rn. 167.

〔2〕 Schiessler, Der Insolvenzplan, S. 214.

〔3〕 Begr. zum RegE InsO, BT-Drucks. 12/2443, S. 216 f.

〔4〕 Braun in: Kölner Schrift zur Insolvenzordnung, 2. Aufl., S. 1144, Rn. 18.

〔5〕 Braun in: Kölner Schrift zur Insolvenzordnung, 2. Aufl., S. 1144, Rn. 18 (Fn. 27).

〔6〕 Braun in: Insolvenzrechts-Handbuch, 4. Aufl., S. 1112, Rn. 7 f.

权决定哪些重整贷款可被纳入到优先受偿框架，但其并无义务告知贷方其可被纳入优先受偿框架。[1]为了对债务人这一权限加以制约，重整计划可依照德国《破产法》第263条设定"管理人同意"的前提条件，或规定可被纳入优先受偿框架贷款的具体条件，例如为从事特定交易而接受的贷款。[2]此外，债务人企业亦应与贷方就能被纳入优先受偿框架的贷款数额做出明确约定。进而，相应的被纳入优先受偿框架的协议必须依照德国《破产法》第264条第2款的规定由破产管理人，或者在自行管理的情况下依照第284条第2款的规定由财产监督人进行书面确认。在此书面确认过程中，管理人或财产监督人将对所接收贷款的基本内容及是否超过了优先受偿框架规定的数额进行形式审查。[3]这一审查确认是相应贷款取得优先受偿地位的前提，其目的无疑在于防范滥用优先受偿框架，保护债权人利益。[4]有德国学者认为，破产重整程序的基本原则是债权人意思自治，因此应由债权人对纳入优先受偿框架的事项做出决策。[5]然而，且不论召集债权人会议的复杂性，在重整计划执行监督阶段由债权人进行决策从效率性角度显然缺乏可行性，折衷做法可以是由管理人初步审核后提交债权人委员会认可。

（二）破产重整中的增资优化

尽管破产重整程序中资金供给以贷款方式更为常见，但如上所述，最有效的资金供给方式无疑是自有资本的引入。并且自有资本不仅是企业财务状况健康与否的指标，亦能为企业运营提供更及时有效的支持，甚至为贷款获得提供加分项。而自有资本引入必将涉及增加注册资本（增资）。由此产生的问题是，在破产重整中，是否必须先行减资，而后再增资？对此问题，德国联邦最高法院的观点是，并不存在先行减资的义务，并且先行减资也并不一定会消除破产原因或促成重整。[6]然而，德国学者格劳斯（Groß）在1982年

---

〔1〕　T. Frank, Die überwachung der Insolvenzplanerfüllung, S. 95, Rn. 299.

〔2〕　T. Frank, Die überwachung der Insolvenzplanerfüllung, S. 88, Rn. 279；S. 94, Rn. 296；S. 95, Rn. 298.

〔3〕　Schiessler, Der Insolvenzplan, S. 215 f.

〔4〕　T. Frank, Die überwachung der Insolvenzplanerfüllung, S. 99, Rn. 309 f.

〔5〕　Smid/Rattunde, Der Insolvenzplan, 2005, S. 135, Rn. 5. 82.

〔6〕　BGH, Urteil vom 15. 1. 1990, BGHZ 110, 47, 61 f.

即指出，在企业破产情况下，如若无先行减资而就增资显然将会使现有损失交由新旧股东分担，这显然会吓退一些潜在投资人。[1]由此，破产重整中的增资往往以减资为先行程序，从而增加对投资者的吸引力，避免投资者持有股份被稀释。

理论界及实务界人士将减资分为实质减资和形式减资。与实质减资不同，形式减资完全不发生真金白银的净资产向股东流动，其目的反而是恢复本已失真的注册资本信息，进而避免潜在的债权人对公司偿债能力误信误判。所以，对公司之外的第三人反而是有利的，由此对形式减资不仅不应当严格限制，从某种意义上似乎还应当鼓励。[2]具体就破产重整情况下的形式减资而言，其只是运用会计手段来调节公司净资产，公司资产并未减少，因此并不会损害债权人利益，应被允许。[3]然而，遗憾的是，我国并未对形式减资做出规定。于此方面，可借鉴德国相关立法。

在德国，减资被分为实质减资和形式减资。由于实质减资是真正减少公司的注册资本，并向股东分配，因此其在破产程序中出于债权人利益保护的考量并不被允许；而形式减资仅仅是从账面上使公司净资产与注册资本相适应，并未减少公司可分配资产，亦不会给出资人和债权人带来利益损失，而只是确保新投资者利益不会受损，因此为破产法所允许，并可适用德国《股份公司法》第 229 条第 1 款和德国《有限责任公司法》第 58a 条第 1 款的简易程序。[4]实际上，德国原本也只在《股份公司法》中对形式减资做出了规定。于当时，德国著名法学家施密特教授就批评德国《有

---

〔1〕 Groß, Sanierung durch Fortführungsgesellschaften, S. 267, Rn. 22；Haas/Hossfeld in: Insolvenzrechts-Handbuch, 4. Aufl., S. 1359, Rn. 11.

〔2〕 杜军：“公司资本制度的原理、演进与司法新课题”，载《法律适用》2014 年第 11 期。

〔3〕 参见郑志斌、张婷：《公司重整制度中的股东权益问题》，北京大学出版社 2012 年版，第 198 页；丁燕：《上市公司破产重整计划法律问题研究：理念、规则与实证》，法律出版社 2014 年版，第 81 页。

〔4〕 Groß, Sanierung durch Fortführungsgesellschaften, S. 267, Rn. 22；Haas/Hossfeld in: Insolvenzrechts-Handbuch, 4. Aufl., S. 1359, Rn. 11；Wittig in: Festschrift für Uhlenbruck, S. 685, 692, 696；Patzschke, Reorganisation im Insolvenzverfahren, S. 69 f.；Kautzsch, Unternehmenssanierung im Insolvenzverfahren, S. 110；Müller, Der Verband in der Insolvenz, S. 180 f.；Pujol, Die Sanierung der Schuldnergesellschaft, S. 24；Oechsler in: MünchKomm AktG, § 229, Rn. 5；Hüffer, AktG, § 229, Rn. 2；Hohmuth, Die Kapitalherabsetzung bei der GmbH, S. 114 f.；Pleister/Kindler, ZIP 2010, 503, 505.

限责任公司法》中缺乏相应规定，从而造成有限责任公司重整过程中的诸多难题。[1]通过 1994 年的德国破产法改革，形式减资的规定通过德国《破产法实施法 (Einführungsgesetz zur Insolvenzordnung)》被引入到德国《有限责任公司法》中。形式减资最大的特点即在于其程序上的简便性，而不需要遵守实质减资中众多债权人保护规定，例如为债权人提供担保。即便如此，仍有德国学者批评指出，德国公司法上形式减资的规定缺乏针对破产重整的专门性规定。[2]

对于减资的幅度，在德国学界并无统一意见，而更取决于个案中的协商谈判。理论上，甚至可将原出资人的出资减资为零。[3]例如，在德国 2012 年《重整促进法》生效后的 Pfleiderer AG 重整案中，重整计划即对减资至零和原股东优先购买权的排除做出了规定。尽管原股东仍表示反对，但债权人会议表决通过了重整计划草案，破产法院最终批准了重整计划。于我国而言，《上市公司破产重整座谈会纪要》第 6 条规定："控股出资人、实际控制人及其关联方在上市公司破产重整程序前因违规占用、担保等行为对上市公司造成损害的，制定重整计划草案时应当根据其过错对控股出资人及实际控制人支配的股东的股权作相应调整。"然而，须明确的是，对存有过错的出资人、实际控制人及其关联方的惩戒关键应在于责任追究，而非简单的股权调整；并且减资幅度应为市场化运作及协商谈判的结果。

更准确而言，减资幅度涉及的是破产重整程序中价值分配的问题。从制度设计层面，德国学者艾登穆勒教授指出："如若破产重整中价值分配的规则过分有利于出资人，则不仅会造成出资人有限责任风险外部化倾向，亦可能诱使其滥用重整摆脱债务束缚；而如若价值分配规则过分有利于债权人，则不仅会使出资人怠于尽早启动程序，亦有可能使债权人滥用重整来获取企业控制权。值得注意的是，出资人怠于尽早启动程序的问题应可通过破产申请义务加以解决，且债权人亦保有重整程序的启动权；而债权人滥用重整的问

---

[1] K. Schmidt, Wege zum Insolvenzrecht der Unternehmen, S. 207 f.

[2] Braun/Unhlenbruck, Unternehmensinsolvenz, S. 18.

[3] Oechsler in: MünchKomm AktG, § 228, Rn. 3; Hohmuth, Die Kapitalherabsetzung bei der GmbH, S. 150 f.; K. Schmidt in: Die GmbH in Krise, Sanierung und Insolvenz, 4. Aufl., S. 154, Rn. 2. 23.

题亦可通过破产重整程序设计加以有效约束。由此，且考虑到于此时债权人方才是破产财产的真正所有者，破产重整程序中的价值分配规则不应倾向于出资人，而应适用破产法的价值分配规则。换言之，如若企业价值低于企业债务，则股东将不再可保有任何股份。但如若欲减少出资人的异议可能性，则可通过其他手段给予出资人适当补偿。"[1] 另一方面，美国学者波斯纳指出："如果重整能够使股东在重整企业中得到很小的股本利益，他们也会对重整极感兴趣。因为，重整对他们来说是一个没有任何损失的建议。如果重整企业盈利了，他们就可以分得利润，如果它失败了，全部损失就落到债权人身上。"[2] 从上述角度出发，在企业破产情况下，特别是资不抵债时，减资为零应为通常之情形，但意思自治前提下的适当股权保留仍然是效率考量下的良策。从域外法律实践来看，不仅在德国，而且在英美的大部分案件中，可为股东保留适当比例股份，从而促使其通过重整方案。此外，亦可通过赋予原股东回购期权的方式让其支持重整计划。[3]

于德国法上，还存在着一种效率更高的增资方式，叫作授权增资（genehmigtes Kapital），即公司董事会可以按照股东（大）会在公司章程中的授权，自行决定在何时或在多大程度上增加公司的自有资本。[4] 显而易见，授权增资制度为公司提供了迅速增加自有资本的途径。尤其在企业收购过程中，授权增资这一工具可为相关当事人在交易之前就创造交易所需的形式要件。[5]

---

〔1〕 Eidenmüller/Engert, ZIP 2009, 541, 543 ff.

〔2〕 ［美］理查德·A. 波斯纳：《法律的经济分析》，蒋兆康等译，中国大百科全书出版社 1997 年版，第 528 页。

〔3〕 参见齐砺杰：《破产重整制度的比较研究——英美视野与中国图景》，中国社会科学出版社 2016 年版，第 239 页。

〔4〕 对于授权增资的问题，德国《股份公司法》第 202 条~206 条以及德国《有限责任公司法》第 55a 条都对此做出了明确规定。并且两部法律对授权增资的规定基本相同，但德国《股份公司法》对授权增资的规定更加详细严格。具体而言，公司章程可以授权公司董事会或经理，在公司登记后的五年内自行决定通过发行新股份的方式增加一定数量的公司注册资本。授权增加的公司注册资本不得超过授权时公司注册资本的一半。该授权也可以在公司注册登记后通过修改公司章程的方式做出，于此情况下，该授权增资必须在公司章程修改后的五年内进行。且如若以实物出资方式进行授权增资，则在授权中必须对此予以明确。此外，授权增资的授权必须对授权增资行使的期限和数额加以明确。德国有限责任公司授权增资的具体行使是由公司经理代表公司进行的，而股份有限公司是由董事会进行，并必须要征得公司监事会的同意。

〔5〕 Stellungnahme des Bundesrat zum MoMiG, BT-Drucks 16/6140, S. 68.

具体就破产重整而言，授权增资的作用不仅在于资金获得的高效灵活性，而且投资方亦无须就增资决议与出资人进行谈判，而只须与被授权的公司管理层谈判即可。如若我国引入授权增资制度，笔者认为，立法应明确在破产重整程序中由破产管理人或自行管理人行使授权增资。在通过增资决议后，投资者将与债务人企业签订股权认购协议。以进一步促进重整为目的，可将股权认购协议纳入重整计划，从而一方面降低交易成本，另一方面避免潜在法律风险。

德国学界认为，在适当情况下，出资人也应支持为重整所必需的增资决议，但其并无参与增资的义务，而可自行决定是否行使优先购买权。[1]然而，在特定情况下，如投资者欲控股债务人企业，优先购买权的排除即成为关键问题。首先存有疑问的是，在先行形式减资至零的情况下是否仍存在优先购买权？德国科布伦茨高等法院的观点是，在此情况下将不再存在优先购买权。[2]这一观点显然值得商榷，更为合理的观点是，只要在重整计划提交出资人组表决时具有股东身份，即仍享有优先购买权。进而，德国的主流观点认为，在满足以下三个条件时，可排除优先购买权：①优先购买权的排除必须客观上是为了公司的利益；②并无其他方式可替代排除优先购买权的增资；③优先购买权的排除符合比例性原则，即其给公司带来的利益应大于其给股东带来的不利益。[3]具体就破产重整而言，优先购买权排除通常可通过重整目的及重整措施的适当性加以证明，尤其考虑到资金需求的紧迫性，[4]或重整资金无法通过其他方式获得的情况。[5]值得注意的是，有德国学者指出，

---

〔1〕　K. Schmidt, Gesellschaftsrecht, 4. Aufl., S. 134 f.; Müller, Der Verband in der Insolvenz, S. 336 f.; Pujol, Die Sanierung der Schuldnergesellschaft, S. 118.

〔2〕　LG Koblenz, DB 1996, 721.

〔3〕　Hüffer, AktG, § 186, Rn. 26 ff.; Peifer in: MünchKomm AktG, § 186, Rn. 71 ff.; Zöllner in: Baumbach/Hueck Kommentar zum GmbHG, 19. Aufl., § 55, Rn. 26.

〔4〕　Noack in: Festschrift Zöllner, S. 411, 424.

〔5〕　Noack in: Festschrift Zöllner, S. 411, 424; Weber, ZInsO 2001, 385, 387; Müller, Der Verband in der Insolvenz, S. 327 f.; Wittig in: Festschrift für Uhlenbruck, S. 685, 692; Pujol, Die Sanierung der Schuldnergesellschaft, S. 164 ff.; Kautz, Die gesellschaftliche Neuordnung der GmbH im künftigen Insolvenzrecht, S. 218; Peifer in: MünchKomm AktG, § 186, Rn. 95; Hüffer, AktG, § 186, Rn. 35; Von Sydow/Beyer, AG 2005, 635, 637; Redeker, BB 2007, 673, 675; Scheunemann/Hoffmann, DB 2009, 983, 984; Aleth/Böhle, DStR 2010, 1186, 1189; Vaupel/Reers, AG 2010, 93, 95; Pleister/Kindler, ZIP 2010, 503, 508 f.

如若优先购买权的排除针对的是特定股东，则必须将该特定股东作为具有同样经济利益的组别进行单独分组，且于此情况下重整计划的强制批准将无法得到适用。[1]于此仍值得一提的是，授权增资的授权中也可规定排除优先购买权。并且按照德国联邦最高法院的观点，只要授权决定中对股东优先购买权的排除是出于维护公司利益，该优先购买权的排除即为合法。[2]

（三）破产重整中的超级优先权

与我国及德国重整融资规定相比，美国《破产法典》对于重整程序中融资的规定则更为丰富。该法在第364条中对重整过程中无担保债权、管理费用债权、优先管理费用债权及超级优先债权的设定做出了规定。其中第364条（d）款所规定的超级优先权制度往往为人所津津乐道。依据该制度，如若债务人的确亟需资金，但无法通过其他手段获得新融资，则可通过使提供新融资的债权人获得优先于原担保债权人受偿地位的方式获得融资。但在此情况下，法院将在通知和听证后进行裁决，其中非常重要的审查因素就是"无法通过其他方式获得融资"以及"必须为原担保债权人提供充分保护"。[3]然而，实际上，这一超级优先权极难获得，其不仅会给原有的优先权带来极大的风险，也可能对其财产权造成不当干涉，[4]并存在滥用可能，例如"以新还旧"或"混合担保"。[5]在德国，学者亦曾探讨超级优先权制度引入的问题，但结论仍倾向于"优先受偿框架模式"下的相对优先权。德国学者席思勒即指出，尽管依照德国现行规定，重整融资的难度会有所提升，但这一设定将能提高债权人通过重整计划草案的可能性。其理由

---

〔1〕 Brinkmann/Denkhaus/Horstkotte/Schmidt/Westpfahl/Wierzbinski/Ziegenhagen，ZIP 2017，2430，2432.

〔2〕 BGH, Urteil vom 23. 06. 1997, BGHZ 136, 133, 138 ff.

〔3〕 最常见获得充分保护的情况有两种：其一是担保财产的价值足以涵盖原被担保的债权以及即将因融资发生的债权，其二是新融资能确保担保财产的升值从而使新旧债权均获得足额担保。参见[美]查尔斯·J. 泰步：《美国破产法新论（第3版）下册》，韩长印、何欢、王之洲译，中国政法大学出版社2017年版，第1176~1178页。

〔4〕 [美]查尔斯·J. 泰步：《美国破产法新论（第3版）下册》，韩长印、何欢、王之洲译，中国政法大学出版社2017年版，第1178页。

〔5〕 参见《美国破产法协会美国破产重整制度改革调研报告》，何欢、韩长印译，中国政法大学出版社2016年版，第85~91页。

在于：在重整失败的情况下，被纳入优先受偿框架的债权人亦有可能无法获得全额清偿。由此，债权人会意识到被纳入优先受偿框架的债权人亦将承担一定的重整风险，从而成为其重整合作伙伴。[1]于我国而言，亦有学者及实务界人士主张引入美国法上的超级优先权，但笔者认为，破产重整程序中通过破产财团债务设定、新设担保及优先受偿框架的方式进行融资即可在债务人企业资金需求与即存债权人利益保护之间实现适当平衡。超级优先权制度虽从重整促进角度而言具有一定必要性，但且不论法院在此方面进行裁判的复杂性和即存经验的缺乏，现实中的滥用风险亦十分巨大。于此值得一提的是，英国曾考虑过在破产管理程序中建立类似超级优先权一类的继续贷款体系，但这一建议其后未获通过，因为立法者坚信：要不要继续借款给重整中的公司，是纯粹的商业判断，最好留给资金市场自己去决定，而不是由政府越俎代疱。[2]

## 第二节　破产重整计划的基本架构

### 一、立法概述

我国《企业破产法》第 81 条列举规定了重整计划草案应当包括的内容，但显然过于简单。美国《破产法典》第 1123 条列举的重整计划内容虽然更为详细，且该条（b）款第（6）项包含了"任何其他不与本法相抵触的条款"的兜底性规定，但笔者认为，德国《破产法》对重整计划内容的规定更为详细系统，特别是各参与主体在重整计划中的法律地位。[3]并且德国学界通说认为，法律规定的内容应在最大限度上避免对当事人意思自治的限制。换言之，重整方案可以规定所有法律上允许、当事人合意的重整内容，并充分顾

---

〔1〕　Schiessler, Der Insolvenzplan, S. 214.

〔2〕　齐砺杰：《破产重整制度的比较研究——英美视野与中国图景》，中国社会科学出版社 2016 年版，第 194 页。

〔3〕　在德国法上，破产计划（Insolvenzplan）亦划分为清算性计划、存续性重整计划和转让性重整计划。在个案中，亦会出现混合型的破产计划。Eidenmüller in：MünchKomm-InsO，§ 217，Rn. 175.

及债权人利益。[1]基于此，德国重整计划的内容具有极大自由度，其甚至不一定以实现企业继续经营为目的，而亦可对企业拆分清算和出让进行个性化约定。实际上，对于复杂的破产重整案件而言，其难免会涉及企业个别资产的出售，或部分营业的整体转让。甚至有德国学者认为，对于大型企业重整而言，存续性重整往往伴随着营业转让或资产出售，单纯的、严格意义上的存续性重整应是例外。[2]值得注意的是，德国联邦最高法院在2017年2月16日一份裁决中指出："《破产法》第217条第1句明确了破产计划区别于破产清算可规定的内容。立法者通过这一规定已表明破产计划可涵盖的内容。破产计划实乃破产程序参与主体之间依照法律规定，并基于意思自治而达成的处分破产财产的协议。然而，如若法律并未将相关事项交由债权人意思自治，亦未允许破产计划就此另行作出约定，则破产计划就此进行的规定将会导致破产计划内容违法。"[3]就此而言，重整计划中的意思自治亦有相应法律界限。

德国《破产法》有关重整计划内容的规定自第219条~第230条，共计12条。首先，在重整计划的结构体系上，德国重整计划草案应包括陈述部分（darstellender Teil）、权利处置部分（gestaltender Teil）以及德国《破产法》第229、230条所列附件。依据德国《破产法》第220条第1款的规定，重整计划的陈述部分应对破产重整程序开始后已经着手进行和即将展开的重整措施进行描述，从而为权利处置部分的内容奠定基础。该条第2款又规定，重整计划的陈述部分应包含所有有关该计划实施基础和效果，且会实质影响重整参与人表决及法院裁决的内容。实际上，德国法上重整计划的陈述部分是效仿了美国《破产法典》第十一章中的信息披露声明。按照德国联邦最高法院的观点，尽管立法者放弃了列明应予以披露的信息内容，但重整计划的制定者仍应在个案中对债权人决策所必需的信息进行披露，而破产法院亦应依据《破产法》第231条第1款第1句第1项及第250条第1项对此加以审

---

〔1〕　Eidenmüller in：MünchKomm-InsO, vor §§ 217 – 269, Rn. 9.

〔2〕　Herzig, Das Insolvenzplanverfahren, S. 86.

〔3〕　BGH, Beschluss vom 16. 02. 2017, NJW 2017, 2280.

查。[1]美国立法者则指出，判断充分信息的标准是"模拟理性投资者所得到的信息能让其评估重整计划对其债权及案件结果可能带来的影响，并自行决定应当采取何种行动。而法院应采用务实的做法对必要信息予以判断，并结合每个案件的背景情况，比如制备披露声明所需成本、表决意见征集与重整计划批准对时效性的相对需求、当然还有保护投资者利益"。[2]简言之，德国法上重整计划陈述部分与美国《破产法典》第十一章信息披露声明的共同之处在于都要求必须对构成重整计划表决及批准的基础信息进行全面充分的陈述，关键区别点则在于德国法上的陈述部分是重整计划的有机组成部分，而美国法上的信息披露则在形式上相对独立。

德国破产重整计划的陈述部分首先须明确重整方式，也即是出售式重整还是存续性重整。[3]无论采取何种重整方式，陈述部分都应向重整参与人提供表决及批准重整计划所必需的信息。尤其在存续性重整的情况下，需要在陈述部分对企业的情况进行分析，包括但不限于企业危机发生的原因及对企业经营产生的影响，检视破产企业的重整可行性，描述企业重整成功的前景和必要的重整措施，从而使得债权人确信企业继续经营的可能性。[4]此外，至关重要的是对破产清算情况下债权人预估受偿额和破产重整情况下债权人预估受偿额进行对比分析，由此表明，债权人在重整情况下应能得到更佳受偿，除非其自愿接受更低清偿比例。[5]按照德国联邦最高法院的观点，重整计划中的受偿对比分析表应列明可供受偿财产的范围及其价值，以及破产清算及破产重整情况下债权人的受偿额，并应详细描述债权人受偿情况如何得以改变，从而有助于债权人及法院作出决策。[6]如存在一个明确的收购方，

---

〔1〕　BGH, Beschluss vom 13. 10. 2011, NZI 2012, 139.

〔2〕　H. R. Rep. No. 95‐595, 95th Cong. 1st Sees. at 408‐409（1977）. 转引自［美］查尔斯·J.泰步：《美国破产法新论（第3版）下册》，韩长印、何欢、王之洲译，中国政法大学出版社2017年版，第1228页。

〔3〕　Jaffé in：Frankfurter Kommentar zur InsO, § 220, Rn. 6.

〔4〕　Gogger, Insolvenzrecht, 2. Aufl., S. 99；Maus in：Kölner Schrift zur InsO, 2. Aufl., S. 943, Rn. 43 ff.

〔5〕　Flessner in：HeidKomm InsO, § 220, Rn. 4；Maus in：Kölner Schrift zur InsO, 2. Aufl., S. 957 f., Rn. 97.

〔6〕　BGH, Beschluss vom 26. 04. 2018, NJW 2018, 691.

则也应将企业出让情况下预估的债权人受偿额纳入陈述部分的对比性分析中。[1]实际上，美国重整程序中信息披露声明亦会重点对债务人的财产状况及其履行重整计划的预期能力进行分析，并经常采取"重整前/后"的对比模式。[2]简言之，陈述部分主要是对重整可行性及必要的重整措施进行描述，核心在于重整参与人受偿对比分析，从而为表决及批准重整计划创造条件。

德国破产重整计划的权益处置部分将明确重整计划参与人的权益调整（德国《破产法》第221条第1句）。并且如若重整计划涉及财产权的设立、变更、转让及终止，则与之相关的意思表示亦可纳入重整计划的权益处置部分（德国《破产法》第228条第1句）。此外，德国《破产法》第259条第3款第1句规定，重整计划权益处置部分可规定在重整计划获批及破产重整程序终止后，授权破产管理人继续进行在破产重整程序终止前未完结的破产撤销权诉讼。按照德国联邦最高法院的观点，依《破产法》第259条第3款对破产管理人行使撤销权的授权无须进一步具体细化，而只须在重整计划权益处置部分作出概况性授权即可。[3]但须提请注意的是，重整计划及法院均不得授权破产管理人在重整程序终止后再提出新的撤销权诉讼。[4]

在德国破产重整实践中，权益处置部分的基础性内容是重整参与人分组，德国《破产法》第222条对此进行了规定，下文将详细阐述。作为权益处置部分的核心内容，德国《破产法》第223～227条对重整参与人权益变化的相关问题进行了规定。德国《破产法》第223条第1款第1句规定："如若重整计划无特殊规定，则担保债权人的优先受偿权不受影响。在调整担保债权人权利的情况下，必须在重整计划中明确债权减让的数额、债权延期的期限以及其他权利受影响的情况。"对于普通债权人而言，重整计划可就债权豁免减让、债权延期、担保等事项做出规定（德国《破产法》第224条）。尤为值得

---

〔1〕 Braun/Uhlenbruck, Unternehmensinsolvenz, S. 612.

〔2〕 ［美］查尔斯·J.泰步：《美国破产法新论（第3版）下册》，韩长印、何欢、王之洲译，中国政法大学出版社2017年版，第1227页。

〔3〕 BGH, Beschluss vom 7. 5. 2015, NJW 2015, 2660.

〔4〕 BGH, Urteil vom 10. 12. 2009, ZIP 2010, 102.

注意的是，依据德国《破产法》第 225 条第 1 款的规定，如果重整计划无特殊规定，则后位受偿债权即视为被免除。与之相对，该条第 3 款明确规定，重整计划不得规定免除或限制作为后位受偿债权的罚金债权。此外，德国《破产法》第 226 条明确规定了公平对待原则，第 227 条第 1 款对破产重整的债务免除效果做出了规定，第 225a 条还对破产重整中出资人权益调整问题进行了详细规定。除上述内容外，亦为关键的是，重整计划权益处置部分对债权人受偿方式、时间及额度的规定须清晰完整，并以公平对待和利益最大化为基本原则。[1]

除了陈述部分和权益处置部分，重整计划另一有机组成部分为相关附件。依据德国《破产法》第 229 条的规定，如果债权人将会通过债务人或第三人运营企业的收益获得清偿，则重整计划还应附上财产清单、企业经营的费用及收益清单以及企业的收入和支出清单。由此，债权人通过企业继续经营所获利润进行受偿的前景将得以明确。[2]此外，德国《破产法》第 230 条第 2 款规定，在债转股情况下，必须附上债权人同意债转股的意思表示。该条第 3 款同时规定，如若第三人在重整计划批准情况下向债权人承担偿付义务，则亦应附上该第三人同意的意思表示。从立法优化角度而言，值得考虑的是，任何第三人均可自愿为重整做出贡献，并经其同意被纳入重整计划。[3]

## 二、分组与公平对待

重整计划中分组的重要性毋庸置疑。德国《破产法》第 222 条第 1 款对强制性分组做出了规定。依此规定，重整参与人分组至少包括以下四组：①权利受影响的担保债权人；②普通债权人；③债权未依据本法第 225 条自动豁免的后位受偿债权人；④被纳入重整计划调整的出资人。显然，在法律实践中，分组将会依据重整参与人的权利性质、利益诉求等更加细化。德国《破产法》第 222 条第 2 款即规定："可根据重整参与人的相同经济利益将具有同一法律地位的参与人再细分为若干小组。各分组应进行公平适当的区分。

---

〔1〕 Schiessler, Der Insolvenzplan, 1997, S. 115.

〔2〕 Maus in: Kölner Schrift zur InsO, 2. Aufl., S. 950, Rn. 70.

〔3〕 Gogger, Insolvenzrecht, 2. Aufl., S. 100.

分组的标准应在重整计划中做出说明。"此外,依据德国《破产法》第222条第3款第1句的规定,如若职工债权数额不菲,则应单独成立职工债权组。我国《企业破产法》第82条做出了与德国《破产法》相类似的分组规定。值得注意的是,我国对税款债权人分组做出了明确规定,而未对后位受偿债权人分组做出规定。

对于小额债权人或出资人特别分组的规定,我国及德国均借鉴了美国《破产法典》第1122条(b)款的规定。依此规定,只要分组是适当必要的(reasonable and necessary for administrative convenience),即可经法院批准为无担保的一定数额下的小额债权人设立特别分组。德国通过2012年《重整促进法》的改革在德国《破产法》第222条第3款第2句中引入了小额债权人及出资人的特别分组规定。依据此规定,亦可为债权额小于1000欧的小额债权人和持股比例小于1%或持股面额小于1000欧元的小额出资人设立特别小组。按照德国司法部在当时立法建议中的说明,通过设立小债权人或小额出资人特别小组可为其权利特别处理创造条件。[1]实际上,在德国旧法框架下对小额债权人设立特别分组并进行特别受偿处理亦可实施,但问题在于,于此情况下对于同一受偿顺位的其他受偿额较少的债权人而言显然有失公平,并使得强制批准无法适用。我国亦对小额债权组分组做出了明确规定,但表述为:"人民法院在必要时可以决定在普通债权组中设小额债权组对重整计划草案进行表决。"在《中华人民共和国企业破产法释义》中亦指出:"如果对小额债权人提高清偿比例以取得他们的同意,对大额债权人的权益影响也很小,因此人民法院在必要时可决定在普通债权组中设立小额债权组对重整计划草案进行表决。"显然,我国与德国的立法改进目的虽相同,但我国设立小额债权人组是由人民法院依职权来决定的。或许立法者有防止滥用小额债权人组的考量。值得注意的是,在1994年修正案废除美国《破产法典》第1124条第(3)项之前,通过使小额债权人获得全额清偿,重整计划制定者即可依据美国《破产法典》第1126条(f)款的规定让小债权人不参与重整计划的表决,从而简化程序,节省费用。但第1124条第(3)项废除之后,小债权人即使

---

〔1〕 Begr. zum DiskE ESUG, abgedruckt in ZIP 2010, Beilage 1 zu Heft 28, 1, 10.

获得全额受偿，但仍被视为"将受调整"而享有表决权。[1]

不得不承认的是，在我国破产重整法律实践中，重整参与人分组尚较为简单。甚至在 ST 广夏的案件中，仅有普通债权组和出资人组两个分组。与此相对，美、德的法律实践者对重整参与人，尤其是债权人分组相当灵活。美国学者认为，适当分组的目的在于管理便利，提高相关组别通过重整计划的概率乃至为强制批准创造条件，通过分组实现债权人区别对待。[2]德国著名的《慕尼黑破产法律评注》中亦指出，在破产重整中，灵活多样的债权人分组往往是不可避免的，亦不应被视为是一种操控滥用或对权利人利益的损害。由于各个分组内的债权人具有相同的法律地位和经济利益，所以其更容易达成一致的意见，从而可以通过灵活多样的债权人分组提升重整计划通过的效率性和可能性，甚至可以为重整计划的强制批准创造条件。[3]在德国破产重整实践中，甚至出现一个债权人一组的情况。[4]于美国法上，分组的决定性因素是债权或股权的法律属性与效果，而无关权利人自身的性质或身份。例如，对于担保债权人而言，即可依据担保财产不同或在同一担保物上的不同受偿顺位进行分组。[5]德国联邦最高法院亦指出，重整计划必须明确表述重整参与人分组依据。在进一步细化分组的情况下，重整计划须说明分组标准是基于何种相同经济利益，以及与该经济利益相一致的重整参与人是否都被归入该组。缺乏明确分组依据、标准及说明的重整计划都将被认定为存在缺陷。[6]并且如若仅仅是为了获得有利的表决结果而将类似债权划分到不同组别，则将被视为对分组的不当操控而被禁止，并导致法院拒绝批准重整计划。[7]由

---

〔1〕［美］查尔斯·J. 泰步：《美国破产法新论（第 3 版）下册》，韩长印、何欢、王之洲译，中国政法大学出版社 2017 年版，第 1213 页。

〔2〕参见［美］查尔斯·J. 泰步：《美国破产法新论（第 3 版）下册》，韩长印、何欢、王之洲译，中国政法大学出版社 2017 年版，第 1211 页。

〔3〕Eidenmüller in：MünchKomm-InsO，§ 222，Rn. 6 ff.

〔4〕Hingerl, ZInsO 2007, 1337 ff.

〔5〕参见［美］查尔斯·J. 泰步：《美国破产法新论（第 3 版）下册》，韩长印、何欢、王之洲译，中国政法大学出版社 2017 年版，第 1211 ~ 1212 页。

〔6〕BGH, Beschluss vom 7. 5. 2015, NJW 2015, 2660.

〔7〕参见［美］查尔斯·J. 泰步：《美国破产法新论（第 3 版）下册》，韩长印、何欢、王之洲译，中国政法大学出版社 2017 年版，第 1214 ~ 1216 页。

此可见，灵活分组虽是一重整促进工具，但且不论被滥用的问题，其亦存在法律风险，尤其是对公平对待原则的违反。

就公平对待原则，德国《破产法》第226条第1款明确规定，同一小组内的各重整参与人必须得到公平对待。该条第2款又补充规定，各小组内的区别对待必须征得相关重整参与人的同意，并将其同意函附在重整计划后。换言之，公平对待原则虽乃破产程序中的一般原则，但重整参与人的意思自治凌驾于公平对待原则之上，区别对待仍可通过债权人分组及组内相关参与人的同意得以实现。然而，如上所述，通过分组区别对待仍存有被认定为"不当操控"的法律风险。尤为值得注意的是，德国《破产法》第226条第3款规定："任何破产管理人、债务人或第三人与重整参与人达成的表决协议或未纳入重整计划的利益提供协议均为无效。"德国联邦最高法院在2005年的一项裁决进一步指出，即便重整计划陈述了债权购买事项，但如若债权出卖价格高于重整计划规定的受偿额而使个别债权人获得优待，且相关主体获得的表决权促成了本无法通过的重整计划的表决通过，则不仅此债权购买协议无效，法院亦不得批准由此通过的重整计划。[1]

### 三、附条件重整计划

破产重整往往亦依赖于众多程序外因素或条件，因此有必要在破产重整程序内外建立一条纽带，从而相互制约，避免不必要风险的产生。以此为目的，德国《破产法》提供了附条件重整计划（Bedingter Plan）这一工具，该法第249条规定："如若重整计划规定在重整计划批准前应履行特定事项或采取特定措施，则重整计划草案只有在上述前提条件满足时才能获得批准。并且如若上述前提条件未在法院指定的适当期限内获得满足，则重整计划草案亦无法获得批准。"有德国学者指出，尽管德国《破产法》第249条中使用了"前提条件（Voraussetzungen）"的表述，但此处所指"前提条件"并非德国《民法典》第158条中所述的实体法上的生效条件或解除条件，其实质上是一

---

[1] BGH, Beschluss vom 03. 03. 2005, NZI 2005, 325.

项法定的、潜在的程序法上重整计划获批的前提。[1]换言之，附条件的重整计划并非传统意义上的附生效条件的合同，其并非通过条件成就而生效，而是由法院根据条件是否满足而决定是否批准重整计划草案，并使之生效。

德国立法者认为，通过附条件重整计划这一工具的使用，可形成程序内外相关主体或事项的相互制约，从而避免债权人承担程序外不可控因素的法律风险。[2]例如，对于投资者而言，由于重整计划最终能否被表决通过或批准存在一定的不确定性，所以其必将承担相应的投资风险。由此，其为了避免承担破产重整的不确定性风险，会要求其投资以债权人会议通过重整计划草案为前提条件。然而，如若债权人会议通过了重整计划草案，特别是应投资人的要求采取了或在重整计划中规定了某些重整措施，但其后投资人却改变原有的投资决策，则显然债权人将承担由此产生的不利后果。与之相对，在附条件重整计划的情况下，即使债权人会议通过了重整计划草案，但如若投资人未按照约定履行，则重整计划亦不会得到法院批准并生效。德国实务界人士进一步指出，附条件重整计划不仅是一种避险工具，亦是一种谈判手段。具体而言，在债权人表决通过重整计划草案后，债权人或管理人即可向投资人表明其合作意愿，从而促使其积极履行投资协议；与此同时，债权人或管理人在重整计划并未获批生效的情况下，亦无须承担事先履行的风险。[3]为了增加谈判的压力，债权人会议亦或法院可设定一个适当期限，从而避免程序的迟延，迫使相关主体尽早履行相关事项。[4]

然而，现实中可能存在这样一种情况，即投资人企业股东（大）会或董事会通过了相应的投资决议，但在附条件重整计划获批后却改变或撤销该决议。于此时，重整计划已获批生效，现行法上却无依据改变重整计划的效力。值得注意的是，我国2018年《会议纪要》第19、20条明确规定了因特殊情况导致原重整计划无法执行时债务人或管理人申请变更重整计划的权利。这

---

〔1〕　Eidenmüller, ZGR 2001, 680, 694 f.; Flessner in: HeidKomm InsO, § 249, Rn. 4; Brüning, Gesellschafter und Insolvenzplan, S. 152 f.

〔2〕　Begr. zum RegE InsO, BT-Drucks. 12/2443, S. 211.

〔3〕　Frank in: Anwalts-Handbuch Insolvenzrecht, S. 1473, Rn. 138.

〔4〕　Braun/Frank in: Braun-Kommentar InsO, § 249, Rn. 5.

一变更权的规定或可化解上述问题，但亦存有一定不确定性。更准确而言，如若涉及具体义务履行，则最好以义务履行作为附条件重整计划中的条件，而不仅仅是同意履行义务的意思表示。

## 第三节　转让性重整的制度设计

### 一、转让性重整的优点

企业危机之"机"不仅是企业重获新生的机遇，亦是投资者的机遇。一方面，重整中新投资方的引入将能为企业重整带来所需资金；另一方面，投资者无疑可借此进行抄底投资，通过企业升值获得巨大盈利。在市场经济发达国家，危机投资已成为经济运行中一个不可或缺的组成部分，亦是维系企业存续的重要方式。然而在收购未进入破产程序的危机企业过程中，收购者不仅需要与股东进行谈判，更需要顾及企业债权人的各种利益诉求。特别是在危机企业即将破产的情况下，企业不仅要承担众多债权人的求偿压力，还将面临债权人随时提出破产申请的巨大法律风险。此外，危机企业的破产压力不仅会使尽职调查可用时间被大大压缩，而且企业的出售者为了能出售企业，也有可能会隐瞒相关真实信息，或者修饰伪装企业的真实情况。一旦被收购的危机企业最终进入破产程序，所收购的股权价值无疑将迅速贬值。而在资产收购的情况下，收购者将面临巨大的破产撤销风险。并且收购者在尽职调查中获取的危机企业信息会进一步加大此风险。如果破产管理人决定行使撤销权，则收购者必须返还所获得的企业资产，而其所支付的收购价款将只能作为破产债权得到清偿。此外，合同履行选择权会进一步加大收购危机企业的法律风险。

与之相对，收购破产企业则不存在上述法律风险。并且为数不少的国家都对收购破产企业提供了促进鼓励措施。以德国为例，在收购破产企业的情况下，德国《税收管理法》第75条以及《商法典》第25条的规定将不再适用，也就是说，收购者将不再面临补缴应纳税款、承担被收购企业原债务的法律风险。更为关键的是，在一般收购过程中，出卖方在无较大出售把握前，通常不会提供十分完整的企业信息。而这种信息不对称往往是造成收购谈判破裂或收购后潜在法律风险的关键原因，特别是资产或股权瑕疵风险，以及在股权收购情况下还将面临企业债务不确定性风险。而在收购破产企业过程中，由于破产企业的法律关系以及债权债务关系相对明晰，企业的资产状况、债权债务状况将由破产法院、债权人及管理人加以审核监督，破产企业资产的完整性将可通过破产法的相关规定得以确保，并借由破产撤销权、合同履行选择权等相关规定得以优化，加之信息的提供者是相对中立公正的破产管理人，因此由于信息不对称导致的法律风险就得以大大降低。此外，破产重整的债务免除效果以及出售式重整情况下的债务剥离亦使得债务风险得以最大程度降低。

笔者将破产（重整）中股权及资产收购统称为转让性重整，而将破产（重整中）的股权转让称为股权转让性重整，将破产企业的营业转让称为资产转让性重整。但对于资产转让性重整，由于我国学界将其称为出售式重整，所以在下文论述中采用出售式重整的概念。

## 二、股权转让性重整概述

在特定情况下，收购方可利用破产重整程序完成对危机企业的股权收购。特别是在破产企业法律主体拥有特定资格（如上市公司、资源开发许可等），或其所签订的原合同（如供货合同、租赁合同、许可合同等）对企业运营起着关键性作用的情况下，通过破产重整程序实施股权收购的价值就愈发凸显。首先，以破产重整程序作为破产企业股权收购框架的主要优势在于其内容构成的多样化以及破产法中众多重整促进措施。尤为值得注意的是，债转股的收购方式日渐被收购方所重视并在破产重整程序中被加以运用。收购方一方面可以通过购买针对目标企业的债权，进而通过实施债权转股权来完成对目标企业的收购，另一方面亦可以通过将基于种种原因所取得的对目标企业的债权（如货款债权、违约金债权）转为股权的方式实现收购目的。债转股收购方式的灵活运用不仅可以降低收购成本，而且可以实现对目标企业的债务重组，并为今后企业重整打下坚实的基础。

进一步而言，破产重整程序中股权收购的象征性价格及责任免除机制亦是此种收购方式的优势所在。相较于一般的股权收购，由于破产企业的财务和营业状况以及收购方在完成收购后所需要承担的（巨额）重整费用支出，收购破产企业的股权通常价格低廉，甚至接近于零。例如，在德国著名的百货零售业 Karstadt 收购案中，收购方只支付了象征性 1 欧元股权收购价款。有德国学者甚至指出，在个案中考虑到巨额的重整费用支出和重整风险，收购方甚至无需支付股权收购对价，而出让方却要向收购方支付一定数额重整费用。[1]例如，在 2000 年的罗孚（Rover）收购案中，收购方则只支付了象征性 10 英镑的收购价款，而却获得了宝马所提供的 5 亿英镑长期免息贷款。

然而另一方面，不可小觑的是，破产重整程序的固有弊端，特别是高费用特性及不确定风险实乃此种收购方式的一大弊端。尤其是在破产（重整）程序中，投资者不仅要顾及企业债权人，乃至股东的各种利益诉求，特别是承担众多债权人的求偿压力，而且还将面临重整可能性和价值评估等众多不确定性难题。亦不容忽视的是，企业破产程序的启动势必会对企业名誉产生消极影响，因此收购方必须考虑破产对企业声誉，特别是品牌价值的消极影响。更为关键的是，隐藏在危机企业收购低廉价格背后的是巨大的企业重整失败风险。以我国企业 TCL 收购法国 THOMSON 彩电业务为例，尽管 TCL 花费了大量资金用于 THOMSON 彩电业务重整，但重整最终失败。而在新的破产程序中，TCL 集团、TCL 多媒体及其 4 家全资子公司还因有违法国相关法律规定而被判定向清算人赔偿 2310 万欧元。

综上所述，对于股权转让性重整的投资者而言，其不仅需要明确重整的可行性，而且须具备相应的重整能力、持续投资能力，乃至个案中最初亏损承受能力。特别是尽管股权收购价款少，利润空间大，但重整费用支出和面临的不确定性风险巨大，因此对于收购方而言不仅应考虑收购价款的支出，更应考虑重整可能性和重整费用成本，或者说重整方案才是股权收购中至关重要的。虽然实践中股权转让性重整的案例并不鲜见，但理论争议点较少，加之出售式重整于实务中更被推崇，制度设计中亦存在众多疑点问题，所以下文将主要就出售式重整展开讨论。

---

〔1〕 Wittig in: Festschrift für Uhlenbruck, S. 685, 708.

### 三、出售式重整的制度设计

（一）出售式重整的概念

出售式重整被美国著名破产法实务人士米勒先生称为 21 世纪第一个十年破产审判实践的潮流。[1]在德国，出售式重整（übertragende Sanierung）亦被理论界和实务界人士视为一种高效的企业拯救工具。[2]亦有德国学者效仿美国《破产法典》第 363 条规定的破产资产出售（Bankruptcy asset sale）的表述，使用庭内资产出售（in-court Sale）这一概念。[3]亚洲的日本在 1997 年的 Crown Leasing 重整案中就使用了出售式重整这一工具，其后在 Japan Leasing Corporation 重整案中更是效仿美国《破产法典》第 363 条的规定不经由重整计划的规定出售了该公司仍可继续经营的营业实体，而实际上当时日本法律对此交易形式并无明确规定。并且在两个案件中营业的整体出让都得以高效交割完成。[4]

针对公司正常经营情况下的营业转让，我国学者强调转让资产的有机整体性和功能性。[5]具体到破产企业营业转让，学者则更关注于营业转让的债权人清偿和企业营业维续功能。例如，王欣新教授指出："出售式重整，是将债务人具有活力的营业事业之全部或主要部分出售让与他人，使之在新的企业中得以继续经营存续，而以转让所得以及企业未转让遗留财产（如有）的清算所得清偿债权人。"[6]在德国，出售式重整的概念首先由德国著名法学

---

〔1〕 ［美］Harvey R. Miller：《破产重整五十年（1960—2010）回溯》，张钦昱译，载李曙光等主编：《公司重整法律评论》（第 1 卷），法律出版社 2011 年版，第 411 ~ 412 页。

〔2〕 Kautzsch, Unternehmenssanierung im Insolvenzverfahren, 2001, S. 167；Wellensiek, NZI 2002, 233, 239；Vallender, GmbHR 2004, 543；ders. , GmbHR 2004, 642, 646；Smid/Rattunde, Der Insolvenzplan, 2005, S. 8 f. , Rn. 0. 19 f. ; Hagebusch/Oberle, NZI 2006, 618, 619 f. ; Spieker, Die Unternehmensveräußerung in der Insolvenz, 2001, S. 37 f.

〔3〕 Hagebusch/Oberle, NZI 2006, 618, 619.

〔4〕 See Hideyuki Sakai, "Reflections on a Revolution in Japanese Business Restructuring Proceedings: An Insolvency Practitioner's Perspective of the Early 21st Century and Future of Japanese Insolvency Law", *American Bankruptcy Law Journal*, Vol. 92, 2018, p. 395.

〔5〕 朱慈蕴："营业转让的法律规则需求"，载《扬州大学学报（人文社会科学版）》2011 年第 2 期；刘小勇："营业转让与股东大会的决议——日本法对我国的启示"，载《清华法学》2010 年第 5 期。

〔6〕 王欣新："重整制度理论与实务新论"，载《法律适用》2012 年第 11 期。

家施密特（Schmidt）教授于 1980 年撰文提及，[1] 但这一概念在德国《破产法》中并未被使用。德国立法者只是在 1994 年破产法改革的立法理由中指出："出售式重整是指将破产企业的相关资产作为一个功能实体，并以企业资产出售的方式由现有的破产企业主体转让给一个现存或新设的企业主体，而破产的企业主体将依破产程序进行清算或重整。"[2] 此后，德国学者多采这一概念。比较可以发现，中德两国对出售式重整的表述并无太大实质性差异，出售式重整的突出特征在于作为有机整体的功能性资产的出售。

　　与一般资产交易不同的是，由于企业控制管理权的转移，出售式重整过程中的交易相对方发生了变化，起决定性作用的不再是公司高管或股东，而是管理人或债权人，并且必须严格遵守破产法的相关实体及程序规则。我国学者即指出，在公司破产情况下，由于股东已无利益，则无必要履行股东（大）会的决议程序。[3] 美国破产法协会 2014 年的《美国破产法协会美国破产重整制度改革调研报告》中亦指出，美国《破产法典》第 363 条规定的交易应无需组织股东进行表决。[4] 准确而言，债权人于破产时便获得企业的控制权，债权人成为实际上的剩余利益索取者，债权人会议便取代股东（大）会会议成为破产企业的重大事项决策机关。由此，有关债务人财产处分的一切"重大事项或重要问题"，债权人会议均享有决议权。[5]

　　（二）出售式重整的功能解析

　　出售式重整功能强大，我国立法者对此亦有所认识。《中华人民共和国企业破产法释义》中即指出："将破产企业或破产企业的某一特定营业项目进行整体或部分变卖，不但可以提高破产财产变卖的价格，还可以维持破产企业的整体经营或某一可以独立经营的营业项目，减少因破产企业解体对财富的

---

　　[1]　K. Schmidt, ZIP 1980, 328, 336 f.

　　[2]　Begr. zum RegE InsO, BT-Drucks. 12/2443, S. 94.

　　[3]　参见刘小勇："营业转让与股东大会的决议——日本法对我国的启示"，载《清华法学》2010 年第 5 期。

　　[4]　《美国破产法协会美国破产重整制度改革调研报告》，何欢、韩长印译，中国政法大学出版社 2016 年版，第 227 页。

　　[5]　参见韩长印："论破产程序中的财产处分规则"，载《政治与法律》2011 年第 12 期。

贬损，在一定程度上还可保证就业。"[1]此外，往往为人们所忽视的是，破产企业营业整体出让的效率会高于资产的分别出让。例如德国著名时装品牌Escada公司仅在破产申请后两个半月即宣告出售给印度投资者。根据美国破产法协会的数据统计，2000年之后依美国《破产法典》第363条进行的出售平均时长最短的是2007年的34天，最长的为2002年的287天，且闻名世界的通用及克莱斯勒重整案均在约41天完成。[2]实际上，史上最大的依据美国《破产法典》第363条的出售发生在2008年秋天，雷曼兄弟公司在提出第十一章重整申请后仅1周就以逾10亿美元的价格将其所有的投资银行与贸易业务出售给巴克莱银行。[3]这一破产变价方式的高效性不仅能大大降低破产程序费用，而且可避免破产程序中企业的螺旋式贬值，特别是破产对企业形象的消极影响。[4]

另一方面，从收购者角度而言，破产程序能为收购参与者提供一个高效透明的谈判合作平台，尤其是程序的透明化及有效的信息供给将能增加各方的信任感，促成各方达成妥协。不仅如此，破产程序中诸多措施将能确保企业的完整性，特别是破产撤销权及选择权亦可达到确保资产完整及优化的效果。亦为关键的是，基于破产法有关企业资产清理、债权申报及审核的规定，辅以破产法院、管理人及各债权人之间的相互监督制约，企业资产及债权的真实性、准确性及确定性将得以最大程度实现。并且资产与债务的剥离亦使得收购方可将尽职调查的精力放在企业资产上，而破产管理人制作的财产清单将能一定程度上降低收购方尽职调查的工作量。简言之，破产程序本身具有的调查审核功能可大大降低收购风险。

（三）我国出售式重整的立法改进

德国《破产法》第158条第1款明确规定："如果破产管理人欲在报告期日前暂停营业或转让营业，则在成立债权人委员会的情况下，必须征得债权

---

〔1〕 安建主编：《中华人民共和国企业破产法释义》，法律出版社2006年版，第155页。

〔2〕 参见《美国破产法协会美国破产重整制度改革调研报告》，何欢、韩长印译，中国政法大学出版社2016年版，第98～99页。

〔3〕 ［美］查尔斯·J.泰步：《美国破产法新论（第3版）下册》，韩长印、何欢、王之洲译，中国政法大学出版社2017年版，第1198页。

〔4〕 Thiele in：Handbuch des Fachanwalts, Insolvenzrecht, 2. Aufl. , S. 921, Rn. 21.

人委员会的同意。"德国立法者在立法理由中指出，这一规定在避免交易机会丧失，确保交易效率及债权人利益最大化的同时，亦通过债权人委员会认可的设置使得债权人意思自治得以适当确保。[1]而在报告期日（第一次债权人会议）后，德国《破产法》第160条则规定："如若破产管理人整体或部分出售债务人企业，则在设立债权人委员会的情况下，必须征得债权人委员会的同意。在未设立债权人委员会的情况下，必须召开债权人会议，并由其表决通过。如若债权人会议无法召开，则视为债权人会议同意该事项；在向债权人发出的召集债权人会议邀请函中必须明示此法律后果。"该条最后一句规定是在2007年改革时新加入的，立法者希望借此规定消除由于债权人原因无法召开会议或形成有效决议给营业转让带来的风险，并避免程序迟延及额外程序费用的产生。[2]显然，以债权人利益最大化为终极目标，确保交易的及时性和效率性成为德国立法者关注的核心问题。

借鉴上述规定，我国应确立"管理人主导，债权人委员会认可"的模式，从而在确保出售式重整及时性和效率性的同时实现对相关者的利益保护，并有效防范滥用出售式重整。然而，在德国，于第一次债权人会议前，破产法院即可设立债权人委员会，并且于破产程序启动时设立债权人委员会亦成为常态。而依我国《企业破产法》第67条第1款第1句的规定，在第一次债权人会议前并无债权人委员会的设置，所以无法通过债权人委员会达到适当确保债权人意思自治的目的。考虑到我国第一次债权人会议前时间的有限性以及现行法下债权人委员会的空缺期，第一次债权人会议前的出售式重整应属例外之情形，并必须以法院审查核准为前提。实际上，破产管理人考虑到潜在责任风险，应不会扮演一个强势破产管理人的角色，而更愿意将出售式重整事宜交债权人委员会或债权人会议表决。更准确而言，破产管理人在第一次债权人会议前的工作重点应是确保企业的正常经营及必要情况下的暂停营业。

在第一次债权人会议召开后，就我国《企业破产法》第61、69条的规定而言，我国立法者似乎从债权人意思自治角度出发，将企业转让这一重大事

---

〔1〕 Begr. zum RegE Gesetz zur Vereinfachung des Insolvenzverfahrens, BT-Drucks. 549/06, S. 39.

〔2〕 Begr. zum RegE Gesetz zur Vereinfachung des Insolvenzverfahrens, BT-Drucks. 549/06, S. 39 f.

项交由债权人在获得相关决策信息的基础上进行表决，并辅以我国《企业破产法》第 69 条规定的债权人委员会在实施阶段的监督。然而，交由债权人会议表决通过带来的最大问题无疑在于程序迟延所导致的企业价值贬损及程序费用上升，乃至交易机会的丧失，并且多数决亦不代表决议的适当性。"管理人主导、债权人委员会认可"的德国模式则更加高效，并能在实现出售式重整及时性和效率性的同时适当确保债权人意思自治。

另一方面，难以回避的问题是：如何在此制度框架下保护债权人及债务人的利益，防止出售式重整的滥用或错用？首先，在第一次债权人会议前，由于债务人企业仍有重整的可能性，而债权人会议尚未对此做出决议，因此仍有必要对债务人的利益加以保护。基于此考虑，德国《破产法》第 158 条第 2 款规定，在债权人委员会做出相关决议前，破产管理人必须告知债务人营业转让的情况。依债务人申请，并征询破产管理人的意见，破产法院可决定暂时禁止营业转让，而将此事项延至报告期日交由债权人会议表决，只要该暂时禁止的决定不会造成破产财产价值的巨大贬损。而在报告期日后，德国《破产法》第 161 条规定，破产管理人在债权人委员会或债权人会议做出决议前必须告知债务人营业转让的情况，只要此不会导致程序的严重迟延。并且如若出售式重整的决议不是由债权人会议做出的，则债务人企业及本法第 75 条第 1 款第 3 项规定的债权人多数亦可提出申请，要求破产法院在征询破产管理人意见后暂时禁止营业转让，并将该事项交由债权人会议表决。更进一步，为了确保企业转让价格公允，德国《破产法》第 163 条规定，如若存在另一收购方可提供更优的交易条件，则经债务人企业及本法第 75 条第 1 款第 3 项规定的债权人多数申请，并经向破产管理人征询意见，破产法院可决定，该营业转让必须以债权人会议通过相应决议为前提。换言之，如若债务人或债权人确信，另一收购方可提供更佳的交易条件，从而使债权人获得更佳的受偿，则可适用第 163 条的规定。而"更佳交易条件"的判定不仅应考虑出让价格，还应综合考虑支付方式等其他交易内容。[1] 显然，上述债务人及债权人异议权的规定将能有效监督出售式重整的实施，防止其被滥用，

---

〔1〕　Begr. zum RegE InsO，BT-Drucks. 12/2443，S. 175.

从而实现保护债权人利益的目标。

出售式重整被滥用的最大可能是，债务人企业的内部人或者与其有密切联系者，乃至债权人可以通过其掌握的内部信息及影响力对企业价值做出更准确判断，并由此通过营业转让取得不正当利益。[1]尤为令人担忧的是，破产企业所有人向与其有密切联系的第三人（低价）转让破产企业资产，从而达到摆脱原有企业债务，"金蝉脱壳"的目的。为防范上述行为，德国《破产法》第162条规定，如若收购方为与债务人企业有密切联系的第三人，或者为占有预估的担保债权额五分之一以上的担保债权人，或者是占预估普通债权额五分之一以上的普通债权人，则营业转让必须以债权人会议通过相应决议为前提。德国《破产法》第162条的规定与第163条的规定都是为了实现营业转让的公允价值，[2]但在实践中第163条规定的应用更为广泛，并使得第162条的规定意义不大。[3]于此仍必须加以说明的是，尽管在法律实践中第161条的适用及第162和163条的适用并无实质区别，但实际上在第161条的情况下营业转让的条件已经具备，而只是暂停执行，并由债权人会议决议是否继续执行。而在第162、163条的情况下，债权人会议做出相应决议是营业转让的前提条件。[4]依据第164条的规定，违反第160~163条的规定并不会影响营业转让的效力，而只是在未以合理价格出让的情况下，破产管理人必须承担相应的损害赔偿责任。[5]

然而，在赋予债权人异议权的同时，也必将面临债权人滥用异议权的问题，特别是通常作为大债权人的银行显然会成为出售式重整表决程序中的主导方。于此方面，我国《企业破产法》第65条的规定将能发挥防止滥用异议权的作用，即经破产管理人申请，人民法院有权在债权人未通过相应决议的情况下裁定实施出售式重整，但应慎用此强裁权。此外，在出售式重整的情况下，应赋予破产管理人统一变价权，从而避免因担保物权的行使导致企业

---

〔1〕 Begr. zum RegE InsO, BT-Drucks. 12/2443, S. 174; Wellensiek, NZI 2002, 233, 234.

〔2〕 Spieker, Die Unternehmensveräußerung in der Insolvenz, S. 37.

〔3〕 Bork, Einführung in das Insolvenzrecht, S. 210, Rn. 379.

〔4〕 Bork, Einführung in das Insolvenzrecht, S. 210, Rn. 379.

〔5〕 Bork, Einführung in das Insolvenzrecht, S. 209, Rn. 377.

资产的拆散。

## 四、转让性重整各模式比较分析

转让性重整不仅维系了企业的经济机能，而且可实现债权人利益最大化。从一国经济角度而言，转让性重整的优点无疑在于避免了企业拆分所导致的资源浪费和工作岗位丧失。相较于出售式重整，股权转让性重整的巨大优势无疑在于法律主体资格的一致性，从而保留某些具有依附性的企业财产，并避免企业财产转移所产生的大量费用。脱离于破产企业法律主体的资格，依附于原破产企业主体的合作关系、行政许可、上市主体资格将丧失其价值。当下中国上市公司壳资源被热捧即是一例证。更多情况下，破产企业所拥有的商业合作关系和行政许可资格才是真正吸引收购方或投资方的企业核心价值。特别是涉及企业运营所必需的商业许可合同、供货合同、租赁合同、销售合同和劳动合同等，脱离于破产法律主体则需要花费大量的时间和费用重新与相关方达成协议，甚至丧失继续合作的机会。存续性重整所确保的主体资格的一致性则可避免上述问题的产生，从而确保特定合同履行的延续性，而破产合同履行选择权的行使则可实现企业与不利商业合同的剥离。此外，行政许可取得程序往往十分复杂，具有不确定性，乃至不可能。亦不容忽视的是，企业的某些隐形资产是无法转让的，并且一旦主体资格消失，其也将消失或减损。所以股权转让性重整是真正实现了企业资产的联合效应，而出售式重整更多的只是实现了企业有形资产的联合效应。简言之，存续性重整无疑是确保企业财产及资源完整性的有效工具，特别是针对那些随着企业主体注销而亦会随之消失的隐性企业资产。

更为关键的是，企业资产出售不仅费时耗力，而且需要遵守相关法律规定，支付相应的交易税费。有德国学者即指出，伴随着企业规模的增大，出售式重整的实施效率和对于投资者的吸引力也相应降低。[1]与之相对，股权转让性重整基于主体资格的一致性将不涉及企业资产转让的问题，其相较于出售式重整的交易效率和费用优势亦得以显现。此外，主体资格一致性所确

---

[1]　Smid/Rattunde, Der Insolvenzplan, 2005, S. 30, Rn. 2. 7.

保的法律关系延续亦避免了一系列谈判和申请批准费用的产生。对于收购方而言，其也可基于主体资格的一致性而节省大量的后期费用，如与相关方谈判签订合作合同，向相关部门申请新的行政许可等。然而毫无疑问，股权转让性重整只适用于破产重整程序，且其将面临巨大的重整费用成本和重整不确定风险。此外，根据我国《企业破产法》第 92 条第 2 款的规定，收购方显然还将面临潜在的债务风险。

与股权转让性重整相比，出售式重整最大的优势无疑在于通过有效资产剥离的方式实现了重整的简化，但其最大劣势亦在于主体资格一致性的丧失。尽管如此，通过相应制度设计将可使出售式重整得以及时高效运行，并可实现企业价值和债权人利益最大化的目标。虽然第一次债权人会议前的出售式重整为立法所允许，但考虑到债权人意思自治，特别是对各种受偿方式的选择，第一次债权人会议前的出售式重整应为例外；在第一次债权人会议后，从交易效率性出发，则应赋予管理人在必要情况下的变价权，并辅以债权人委员会的监督许可权。并且债务人和债权人的知情权及异议权亦能使其利益得到有效维护，并对出售式重整滥用问题加以有效防范。

尽快出售，还是等待公允价格？这更多应是一个商业判断。但于此必须加以明确的是，尽管转让价格的合理区间应在清算价值与继续经营价值之间，但出售式重整所带来的高效率必然能大大降低程序费用，甚至能节省相关税费，加之清算价值及继续经营价值确定具有一定的不确定性，因此在个案中并不能单纯考虑转让价格与清算价值及继续经营价值的关系，债权人受偿率才是评定的核心标准。随着破产程序的进行，程序的直接及间接费用必然不断上升，企业价值亦会贬损，债权人受偿率必然降低。由此，只要破产管理人寻找到合适的买家，则营业转让越早实施越好。2014 年的《美国破产法协会美国破产重整制度改革调研报告》亦指出，若债务人企业的财产具有易贬损性质或其价值正在快速下跌，则快速出售可能是实现价值最大化，从而维护破产财团及其利害关系人利益的最佳、甚至唯一选择。[1]

---

〔1〕《美国破产法协会美国破产重整制度改革调研报告》，何欢、韩长印译，中国政法大学出版社 2016 年版，第 101 页。

# 第七章　破产重整计划中的权益调整

## 第一节　破产重整中出资人权益调整

出资人权益调整是破产重整中常用的重整措施。我国《企业破产法》在 2006 年改革之时，即效仿美国法将出资人纳入破产重整程序。破产重整中出资人权益调整的具体措施除了上文提及的减资，还包括股权让与、退股等。然而，将出资人纳入重整计划调整范围不可回避的问题是出资人权益保护。我国《企业破产法》第 87 条第 2 款第 4 项规定，只要重整计划草案对出资人权益的调整公平、公正，即使出资人表决组未表决通过，人民法院亦可强制批准重整计划草案。尽管就此而言，我国立法者意识到出资人权益保护的问题，但仍值得再详细论证，从而为出资人权益调整措施提供理论支撑。

### 一、破产重整中出资人权益调整的德国法困境和立法改革

视线再次转向德国，早在 1985 年德国联邦司法部任命的破产法委员会发布的破产法改革报告中就曾提及将出资人纳入破产重整程序。但这一建议随即遭到了德国著名破产法学者巴尔茨的反对。其指出，债权人的权利仅应涵盖债务人企业财产，而不应涉及出资人财产，更无权要求出资人行使或不行使特定出资人权利。[1] 并且破产清算情况下股权价值为零的假

---

〔1〕　Balz, Sanierung von Unternehmen oder von Unternehmensträgern, S. 55.

设并不准确，破产企业具有重整可能性即反映出股权具有剩余价值，或者说继续经营价值。[1]时至 1994 年德国破产法改革，立法者也采纳了上述观点，并在立法理由中明确写道："责任财产的范围仅应限于债务人企业的财产，而不应包括出资人财产。只有债务人企业的财产才可为破产管理人的管理处分权所涵盖。"[2]简言之，德国当初未将出资人纳入重整计划调整范围的主要论据是：如若将出资人纳入重整计划，将会引发财产权保护的难题。

尽管 2012 年改革之前的德国旧《破产法》并未将出资人纳入重整计划调整范围，但德国立法者在 1994 年德国《破产法》的立法理由中亦指出，出资人将被视为"隐藏的"重整计划参与人，并由其自行决定是否及如何参与重整，相关费用也由其自行承担。[3]实际上，部分德国学者一直试图通过法律解释将出资人纳入到重整计划，但仍无法得到满意答案。有德国学者指出，依据德国旧《破产法》的规定，出资人并无重整计划提案权、表决权及异议权，因此从法律解释角度其亦不是重整程序的参与人。[4]更为关键的是，德国旧《破产法》第 217、221 条明确规定了重整计划的参与人及重整计划可规定的内容。由此亦可反推出不为重整计划所涉及的主体及不受重整计划调整的内容。[5]此外，德国旧《破产法》第 222 条明确规定了参与重整计划的三大组别，即担保债权人、普通债权人及后位受偿债权人。[6]而第 227 条第 2 款的规定亦表明，债务人企业的概念并不涵盖出资人。[7]自此很长的一段时间内，德国学界主流观点不得不承认，出资人并不是重整计划参与人，其不

---

〔1〕 Balz, Sanierung von Unternehmen oder von Unternehmensträgern, S. 61.

〔2〕 Begr. zum RegE InsO, BT-Drucks. 12/2443, S. 83.

〔3〕 Begr. zum RegE InsO, BT-Drucks. 12/2443, S. 78, 92.

〔4〕 Krull, Bedingter Insolvenzplan und Kapitalschnitt, S. 92.

〔5〕 Sassenrath, ZIP 2003, 1517, 1518；Brüning, Gesellschafter und Insolvenzplan, S. 88 f.

〔6〕 Noack in: Festschrift für Röhricht, S. 455, 458；Brüning, Gesellschafter und Insolvenzplan, S. 91.

〔7〕 Eidenmüller, ZGR 2001, 680, 682 ff.；Kautzsch, Unternehmenssanierung im Insolvenzverfahren, S. 188；Sassenrath, ZIP 2003, 1517, 1518；Brüning, Gesellschafter und Insolvenzplan, S. 89 f.；Noack in: Festschrift für Röhricht, S. 455, 458；Madaus, ZIP 2010, 1214, 1218.

受重整计划调整。[1]

　　由于在德国旧《破产法》框架下出资人并非重整计划参与人，因此涉及股权调整的重整措施无法纳入到重整计划，而必须在破产程序之外经股东同意或股东（大）会表决通过相应决议。这就使得出资人在破产重整过程中握有一强有力的谈判工具，并可借此谋求私利、阻碍重整。如若债权人已通过了债务延期或减免的重整计划，则其显然将面临无法获得出资人相应让步的风险，也即出资人不同意相应让步或不通过重整必需的相应决议。[2]与之相应，出资人如若先作出相应决议，则其亦将面临无法获得债权人相应让步的风险，也即其不知债权人是否会表决通过重整计划，并且重整计划是否会为法院所批准。[3]尤为令出资人担忧的是，如若出资人通过了增资决议，而债权人并未表决通过重整计划，法院亦未强制批准，则依德国学界的主流观点，增资资金将被视为新取得破产财产，并有可能在随后的破产清算程序中分配给债权人。[4]为了避免上述提及的预付代价风险和谈判中的不利地位，债权人往往要求出资人在重整计划提交表决前必须通过相应决议，甚至要求支付

〔1〕　Eidenmüller in：MünchKomm-InsO，§ 217，Rn. 65 ff；ders.，ZGR 2001，680 ff.；Braun in：Nerlich/Römermann InsO，§ 217，Rn. 35；ders. in：Festschrift für Fischer，S. 53，54；Jaffé in：Frankfurter Kommentar zur InsO，§ 217，Rn. 81 ff.；Krull，Bedingter Insolvenzplan und Kapitalschnitt，S. 44，92；Kautzsch，Unternehmenssanierung im Insolvenzverfahren，S. 186；Müller，KTS 2002，209，236；ders.，Der Verband in der Insolvenz，S. 319 f.；Braun/Uhlenbruck，Unternehmensinsolvenz，S. 91；Noack in：Festschrift für Zöllner，S. 411，415 f.，419 f.；ders. in：Festschrift für Röhricht，S. 455，457 f.；Sassenrath，ZIP 2003，1517，1518；Smid/Rattunde，Der Insolvenzplan，2005，S. 142 ff.；Tashiro，Restrukturierung von Kapitalgesellschaften，S. 158，204；Brüning，Gesellschafter und Insolvenzplan，S. 88 ff.；Maus in：Die GmbH in Krise，Sanierung und Insolvenz，4. Aufl.，S. 874，Rn. 8. 14；Schulz/Bert/Lessing，Handbuch Insolvenz，3. Aufl.，S. 255；Madaus，ZIP 2010，1214 ff.

〔2〕　Pujol，Die Sanierung der Schuldnergesellschaft，S. 83.

〔3〕　Eidenmüller in：MünchKomm-InsO，§ 221，Rn. 87；Krull，Bedingter Insolvenzplan und Kapitalschnitt，S. 94 ff.；Brüning，Gesellschafter und Insolvenzplan，S. 155 ff.

〔4〕　Begr. zum RegE InsO，BT-Drucks. 12/2443，S. 122；Kautz，Die gesellschaftliche Neuordnung der GmbH im künftigen Insolvenzrecht，S. 208；Schlitt，NZG 1998，755 f.；Uhlenbruck in：Kölner Schrift zur InsO，2. Aufl.，S. 1172 ff.，Rn. 24；ders. in：Festschrift für Lüer，S. 461，474 f.；ders.，NZI 2008，201，205；Müller，ZGR 2004，842，845 f.；Gundlach/Frenzel/Schmidt，NZI 2007，692，693；Gundlach/Frenzel/Schmidt，NZI 2007，692；Wellensiek/Flitsch in：Festschrift für Fischer，S. 578，593；Buth/Hermanns in：Restrukturierung Sanierung Insolvenz，3. Aufl.，S. 335，Rn. 8；K. Schmidt in：Die GmbH in Krise，Sanierung und Insolvenz，4. Aufl.，S. 660，Rn. 7. 14.

全部增资款。而与之相对，出资人亦会将重整计划的表决通过或者批准作为通过相应决议的前置条件。由此产生的避免风险承担、谋求自身利益的博弈无疑会导致重整僵局。

更令人难以理解的是，由于重整程序中多数决、适当分组及强制批准的存在，债权人异议权的滥用得到有效防范，甚至可以不经债权人同意而强制批准减免债权的重整方案；与之相对，却无法通过同样方式要求出资人对重整做出必要贡献。[1]处于后位受偿顺序的出资人取得了相较于债权人更为强势的地位，甚至可以主导本应由债权人主导的重整程序，或将其手握的不受限制的关键环节的决定权转化为其本不应获得的现实利益。[2]简言之，不将出资人纳入重整计划，则股权价值几近为零的出资人也可阻碍本可成功的破产重整，拯救企业及债权人利益最大化的目标显然将受到严重威胁。

德国旧《破产法》未将出资人纳入破产重整计划调整范围的规定一直饱受争议。多数德国学者认为当时的规定过于保守，将会严重阻碍重整。[3]依德国学者艾登穆勒教授及其团队在 2009 年所做的问卷调查，66% 受访者认为这是一立法缺陷。[4]57% 的受访者认为有必要将出资人纳入重整计划，只有2% 的受访者对当时的规定表示满意。[5]根据同年所做的另一项问卷调查，

---

〔1〕 Braun/Uhlenbruck, Unternehmensinsolvenz, S. 583.

〔2〕 Eidenmüller, ZIP 2010, 649, 652; Eidenmüller/Engert, ZIP 2009, 541, 543; Flessner in: Heid-Komm InsO, § 221, Rn. 4; Braun in: Festschrift für Fischer, S. 53, 69.

〔3〕 Eidenmüller, ZGR 2001, 680, 710; ders. , ZIP 2007, 1729, 1736; ders. in: MünchKomm-InsO, § 217, Rn. 2, 74; ders. , ZIP 2010, 649, 652; Eidenmüller/Engert, ZIP 2009, 541, 542 f.; Uhlenbruck, NZI 1998, 1, 6; ders. in: Kölner Schrift zur InsO, 2. Aufl. , S. 1174, Rn. 25; ders. , NZI 2007, 313; ders. in: Festschrift für Lüer, S. 461, 464; ders. , NZI 2008, 201; Braun in: Nerlich/Römermann InsO, § 217, Rn. 38 ff. ; ders. in: Festschrift für Fischer, S. 53, 67; Braun/Uhlenbruck, Unternehmensinsolvenz, S. 583 f. ; Patzschke, Reorganisation im Insolvenzverfahren, S. 33 f. ; Krull, Bedingter Insolvenzplan und Kapitalschnitt, S. 89; Flessner in: HeidKomm InsO, § 221, Rn. 3; Sassenrath, ZIP 2003, 1517; Noack in: Festschrift für Röhricht, S. 455, 458; Noack/Bunke, KTS 2005, 129, 131; Brüning, Gesellschafter und Insolvenzplan, S. 132, 135; Jaffé in: Frankfurter Kommentar zur InsO, § 217, Rn. 83; Jaffé/Friedrich, ZIP 2008, 1849, 1853; Smid/Rattunde, Der Insolvenzplan, 2005, S. 143, Rn. 6. 15; Braun/Frank in: Braun-Kommentar InsO, § 217, Rn. 10; Vallender, NZI 2007, 129, 136; Smid, DZWIR 2009, 397, 399; Ehlers, ZInsO 2009, 320, 321; Frind, ZInsO 2010, 1426, 1430.

〔4〕 Eidenmüller/Frobenius/Prusko, NZI 2010, 545, 549.

〔5〕 Eidenmüller, ZIP 2010, 649, 652.

78%的受访破产管理人认为有必要将出资人纳入重整计划，58%的受访破产
管理人认为十分有必要。[1]最终，在德国学术界及实务界人士的不断呼吁及
支持下，德国通过2012年《重整促进法》的改革将出资人纳入重整计划调
整范围。修改后的德国《破产法》第217条第2句明确规定，如若债务人
非自然人，则其出资人亦可纳入重整计划。除了上述德国《破产法》第222
条第1款第4项明确可以设立出资人组，新增的第225a条规定了股权调整
等相关事宜，第245、246、251条亦被相应修改。上述修改获得了德国学
界的普遍认同。[2]

## 二、破产重整中出资人权益保护的再反思

显然，德国数十年来"无谓之争"的焦点问题在于出资人权益保护。而
德国2012年破产重整制度改革将出资人纳入重整计划并非是从促进重整角度
放弃出资人权益保护，而是对出资人权益保护的理性再认识。首先必须要指
出的是，重整计划乃重整参与人之间的合同。出资人作为重整参与人，自然
亦可加入到此合同缔结过程中。并且在破产重整情况下，债权人及出资人均
可被视为企业财产的享有者，区别仅在于其受偿顺序不同。换言之，出资人
与债权人的异质性愈发不明显，而同质性增强。美国《破产法典》即将债权
人及出资人均视为投资人，因此在重整程序中赋予了他们同等参与权，只是
债权人受偿顺位高于出资人。简言之，在破产重整程序中，债权人和出资人
作为重整参与人利益同样值得保护。德国立法者在2012年《重整促进法》的
立法理由中即明确指出："出资人被纳入重整计划后，其权益将通过破产法中
众多的利益保护机制得到有效维护。"[3]也就是说，将出资人纳入重整计划
并不是以损害出资人利益为目的，而是为出资人及债权人提供同一适当的法
律保护。并且出资人仍可根据自身利益需要进行抉择：如若其不愿参与重整，

---

〔1〕 Bitter/Röder, ZInsO 2009, 1283, 1290.

〔2〕 Smid, DZWIR 2010, 397, 402；Kresser, ZInsO 2010, 1409, 1415；Frind, ZInsO 2010, 1524,
1525；Willemsen/Rechel, BB 2011, 834, 838；Hirte/Knof/Mock, DB 2011, 632, 637；A. Bauer/Dimmling,
NZI 2011, 517 ff.

〔3〕 Begr. zum RegE ESUG, BT-Drucks. 17/5712, S. 18.

则可通过股权转让等方式退出企业；愿意参与重整的出资人也并不会因立法缺陷而被自动排除在外。此外，在将出资人纳入破产重整程序后，亦可效仿美国法基于个案的需要设立出资人委员会。值得注意的是，出资人委员会在美国并无太多实质性权力，但其可代表出资人发表意见，并监督重整程序进行。[1]

亦值得注意的是，在企业破产情况下，债权人受偿顺位高于出资人，其利益理应在破产程序中得到更有力的保护。[2]并且于企业破产时，某种意义上债权人才是企业财产的真正所有者。[3]放弃将出资人纳入重整计划的法律制度显然是利益失衡的，并不利于破产程序价值目标的实现。实际上，债权人和出资人的共同利益无疑在于企业的继续经营价值。共同利益使得合作共赢成为可能，而人为的撕裂既不必要，也有碍企业价值最大化目标的实现。更为关键的是，在将出资人纳入重整计划后，所有公司法上所允许的措施均可在重整计划中做出规定，并无须再按照公司法决议程序进行，而是被纳入到破产重整程序的统一表决机制中。这不仅化解了众多法律难题，而且也必将提高破产重整程序的效率，节省程序费用，提升重整成功的可能性。

进一步而言，由于相关决议程序被纳入到重整程序中，相关费用也可从破产费用中支出。我国学术界及实务界人士均认为，相关出资人决议作为重整计划的一部分，由出资人组表决即可，而不需要由股东（大）会决议。[4]于此亦值得借鉴的是德国《破产法》第 254a 条第 2 款的规定，即："如果出资人权益调整纳入重整计划，则视为相应的决议及意思表示均以符合法律要求的形式作出。公司法上必要的通知、邀请及决议作出的其他前置措施都视为以符合法律要求的形式进行。破产管理人有权在相应的商事登记机关办理相应的登记手续。"就此规定，德国立法者在立法理由中明确指出："通过决议程序的统一化及决议形式的合法化拟制，相关出资人（大）会决议的无效

---

〔1〕 参见潘琪：美国《破产法典》，法律出版社 1999 年版，第 199 页。

〔2〕 Brüning, Gesellschafter und Insolvenzplan, S. 208, 215 ff.

〔3〕 Eidenmüller in：MünchKomm-InsO，§ 217, Rn. 75；Eidenmüller, ZGR 2001, 680, 688；Braun in：Festschrift für Fischer, S. 53；Uhlenbruck, NZI 2008, 201, 202.

〔4〕 参见王欣新："企业重整中的商业银行债转股"，载《中国人民大学学报》2017 年第 2 期；郑志斌、张婷：《公司重整制度中的股东权益问题》，北京大学出版社 2012 年版，第 200 页。

性及可撤销性风险得以消除，相应决议程序的时间及费用成本亦得以节省。并且由于重整计划的合法性已为破产法院所审查确认，因此登记机关在审查登记时将只进行形式上的审查。"[1] 值得注意的是，德国《金融机构重整法》第18条第1款却规定，金融机构的出资人必须在重整顾问人召集的出资人大会就重整计划进行表决。

　　然而，不可回避的问题是出资人财产权的保护。在企业陷入破产境地的情况下，尤其在资不抵债的情况下，企业财产通常无法使债权人完全受偿，由此股权的价值通常可以忽略不计。[2] 就此而言，出资人通过重整不仅不会遭受损失，反而可以在一定情况下分享企业的继续经营价值，使自己持有的股权重获价值。[3] 尽管股权在一定情况下仍具有剩余价值（einen positiven Residualwert），但这一剩余价值乃期待价值，并以重整成功和继续经营价值实现为前提。企业继续经营价值或股权剩余价值的实现不仅需要通过债权人让步来实现，亦需要出资人做出应有贡献。破产重整绝非是通过债权人利益让步来使出资人坐收渔翁之利。[4]

　　尽管如此，德国学者巴尔茨早在1986年就曾指出，财产权的宪法保护并不取决于股权价值大小，无价值的股权仍应受宪法保护。[5] 时至今日，德国的主流观点认为，财产权保护只是禁止无适当补偿的财产调整行为，[6] 而并非让出资人可以毫无贡献的从债权人让步中获利。[7] 亦为关键的是，持续经营乃企业设立的目标，在企业危机情况下，这一目标也相较于出资人利益具有优先地位。由此，出资人基于信义义务应尽力通过重整维系公司继续经营，

[1] Begr. zum RegE ESUG, BT-Drucks. 17/5712, S. 36.

[2] Eidenmüller in: Festschrift für Drukarczyk, S. 187, 190; ders., ZGR 2001, 680, 688; ders., ZIP 2007, 1729, 1736; Müller, Der Verband in der Insolvenz, S. 334; Braun in: Festschrift für Fischer, S. 53; Braun/Uhlenbruck, Unternehmensinsolvenz, S. 91; Uhlenbruck in: Kölner Schrift zur InsO, 2. Aufl., S. 1174 f., 25.

[3] Eidenmüller in: Festschrift für Drukarczyk, S. 187, 190.

[4] Uhlenbruck, NZI 2008, 201, 203.

[5] Balz, Sanierung von Unternehmen oder von Unternehmensträgern, S. 61.

[6] Sassenrath, ZIP 2003, 1517, 1524; Braun in: Festschrift für Fischer, S. 53, 68; Eidenmüller/Engert, ZIP 2009, 541, 546.

[7] Müller, Der Verband in der Insolvenz, S. 364; Sassenrath, ZIP 2003, 1517, 1524, 1525; Eidenmüller/Engert, ZIP 2009, 541, 546 f.

避免公司解散。[1]德国《基本法》第 14 条第 1 款第 2 句亦明确规定，财产权保护的内容及界限由法律加以确定。也就是说，在破产重整情况下，基于债权人利益最大化目标及出资人信义义务，出资人权益保护的内容及界限得以明确。[2]我国宪法学者亦认为，财产权所负的社会义务已为现代宪法所确认，法律对财产权的限制亦大量存在。[3]财产权在各个方面都受到其所处社会关系的约束，财产权人"依其喜好"使用和支配财产的绝对权利已不复存在。[4]即使法律使财产权负担的社会义务被认为过度限制了财产权，立法者也可以考虑对这种较严重的限制给予适当补偿，以满足合宪审查的要求。[5]简言之，将出资人纳入重整计划不仅不是违宪的，更是为宪法所允许。

实际上，将出资人纳入重整计划也并不意味着出资人权益必然会被调整。德国《破产法》第 225a 条第 1 款即明确规定，如若重整计划未做出特殊规定，债务人企业出资人权利将不受重整计划影响。更准确地说，将出资人纳入重整计划的目的是将重整负担在重整参与人之间进行合理分配，为出资人及债权人提供统一适当的法律保护，最终实现破产重整中公平与效率兼顾的价值目标。出资人不仅不会因此而权益受损，而且其作为破产重整程序的参与人，也获得相应程序权利，特别是参会权，其亦能对重整计划的修改完善提出自己的意见及建议。并且破产管理人也应顾及作为重整参与人的出资人的利益，并向其提供必要的重整信息。我国《企业破产法》第 85 条第 1 款亦规定，债务人的出资人代表可以列席讨论重整计划草案的债权人会议。

尤待解决的问题是出资人权益调整情况下股权价值的适当补偿。德国立法者在 2012 年《重整促进法》的立法理由中强调指出："将出资人纳入重整

---

〔1〕 Müller, Der Verband in der Insolvenz, S. 327.

〔2〕 Sassenrath, ZIP 2003, 1517, 1523 f.; Noack in: Festschrift für Röhricht, S. 455, 459; Westpfahl/Janjuah, ZIP 2008, Beilage zu Heft 3, 1, 15 f.

〔3〕 参见张翔："财产权的社会义务"，载《中国社会科学》2012 年第 9 期；聂鑫："财产权宪法化与近代中国社会本位立法"，载《中国社会科学》2016 年第 6 期。

〔4〕 张翔："财产权的社会义务"，载《中国社会科学》2012 年第 9 期。

〔5〕 张翔："财产权的社会义务"，载《中国社会科学》2012 年第 9 期。

计划并不意味着可以违背其意愿剥夺其股权应具有的剩余价值。"[1]针对股权价值，德国学者巴尔茨早在 1986 年即指出应按照破产程序启动时预估的企业清算价值加以确定。[2]《重整促进法》的司法部草案本中亦曾提及："由于破产时股权价值几乎为零，股权补偿款基本可忽略不计。"[3]考虑到公司的人合性及结社自由，异议出资人应不会被强迫留在公司内，而应可退出公司，并按股权实际价值获得适当补偿。由此，德国《破产法》第 225a 条第 5 款规定："如若本条第 2、3 款的重整措施使得出资人基于重大事项变更而有理由并欲退出公司，则其将享有股权剩余价值的补偿请求权。该请求权的数额以企业的清算价值为计算依据。为了避免该价值补偿会对债务人企业造成不适当的财务负担，补偿的支付可以在不超过三年的期限内分期支付。对未支付的补偿款应计算相应利息。"就我国而言，可从公司股份回购的角度对此问题做出规定，并借鉴德国法中关于价值补偿和分期支付的相关内容。于此值得一提的是，德国《金融机构重整法》第 9 条第 2 款第 2、3 句规定，依重整顾问人的申请，地方高级法院可任命一名或多名专业人士，对补偿款的合理性进行评估。此外，在出资人权益调整的情况下，重整计划应确保其原则上获得不低于破产清算情况下的收益，除非出资人自愿接受更为不利的重整计划安排。如若出资人确信因重整计划导致其处于相较于破产清算更为不利的情况，则其可提出异议。

### 三、破产（重整）中股东贷款的后位受偿

涉及到破产（重整）中出资人权益的另一争议难题是，是否可将股东向公司提供的借款（以下简称股东贷款）作为后位受偿的债权处理？德国学者认为，股东贷款是一种典型的有限责任风险外部化的行为，且具有自有资本替代性的特性。亦为关键的是，作为内部人的股东可通过股东贷款制造公司仍处于健康状态的假象，从而造成外部第三人对交易风险的误判。如若危机公司最终进入破产清算程序，且股东贷款与普通债权处于同一受偿顺位，则

---

[1] Begr. zum RegE ESUG, BT-Drucks. 17/5712, S. 18.

[2] Balz, Sanierung von Unternehmen oder von Unternehmensträgern, S. 68.

[3] Begr. zum DiskE ESUG, abgedruckt in ZIP 2010, Beilage 1 zu Heft 28, 1, 11.

债权人的受偿份额将因股东贷款及其利息而被稀释。并且某种意义上，股东通过股东贷款的方式达到了一种在破产程序中隐性转移公司资产的效果，甚至股东可利用信息优势使其贷款获得清偿，并规避破产撤销规定。[1] 由此，股东贷款的后位受偿应是良策。对于我国而言，在 2013 年资本制度改革取消最低注册资本的背景下，实务界人士即指出，股东显然更会通过股东贷款将有限责任风险外部化。[2] 在 2015 年 3 月 31 日最高人民法院通报的"沙港公司诉开天公司执行分配方案异议案"中，最高人民法院直接引用了美国判例法中的"衡平居次原则"，并提出了"公平视角下股东贷款后位受偿"的理念。同年 12 月 24 日，最高人民法院民事审判第二庭庭长杨临萍在《关于当前商事审判工作中的若干具体问题的讲话》中再次强调指出，为应对微小资本经营情况下股权投资转化为债权投资的问题，应借鉴国外司法实践，将股东债权劣后于普通债权受偿，以保护债权人利益。[3] 此外，2018 年《会议纪要》第 39 条中还明确："在关联企业破产案件协调审理的情况下，关联企业成员之间不当利用关联关系形成的债权，应当劣后于其他普通债权顺序清偿，且该劣后债权人不得就其他关联企业成员提供的特定财产优先受偿。"就此看来，股东贷款后位受偿应为大势所趋，且笔者认为，应借鉴德国法上的"自动居次"规则。

我国对股东贷款之所以应该放弃美国法上的"衡平居次"，而采德国法上的"自动居次"，其理由在于：首先，无论是衡平居次，还是替代自有资本股东贷款的自动居次严格意义上仍是一种公司法应对。这一立法规制方式既有碍于现代公司法促进投资、提高效率价值目标的实现，亦在债权人利益保护方面具有不确定性。股东贷款整体自动居次实际上是在事前规制不确定性大、成本高的情况下，转为成本较低的事后强化规制，进而交由市场，也即股东自行作出商业决策。这一简化处理方式不仅可在公司正常经营时提高交易效率，确保交易安全，而且在破产程序中，亦无需进行复杂的判定，从而提高破产程序效率，间接实现债权人利益最大化的价值目

---

〔1〕 Hass, NZI 2001, 1 ff.

〔2〕 杜军："公司资本制度的原理、演进与司法新课题"，载《法律适用》2014 年第 11 期。

〔3〕 杨临萍："当前商事审判工作中的若干具体问题"，载《人民司法·应用》2016 年第 4 期。

标。进一步而言，股东贷款的后位受偿会使得股东更加谨慎地考虑公司重整成功的可能性，而不会为了挽救"自己的"公司盲目向公司提供重整贷款，进而给公司债权人造成公司尚可继续经营或尚能重整成功的假象。换言之，股东贷款后位受偿具有预防盲目重整及阻却错误信息传递的作用。就我国《企业破产法》而言，其立法取向是在保护债权人利益的前提下鼓励拯救具有继续经营能力的危机企业，而不是盲目拯救危机企业。股东贷款在破产程序中的后位受偿并不会阻碍促进企业重整价值目标的实现，而是将股东重整行为引向正确的方向。

为避免可能存在的个案不公，并提高股东资金融通的积极性，可立法规定股东贷款后位受偿的豁免（衡平豁免），即只要股东证明股东贷款提供时不存在"公司危机"的情况，且股东贷款的交易条件公平合理，则其贷款债权就可以得到豁免，重新取得普通债权的受偿顺位。实际上，德国立法者出于利益衡平的考虑，也规定某些股东贷款得以豁免后位受偿。依德国法，可以得到豁免的股东贷款具体包括以下三种情形：①德国《破产法》第39条第5款规定，如果该股东并未担任公司的领导职务，且所持公司股份在10%以下，则其向公司提供的贷款在破产程序中将不被视为后位受偿债权。此项豁免也被称为小股东豁免。②依据《德国投资性公司法》第24条的规定，如果投资性公司或投资性公司的股东作为某一公司股东，而向该公司提供贷款或从事经济上等同于贷款提供的其他法律行为，则德国《破产法》第39条第1款第5项的规定不予适用。通过此规定，上述投资者就不用担心股东贷款后位受偿的不利法律后果，从而可以为危机企业重整做出相应贡献。[1]③德国《破产法》第39条第4款第2句规定，债权人在公司支付不能、行将支付不能或资不抵债的情况下，基于重整公司的目的而取得公司股份，则其现存贷款或新提供的贷款直至公司重整成功之时将不适用本条第1款第5项的规定。该规定又被称为企业重整豁免。对此下文将详细介绍。

---

〔1〕　Stellungsnahme des Bundesrats zum RegE 3. Finanzmarktförderungsgesetz（FMFG），BT-Drucks 13/8933，S. 180 ff.

## 第二节　破产重整中债权人权益调整

### 一、债务履行的延期

最易为债权人接受的让步无疑是债务履行延期。在德国，即是如此。[1]值得注意的是，债务履行的延期只是推迟债务的履行，其并不会减轻债务人企业的债务负担。具体而言，其主要用于应对暂时性的支付不能，也即通过债务延缓在短期内改善企业资金支付能力，闯过企业资金支付紧张时期。并且通过延缓债务履行，将能为其他重整措施协商确定和实施赢得时间。但不可否认，债务履行延期并无法作为单独的重整措施消除企业破产原因，恢复企业继续经营能力，而必须与其他重整措施相结合。[2]除了推迟债务履行，债务履行延期的一种变通方式是债务的分期偿付，也即将债务分解为若干份额债务后再分若干期支付。例如，债务人企业可将供应商货款债权重新约定为分期付款债权。于此值得一提的是，法国立法者认为自愿性的债务履行延缓并无法提供一个有效的重整工具，因此依法国破产法规定，在包括担保债权人在内的债权人未表决通过债务延缓履行的情况下，破产法院有权裁定债权人必须接受债务延缓履行。[3]

### 二、债务免除

相较于债务履行的延期，更为有效的重整工具是债务免除。德国2017年一份问卷调查的结果显示，在采用债务人自行管理的重整案件中，约

〔1〕 Wittig in: Die GmbH in Krise, Sanierung und Insolvenz, 4. Aufl., S. 265, Rn. 2. 248.

〔2〕 Groß, Sanierung durch Fortführungsgesellschaften, S. 226 ff., Rn. 1 ff.; Kautzsch, Unternehmenssanierung im Insolvenzverfahren, S. 193; Picot/Aleth in: Unternehmenskauf und Restrukturierung, 3. Aufl., S. 1193, Rn. 99; Crone/Werner, Handbuch modernes Sanierungsmanagement, 1. Aufl., S. 177; Buth/Hermanns in: Restrukturierung Sanierung Insolvenz, 3. Aufl., S. 348, Rn. 45; Uhlenbruck in: Die GmbH in Krise, Sanierung und Insolvenz, 4. Aufl., S. 247 f., Rn. 2. 211, S. 249, Rn. 2. 214; Wittig in: Die GmbH in Krise, Sanierung und Insolvenz, 4. Aufl., S. 265, Rn. 2. 248.

〔3〕 Robbe-Grillet, Planmäßige Sanierung nach französischem und nach deutschem Insolvenzrecht, S. 314 ff.

75%的案件实施了债务减免，其中90%的减免幅度大于债权额的一半。[1]债务免除不仅可以消除破产原因，尤其是企业资不抵债的情况，而且可以有效减轻企业的债务负担，避免相应利息费用的支付，改善企业的资金流动性和支付能力。[2]然而，毫无疑问，说服债权人作出债权减让，并非易事。但债权人，特别是普通债权人应该意识到破产清算情况下债权受偿额往往较低，而如若重整成功，则普通债权人可获得高于破产清算的受偿额。此外，债务人企业的商业合作伙伴考虑到合作关系的延续，往往也会同意债权减让。尽管我国《企业破产法》规定了债务人企业职工债权的优先受偿地位，但不排除在特定情况下职工考虑到工作岗位的保留会同意适当减免其债权。例如，德国虽属传统的劳工保护措施强的国家，但在著名的卡尔施塔特（Karstadt）重整案中，该企业职工减让的度假金等债权额高达1.5亿欧元。[3]于此仍值得提醒注意的是，依据德国《破产法》第225条第1款的规定，如若重整计划未做出特殊规定，则后位受偿债权将自动免除。此规定值得我国借鉴。

## 三、债权受偿顺位的协议居次

于德国法上，还有一种特有的消除破产原因的手段，也即债权受偿顺位的协议居次（Rangrücktritt）。[4]学理上，债权受偿顺位的协议居次被视为德国《民法典》第311条第1款规定的债务变更合同。尽管依据德国《破产法》第225条第1款的规定，后位受偿债权在重整计划无特殊规定的情况下被自

---

〔1〕 The Boston Consulting Group, Fünf Jahre ESUG, http://media-publications. bcg. com/Focus-ESUG-Studie-16May17. pdf，最后访问时间：2018 年 10 月 1 日。

〔2〕 Groß, Sanierung durch Fortführungsgesellschaften, S. 228 ff. , Rn. 9 ff. ; Kautzsch, Unternehmenssanierung im Insolvenzverfahren, S. 191 ff. ; Buth/Hermanns in：Restrukturierung Sanierung Insolvenz, 3. Aufl. , S. 349, Rn. 46; Uhlenbruck in：Die GmbH in Krise, Sanierung und Insolvenz, 4. Aufl. , S. 250, Rn. 2. 215; Wittig in：Die GmbH in Krise, Sanierung und Insolvenz, 4. Aufl. , S. 268, Rn. 2. 257.

〔3〕 http://www. handelsblatt. com/unternehmen/handel-dienstleister/warenhauskette-durchbruch-bei-karstadt-sanierung；2480342，最后访问时间：2018 年 10 月 1 日。

〔4〕 Wittig, NZI 2001, 169, 170 ff. ; ders. in：Die GmbH in Krise, Sanierung und Insolvenz, 4. Aufl. , S. 272, Rn. 2. 263; Buth/Hermanns in：Restrukturierung Sanierung Insolvenz, 3. Aufl. , S. 342 f. , Rn. 30; Bußhardt in：Braun-Kommentar InsO, § 19, Rn. 14.

动免除，但其仍被视为是破产债权，在评价资不抵债时仍应被考虑在内。然而，首先，德国《破产法》第 39 条第 1 款第 5 项规定："所有要求返还股东贷款的债权或基于经济上等同于股东贷款行为所产生的债权都是后位受偿债权。"进而，德国《破产法》第 19 条第 2 款第 2 句规定："如果股东给债务人企业提供的贷款按照债务人企业和债权人（即股东）的约定，在偿还顺序上被置于德国《破产法》第 39 条第 1 款规定的后位受偿债权之后，则这一债权在确定债务人企业是否资不抵债时将不被考虑在内。"简言之，依此规定，债务人企业股东可通过协议再居次的方式化解资不抵债。而股东考虑到德国《破产法》第 225 条第 1 款后位受偿债权自动免除的规定，以及后位受偿债权通常零受偿，则往往会愿意与债务人企业达成债权再居次的协议。于此值得一提的是，这一规定是在 2008 年金融危机的大背景下出台的，并且考虑到资不抵债评价标准的复杂性，该规定的出台或多或少应有着避免企业破产浪潮、促进企业重整的法律及政治考量。此外，德国学者 Wittig 曾建议，居于后位受偿顺位的股东贷款应自动不计入资不抵债范围。[1]此外，该学者亦建议，德国《破产法》第 19 条第 2 款第 2 句的规定也应适用于其他后位受偿债权。[2]尽管上述立法建议未被德国立法者采纳，但应能为我国相关立法规定提供参考。

## 四、担保债权人的权益调整

破产重整中较为普遍的现象是，债务人企业众多财产已被设定担保。就此而言，担保债权人在破产重整中扮演着至关重要的角色。就美国破产实践可以看出，正是由于担保债权人的自愿让步，化解了企业全部资产都已抵押情况下的重整窘境，促成了重整成功。[3]然而，不得不面对的现实是，即便担保债权人的担保物权仍然存在于担保物上，或者由管理人提供了替代担保物，但担保债权人会更倾向于破产清算或资产处置的方式，从而使其尽快受偿。并且对于担保债权人而言，即使存在对其担保债权的限制，其受偿比例

---

〔1〕 Wittig, NZI 2001, 169, 174.

〔2〕 Wittig in: Die GmbH in Krise, Sanierung und Insolvenz, 4. Aufl., S. 273 f., Rn. 2. 265.

〔3〕 参见李忠鲜："担保债权受破产重整限制之法理与限度"，载《法学家》2018 年第 4 期。

也往往并不取决于重整结果，而在整体上处于相对稳定的状态。[1]更令担保债权人担忧的是，由于破产重整不确定风险，以及担保物毁损、灭失及贬值的风险，其甚至可能在延期行使担保物权的情况下获得相较于破产清算更低的受偿额。

不可否认，担保债权人实乃破产重整协商谈判中一块难啃的"硬骨头"。单纯寄希望于担保债权人的合作显然并不现实。我国学者即指出，破产重整对担保债权规制的核心在于化解担保制度与破产程序之间所固有的、内生性的价值冲突，为重整企业恢复生产经营能力提供物质保障。[2]并且商品价值与使用价值的双重属性为解决交易安全和重整制度目标之间的矛盾提供了一个理论契机，也即：担保物权是以担保物的价值为债权提供担保，而企业重整则是以担保物的使用价值来确保继续经营所需的资产完整性。[3]此外，要求担保债权人承担一定的风险和损失有利于促进企业的再生和当事人整体利益的最大化，也符合公平理念的。[4]另一方面，立法上亦应对担保物权限制范围作出明确规定，从而使担保权人可预见到自己在重整中的权利状态，采取必要措施避免损失，进而尽可能减轻重整中担保物权限制在交易安全和成本、融资困难等方面的负面影响。[5]

尽管我国《企业破产法》第75条规定了重整期间担保物权的暂停行使，但我国《企业破产法》并未明确规定担保债权人权益调整的问题。1994年德国破产法改革的一大重点即是将担保债权人纳入到破产程序中。德国《破产法》第223条明确规定："如若重整计划对担保债权人权益未进行规定，则视为其担保物权未受重整计划影响。如若重整计划对担保债权人权益进行了规定，则应在重整计划中明确其权益受损的额度，或其担保物权延期行使的期

---

〔1〕　陈英：《破产重整中的利益分析与制度构造——以利益主体为视角》，山东大学出版社2013年版，第51页。

〔2〕　参见李忠鲜："担保债权受破产重整限制之法理与限度"，载《法学家》2018年第4期。

〔3〕　陈英：《破产重整中的利益分析与制度构造——以利益主体为视角》，山东大学出版社2013年版，第95页。

〔4〕　陈英：《破产重整中的利益分析与制度构造——以利益主体为视角》，山东大学出版社2013年版，第91页。

〔5〕　参见陈英：《破产重整中的利益分析与制度构造——以利益主体为视角》，山东大学出版社2013年版，第107页。

限，或其他有关其权益调整的规定。"此外，依据德国《破产法》第 222 条第 1 款第 1 项的规定，如若重整计划规定了担保债权人权益调整，则担保债权人应至少单独分为一组。而依据我国《企业破产法》第 82 条第 1 项的规定，任何情况下都应将对债务人的特定财产享有担保权的债权人（至少）单列一组，而并未区分其利益是否受损的情况。如若担保债权人权益受到重整计划调整，则如同可对普通债权人再细化分组，亦可对担保债权人依据其不同经济利益再进行细化分组。如上所述，灵活分组、多数决以及强制批准是应对破产重整协商谈判中"钳制"问题的有效工具，在此亦可有助于实现合理限制担保物权行使，确保重整顺利进行的目的。

理论上，对于担保债权人权益的调整包括了减少担保额度，担保物权行使的延期，乃至取消等其他任何合理可行的方式。[1]此外，亦可对担保债权人所享有的债权进行处置，甚至进行债转股。[2]然而，实际上担保债权人可接受的权益调整方式相当有限。尤其是担保债权人很难接受债权减让的提议。[3]实践中较为可行的方式则是，担保债权人就管理人处置担保物所获得的价款或交换物进行优先受偿。[4]更为常见的方式是对担保物权的暂停行使。在此情况下，担保物权将继续存在于原担保物上，而担保债权人将因延期行使担保物权获得利息或使用费的补偿。[5]与之相类似的变通方式是，通过提供替代担保物而解除原担保物上的负担。美国《破产法典》第 1129 条（b）款第（2）（A）项规定的三种情形实际上就是上述担保物权继续存在、就无负担出售所得享有优先权以及"绝对同等"的替代担保这三种情形。但须提请注意的是，在担保物权继续存在的情形下，如果债权总额高于担保财产的价值，那么担保债权人只能在经确认的小于原债权总额的担保债权数额范围内继续享有担保权。[6]由此，亦引出了美国《破产法典》第 1111 条（b）款

〔1〕 Breuer in：MünchKomm-InsO，§ 223，Rn. 18 ff.
〔2〕 Braun/Uhlenbruck，Unternehmensinsolvenz，S. 586.
〔3〕 Drukarczyk/Schöntag in：Insolvenzrechts-Handbuch，4. Aufl.，S. 89，Rn. 85.
〔4〕 Kersting，Die Rechtsstellung der Gläubiger im Insolvenzplanverfahren，S. 59.
〔5〕 Breuer in：MünchKomm-InsO，§ 223，Rn. 19.
〔6〕 [美] 查尔斯·J. 泰步：《美国破产法新论（第3版）下册》，韩长印、何欢、王之洲译，中国政法大学出版社 2017 年版，第 1269 页。

第（2）项规定的价值。依此规定，在债权总额高于担保财产价值的情况下，担保债权人可以选择放弃将不足额担保的债权作为无担保债权申报，而将其债权总额作为经确认的担保债权继续享有担保权。这一选择貌似不可能，但在对担保财产估值太低以及担保财产存在升值可能的情况下，担保债权人仍有可能做出这一选择。[1]

此外，在就无负担出售所得享有优先权的情况下，美国法亦要求担保权人有权参与出售竞标，并以其债权与拍卖价进行抵销，从而消除对担保财产的出售价格不公的担忧。[2]亦值得借鉴的是德国《破产法》第168条的规定，即"在破产管理人依据本法行使担保物变价权而向第三人出售担保物的情况下，其须告知担保债权人出售的方式及价格。破产管理人亦应给予担保债权人机会，由其在1周内提供更佳出售方式。如若担保债权人在1周内或在出售前及时告知了破产管理人更佳出售方式，则破产管理人应采用此出售方式，或向担保债权人提供采取此出售方式情况下应可获得的受偿。本条所规定的更佳出售方式亦可以担保债权人自行购买的方式实现。所谓更佳的出售方式亦是指此出售方式可节省相关费用。"值得注意的是，德国联邦最高法院在2010年的一份裁决中明确指出："对于担保债权人而言，在破产管理人告知其欲出售担保物的情况下，其本应提供适当的报价，而非进行试探性的报价。因此，破产管理人通常只要履行一次告知即可，而无须在获得相较担保债权人更高报价的情况下再次告知担保债权人。"[3]

实践中对担保债权人权益调整的另一方式是将众多担保债权人的担保物形成担保物池（Sicherheiten-Pool），从而由各担保债权人按份享有或行使相关权益。[4]例如，某工厂的机器设备为甲债权人设定担保，而厂房为乙债权人设定担保，则甲、乙可共同形成担保物池，从而确保企业的正常经营。德国

---

〔1〕　参见［美］查尔斯·J.泰步：《美国破产法新论（第3版）下册》，韩长印、何欢、王之洲译，中国政法大学出版社2017年版，第1270～1271页。

〔2〕　［美］查尔斯·J.泰步：《美国破产法新论（第3版）下册》，韩长印、何欢、王之洲译，中国政法大学出版社2017年版，第1274页。

〔3〕　BGH, Beschluss vom 22.04.2010, NJW 2010, 8.

〔4〕　Begr. zum RegE InsO, BT-Drucks. 12/2443, S. 200；Breuer in：MünchKomm-InsO, § 223, Rn. 23 ff.；Braun/Frank in：Braun-Kommentar InsO, § 223, Rn. 6.

学者进而指出，通过担保物池的方式不仅能协调各担保债权人之间的行为，而且可以更为高效地使用担保物，并简化对担保物的管理。[1]此外，德国实践中另一种常用方式是担保物权信托，即由担保物权人将担保物权通过信托方式交由同一受托人行使。[2]

然而，对于担保债权人的权益调整，如若获得其合作配合则万事大吉，但如若遭到反对则会面临重重困难。尤其令人担忧的是，绝对优先权的存在无疑加大了通过强制批准方式调整担保债权人权益的难度。德国学者布劳恩甚至认为，绝对优先权原则并不适用于处理担保债权人与普通债权人之间的关系，否则将使得通过强制批准方式调整担保债权人的权益成为泡影。[3]进一步而言，对担保债权人权益调整的另一难点在于最大利益原则。这一原则显然会在实践中大大限制对担保债权人权益调整的空间。我国学者即指出，担保债权人的利益直接受到评估程序公允性的牵制，评估结果与其获偿数额密切相关，这也成了重整实践的争议焦点。[4]并且我国《企业破产法》第87条第2款第1项中"因延期清偿所受的损失将得到公平补偿"以及"其担保权未受到实质性损害"的表述模糊不清。就此，有学者建议，我国应引入充分保护原则，即在重整程序陷入僵局之时，法院应以充分保护原则衡量担保债权人的利益是否被不当削弱。[5]具体而言，只要有下列情形即可认定为担保债权提供了充分适当保护：①提供替代担保，即以与担保财产价值等值的其他财产为担保权人作担保。②就其损失向担保债权人进行现金支付或者定期支付。③向担保权人提供"无可置疑的等价财产"，且其价值可弥补担保债权人的损失。并且对因重整而导致的担保财产的价值减损补偿应以物理损害

---

〔1〕 Obermüller in: Festschrift für Lüer, S. 415, 427; Cranshaw, ZInsO 2008, 421, 429; J. Schmidt in: Restrukturierung Sanierung Insolvenz, 3. Aufl. , S. 710 f. , Rn. 129 ff. ; Wittig in: Die GmbH in Krise, Sanierung und Insolvenz, 4. Aufl. , S. 289 f. , Rn. 2. 300.

〔2〕 Braun/Uhlenbruck, Unternehmensinsolvenz, S. 587 ff. ; Breuer in: MünchKomm-InsO, § 223, Rn. 25 f.

〔3〕 Braun in: Nerlich/Römermann InsO, § 245, Rn. 22 f.

〔4〕 李忠鲜："担保债权受破产重整限制之法理与限度"，载《法学家》2018年第4期。

〔5〕 参见李忠鲜："担保债权受破产重整限制之法理与限度"，载《法学家》2018年第4期。

为限，而非单纯由于市场价值波动而造成的价值贬损。[1]此外，美国破产法协会 2014 年的《美国破产法协会破产重整制度改革调研报告》中亦建议，案件早期在对充分保护问题进行判断时，应当采用权益的担保拍卖价；但在之后的债权确认及分配程序中，担保债权人则有权获得其在债务人财产上之权益的重整价值。而这也是在担保人权利与破产重整目标之间所取得的妥善平衡的一部分。[2]

综上所述，担保债权人的权益调整实乃重整计划制定中的难点。其本身亦将涉及为重整所必需、价值评估以及适当补偿等一系列的商业谈判、判断和决策。德国立法者在其 1999 年《破产法》的立法理由中乐观指出，如若对担保物的继续使用并不会对担保债权人受偿产生不利影响，甚至可提升担保物的价值，则担保债权人显然会采取合作的态度。例如，对设定担保的原材料的加工，显然能进一步提升担保物的价值，从而确保、甚至是增加担保债权人的受偿额度。此外，即使在担保物存在价值贬损的情况下，只要提供了适当的补充担保，则担保债权人应不会反对对其担保物权行使的限制。[3]甚至有德国学者认为，对担保债权人权益调整的可能性本身即是一有效的谈判工具。[4]

## 第三节　破产重整中的债转股

### 一、概述

债转股（Debt-Equity-Swap）是重要而有效的重整工具。在德国 2014 年

---

〔1〕　参见许德风："论担保物权在破产程序中的实现"，载《环球法律评论》2011 年第 3 期；李忠鲜："担保债权受破产重整限制之法理与限度"，载《法学家》2018 年第 4 期。

〔2〕　《美国破产法协会美国破产重整制度改革调研报告》，何欢、韩长印译，中国政法大学出版社 2016 年版，第 82 页。

〔3〕　Begr. zum RegE InsO, BT-Drucks. 12/2443, S. 200 f.

〔4〕　Braun/Frank in: Braun-Kommentar InsO, § 223, Rn. 12.

采用债务人自行管理的重整案件中，约 36% 的案件采用了债转股。[1]德国学界普遍认为，债转股可达到双重效果：一方面，可免除债务，并无须再支付相应利息；另一方面，通过非自有资本向自有资本的转化，债务人企业的资本结构得以积极改变，企业的净资产得以提升。以此为基础，破产企业的财务运作空间也得以扩展，重整成功的可能性也得以提升。[2]我国学者亦认为，对于企业而言，债转股可以减少债务人的财务费用支出，帮助企业暂时摆脱财务困境，以时间换空间，帮助相关企业恢复盈利能力。[3]进一步而言，商业合作伙伴的债转股会为债务人企业带来更好的商业合作机会，并促发协同效应的产生。[4]特别是作为大债权人的银行如若参与债转股，将会向其他商业合作伙伴及员工传递看好重整的积极信号。[5]而企业员工的劳动债权转股权，不仅会产生债务免除的效果，而且将使员工与企业联系更加紧密。[6]此外，我国金融界人士指出，债转股有利于恢复银企互信，建立新型银企关系，转变当前银行业日渐扩散的"惜贷"情绪。从宏观角度而言，由于我国银行不良贷款持续攀升，债转股更被赋予了去杠杆、降成本和化解不良资产的重任。[7]然而，亦须认识到，从重整促进效果角度而言，债转股并不如引入新的自有资本。但如若新增

〔1〕 The Boston Consulting Group, Fünf Jahre ESUG, http://media-publications.bcg.com/Focus-ESUG-Studie-16May17.pdf，最后访问时间：2018 年 10 月 1 日。

〔2〕 Kautz, Die gesellschaftsrechtliche Neuordnung der GmbH im künftigen Insolvenzrecht, S. 224 f.; Wittig in: Festschrift für Uhlenbruck, S. 685, 702 f.; Müller, Der Verband in der Insolvenz, S. 397 f.; Crone/Werner, Handbuch modernes Sanierungsmanagement, 1. Aufl., S. 196; Kautzsch, Unternehmenssanierung im Insolvenzverfahren, S. 112; Himmelsbach/Achsnick, NZI 2006, 561, 562; Vallender, NZI 2007, 129, 132; Cavaillès, Der Unternehmenskauf in der Insolvenz, S. 49 f.; R. Paulus, DZWIR 2008, 6, 7 f.; Westpfahl/Janjuah, ZIP 2008, Beilage zu Heft 3, 1, 14; Buth/Hermanns in: Restrukturierung Sanierung Insolvenz, 3. Aufl., S. 350, Rn. 48; Eidenmüller/Engert, ZIP 2009, 541, 542; Ehlers, ZInsO 2009, 320, 322; Drukarczyk/Schöntag in: Insolvenzrechts-Handbuch, 4. Aufl., S. 84, Rn. 72; Kresser, ZInsO 2010, 1409; Wallner, ZInsO 2010, 1419, 1421; Priester, DB 2010, 1445; Budde, ZInsO 2010, 2251, 2267.

〔3〕 邓舒仁："债转股的实践经验、问题和对策研究"，载《浙江金融》2016 年第 4 期。

〔4〕 Müller, Der Verband in der Insolvenz, S. 398.

〔5〕 Göpfert/Buschbaum, ZIP 2010, 2330, 2335.

〔6〕 Drukarczyk/Schöntag in: Insolvenzrechts-Handbuch, 4. Aufl., S. 88, Rn. 82.

〔7〕 参见邓舒仁："债转股的实践经验、问题和对策研究"，载《浙江金融》2016 年第 4 期。

自有资本只是用于偿还企业债务，则实际上两者效果并无不同。并且债转股虽功能强大，但其无法改变企业的盈利能力，而只是降低了企业的负债率，并未从根本上解决企业资金不足的问题。[1]其后的重整也往往须通过其他资金来源来加以支持。[2]

早在1994年，我国即有法律界人士提出破产企业债转股的问题，但当时主要是为了解决破产企业财产和土地使用权变现难的问题。[3]最早以债转股方式化解企业危机的成功案例可见于1995年5月以债转股方式创立的南京栖霞山锌阳矿业有限公司。[4]在20世纪90年代末的国有企业改革中，债转股作为处理不良资产的主要方式被广泛运用。1999年7月5日，国家经贸委、中国人民银行发布了《关于实施债权转股权若干问题的意见》，该意见明确指出："为支持国有大中型企业实现3年改革与脱困的目标，金融资产管理公司作为投资主体实行债权转股权，企业相应增资减债，优化资产负债结构。"2000年11月1日，国务院颁布了《金融资产管理公司条例》，该条例第18条明确规定，实施债转股的国有企业必须是由国家经贸委推荐的。显然，我国这一轮的债转股是在政府主导下进行的，即由政府主导债转股企业的选择、债权转让定价、财政出资设立资产管理公司等，这是一种政策性的债转股。[5]经济学家认为，此轮债转股是国家推行的一种旨在化解金融风险和降低企业负债率及财务费用负担的重大经济措施。[6]

伴随着政策性债转股的推进实施，法学家也展开了对债转股问题的法律分析，但主要针对上述提及的国有企业改革中的债转股，特别是当时的法律障碍，如债权出资的合法性，债转股中的道德风险及国有企业债转股的合理

---

〔1〕 甘功仁、白彦、丁亮华："'债转股'预期目标实现质疑"，载《中国法学》2001年第6期。

〔2〕 Groß, Sanierung durch Fortführungsgesellschaften, S. 594, Rn. 22; Wittig in: Festschrift für Uhlenbruck, S. 685, 703.

〔3〕 狄娜："企业破产的现状、难点与对策"，载《企业管理》1994年第8期。

〔4〕 于佳："债转股操作纪实"，载《改革与开发》1996年第7期。

〔5〕 邓舒仁："债转股的实践经验、问题和对策研究"，载《浙江金融》2016年第4期。

〔6〕 周天勇："债转股的流程机理与运行风险"，载《经济研究》2000年第1期。

性及实效。[1]2002 年，最高人民法院《关于审理与企业改制相关的民事纠纷案件若干问题的规定》第 14 条初步明确了债转股的合法性。[2]2005 年，公司法修订增加了"可以用货币估价并可以依法转让的非货币财产作价出资"的兜底性条款。其后，学界再次展开了对债权出资合法性的探讨，并对债转股问题进行了思考和探讨。[3]

2008 年，债转股在 ST 宝硕破产重整案中首次被上市公司运用，同年又有 6 家上市公司在破产重整中运用了这一重整工具，而只有另 3 家上市公司在破产重整中单独运用了现金偿债的方式。之后，虽然债转股未曾像 2008 年那样在上市公司重整案中被频繁运用，但已逐步为实务界人士所认可。2014 年颁布的《公司注册资本登记管理规定》第 7 条更列举了债转股的情形，其中即包括了破产重整中的债转股。在经济增速下行、周期性产能过剩的背景下，国务院于 2016 年 10 月 10 日发布了《关于积极稳妥降低企业杠杆率的意见》

---

〔1〕 王保树："完善国有企业改革措施的法理念"，载《中国法学》2000 年第 2 期；冯果："'债转股'的若干法律问题"，载《武汉大学学报（人文社会科学版）》2000 年第 1 期；蒋大兴："论债转股的法律困惑及其立法政策——兼谈国企改革的法观念"，载《法学》2000 年第 7 期；王亦平："'债转股'实施中的若干法律问题研究"，载《法学评论》2000 年第 4 期；段钢："关于'债转股'的法律问题思考"，载《河北法学》2000 年第 4 期；张继红、席晓娟："国有企业'债转股'法律问题初探"，载《河北法学》2000 年第 5 期；吕可、王红玲："债转股的运作及其法律问题评价"，载《中南财经大学学报》2000 年第 5 期；许富仁："关于债转股道德风险防范的法律思考"，载《河北法学》2000 年第 6 期；闫宝龙："债转股政策与法律问题探讨"，载《山东社会科学》2000 年第 1 期；甘功仁、白彦、丁亮华："'债转股'预期目标实现质疑"，载《中国法学》2001 年第 6 期；徐丽："浅谈债转股的法律问题"，载《黑龙江社会科学》2001 年第 1 期；付庆海："债转股实施中的风险、成因及法律对策"，载《当代法学》2001 年第 6 期；李克明、李金华："债转股的法律障碍辨析"，载《安徽大学学报（哲学社会科学版）》2001 年第 6 期；李春景："关于'债转股'的若干法律问题探讨"，载《管理世界》2001 年第 2 期；谢如东、熊谙龙："不良资产清理的法律分析"，载《法学》2001 年第 11 期；刘舵："债转股的制度缺陷及其法律对策"，载《当代法学》2002 年第 3 期。
〔2〕 该条规定："债权人与债务人自愿达成债权转股权协议，且不违反法律和行政法规强制性规定的，人民法院在审理相关的民事纠纷案件中，应当确认债权转股权协议有效。政策性债权转股权，按照国务院有关部门的规定处理。"
〔3〕 葛伟军："债权出资的公司法实践与发展"，载《中外法学》2010 年第 3 期；宋良刚："债权出资的法律问题与对策探析——兼评《公司法》司法解释（三）第 16 条"，载《政法论坛》2011 年第 6 期；孟勤国、戴盛仪："论公司法上的债权出资"，载《社会科学战线》2013 年第 7 期；陈良军、袁康："论债权出资的特殊性及其法律规制"，载《武汉大学学报（哲学社会科学版）》2013 年第 2 期；丁燕：《上市公司破产重整计划法律问题研究：理念、规则与实证》，法律出版社 2014 年版，第 73~74 页。

（以下简称《第 54 号文》）以及《关于市场化银行债权转股权的指导意见》（以下简称《指导意见》）。自此，危机企业债转股再次成为热点话题。[1]

　　显然，危机企业债转股不同于公司正常经营情况下的债转股，其操作不宜，并涉及众多复杂的法律问题。然而遗憾的是，我国在破产立法时未能考虑到债转股问题。[2]立法简陋又造成了实践者的种种困惑，加之法律实践者理论知识的缺乏以及主观理念偏差更进一步引发了破产重整债转股中的巨大风险。鉴于《企业破产法》对债转股缺乏明文规定的情况，国际货币基金组织 2016 年 4 月发布的《中国债转股研究报告》中就提及应加强破产法相关法律框架，特别是破产重整制度的构建。此外，经济学家早在 2000 年即指出，假若边缘性不良资产由于种种原因，变成不良资产，风险则仍然集中并且会更多地积累在银行货币体系之中，银行货币体系中潜伏的金融风险会更大。[3]由此，债转股中的风险防范成为另一个亟须解决的问题。

## 二、破产重整中债转股的基本原则

　　在上一轮政策性债转股实施过程中，即有经济学家撰文指出："在政策性债转股的背景下，一方面，企业存有投机心理，'努力争取'吃上免费的债转股晚餐，形成普遍的赖债局面；……另一方面，地方政府之间对债转股进行攀比和争夺，给运营良好的企业创造债转股的'条件'，包装不适格的企业，再加上进京跑部疏通关系，尽可能多地获得债转股资源。……这样债转股政策就成了解困的手段，而淡化了通过债转股措施提高企业效益来化解金融风险的作用。……面临债转股，政府没有经济责任和风险，更容易被俘获，且人员配备不足，因此想用行政方式直接和细致地操作，是不可行和不可能的。"[4]毫无疑问，政策性债转股更多的是利用自身资源，帮助债转股企业

---

　　〔1〕　参见王欣新："谈债务困境企业的商业银行债转股"，载《人民法院报》2016 年 10 月 12 日，第 7 版；李曙光："债转股应遵循六个法治原则"，载《经济参考报》2016 年 11 月 8 日，第 8 版；陈夏红："'债转股'：法治为体，市场为用"，载《法制日报》2016 年 11 月 23 日，第 12 版；杨松："'僵尸企业'破产重整中银行债权实现的法律保障"，载《政法论丛》2017 年第 1 期。

　　〔2〕　王欣新："谈债务困境企业的商业银行债转股"，载《人民法院报》2016 年 10 月 12 日，第 7 版。

　　〔3〕　参见周天勇："债转股的流程机理与运行风险"，载《经济研究》2000 年第 1 期。

　　〔4〕　参见周天勇："债转股的流程机理与运行风险"，载《经济研究》2000 年第 1 期。

再融资，部分甚至造成了资金资源配置的进一步扭曲。[1]即便今日，地方政府仍可能出于维护地区经济增长和社会稳定的考虑，利用银行的信息不对称，将不合适债转股的企业，比如已经实质性破产但并未纳入银行不良的企业，地方经营不善、难以扭亏为盈的国有企业等推荐给银行开展债转股，进而拖延落后产能的市场出清，最终也阻碍了供给侧结构性改革目标的实现。[2]由此，首先应意识到，债转股不应是权宜之计，亦或逃废债的"免费餐"，而应有所甄别地筛选，市场化无疑应是债转股的"帝王规则"。

2016年之初，全国人大财经委副主任委员、央行原副行长吴晓灵在为《清华金融评论》撰写的特稿《用市场化思维和手段去杠杆——兼谈对债转股手段的运用》一文中就强调指出，债转股一定要切实贯彻市场化原则，即充分尊重债权人、投资人（股东）的自主意愿，切忌拉郎配和指标分配。[3]2016年《第54号文》和《指导意见》也均明确了债转股的市场化运作。[4]市场化债转股的提出亦为学者所认同。[5]显然，市场化债转股强调的是参与主体的自愿，而非拉郎配和政府指定。但有金融界人士指出，债转股过程中，政府相关部门制定规则和政策、提供担保等适度介入行为不改变市场化债转股的性质。[6]于债权人角度而言，是否需要将不良债权转化为股权应是其利益最大化考量后的结果。[7]只有债转股相较其他受偿方式更优，其才会选择债转股，而债转股后的价值实现或股权资产的流动性显然会为债权人所关注。

---

〔1〕邓舒仁："债转股的实践经验、问题和对策研究"，载《浙江金融》2016年第4期。

〔2〕邓舒仁："债转股的实践经验、问题和对策研究"，载《浙江金融》2016年第4期。

〔3〕参见吴晓灵："用市场化思维和手段去杠杆——兼谈对债转股手段的运用"，载《清华金融评论》2016年第5期。

〔4〕《指导意见》明确强调："各级人民政府及其部门不干预债转股市场主体具体事务，不得确定具体转股企业，不得强行要求银行开展债转股，不得指定转股债权，不得干预债转股定价和条件设定，不得妨碍转股股东行使股东权利，不得干预债转股企业日常经营。"

〔5〕王欣新："企业重整中的商业银行债转股"，载《中国人民大学学报》2017年第2期；王欣新："谈债务困境企业的商业银行债转股"，载《人民法院报》2016年10月12日，第7版；李曙光："债转股应遵循六个法治原则"，载《经济参考报》2016年11月8日，第8版；陈夏红："'债转股'：法治为体，市场为用"，载《法制日报》2016年11月23日，第12版；杨松："'僵尸企业'破产重整中银行债权实现的法律保障"，载《政法论丛》2017年第1期。

〔6〕邓舒仁："债转股的实践经验、问题和对策研究"，载《浙江金融》2016年第4期。

〔7〕吴晓灵："用市场化思维和手段去杠杆——兼谈对债转股手段的运用"，载《清华金融评论》2016年第5期。

而这一切都取决于适格债转股企业的甄别。

《指导意见》即细化明确了市场化债转股对象企业应当具备的条件，其规定被形象地称为"三条件""三鼓励""四禁止"。[1]于学术界，经济学者认为，债转股所适用的应是一种边缘性不良资产，即"债务企业的负债率太高，总资产盈利率低于银行负债率与平均利息率的乘积，如果银行拟按期收回，企业将陷入困境，可能濒于破产，贷款将反而收回无望；如果银行予以妥协，不急于逼债，给企业以喘息机会，则有可能最终盘活资产。这类企业是降低负债、休养生息后有可能救活的企业"。[2]法学学者则指出："债转股企业一般应是有偿债能力、有存续价值的好企业，如果企业本身的产业前景和治理结构不存在被优化的可能，反而使僵尸企业久拖而没有了断，阻碍资源的流动和优化配置，是对市场信用的极大破坏。"[3]综合上述相关法律文件，实务界人士的表述以及学者的研究成果，应该说，适格债转股企业甄别涉及的核心问题是企业的继续经营能力，并且债转股对企业继续经营能力的恢复是有必要的。

在适格债转股企业甄别方面，破产重整程序可发挥"筛选器"的作用，也即通过妥当的制度设计筛选出真正具有继续经营可能性的企业。[4]然而，不仅对于继续经营能力的预判具有极大不确定性，而且破产重整成功亦受多种因素制约，失败的风险始终存在。一旦重整失败，则债转股的投资人通常会一无所得。债转股的风险显然不是仅仅可以通过前期预判的继续经营能力就可被完全消除的。由此，与其让法院或政府做出复杂且不准确的商业预判，

---

〔1〕《指导意见》明确市场化债转股对象企业应当具备以下条件：①发展前景较好，具有可行的企业改革计划和脱困安排；②主要生产装备、产品、能力符合国家产业发展方向，技术先进，产品有市场，环保和安全生产达标；③信用状况较好，无故意违约、转移资产等不良信用记录。鼓励面向发展前景良好但遇到暂时困难的优质企业开展市场化债转股，包括：①因行业周期性波动致致困难但仍有望逆转的企业；②因高负债而财务负担过重的成长型企业，特别是战略性新兴产业领域的成长型企业；③高负债居于产能过剩行业前列的关键性企业以及关系国家安全的战略性企业。禁止将下列情形的企业作为市场化债转股对象：①扭亏无望、已失去生存发展前景的"僵尸企业"；②有恶意逃废债行为的企业；③债权债务关系复杂且不明晰的企业；④有可能助长过剩产能扩张和增加库存的企业。

〔2〕参见周天勇："债转股的流程机理与运行风险"，载《经济研究》2000年第1期。

〔3〕李曙光："债转股应遵循六个法治原则"，载《经济参考报》2016年11月8日，第8版。

〔4〕Eidenmüller, ZIP 2010, 649, 650.

还不如变法官裁量或行政干预为债权人意思自治。此亦乃市场化原则在破产重整制度设计中的具体体现。

王保树教授在 2000 年即撰文指出："债转股必须尊重债权人自主选择，否则强行其接受'债转股'的安排，就极容易使不良债权变为不良股权，并且债转股也必须以企业产品具有市场前景为前提。"[1] 国内多数学者亦持相同观点。[2] 特别是破产重整中的债转股属于止损型的债转股。债权人此时实际上是不得不在坏与更坏之间作无奈的判断与选择，所以更需要尊重当事人是否转股的意愿。[3] 并且在企业已陷于清偿危机的情况下，债转股将债权转为权利顺位劣后的股权，可能加重当事人的风险，所以必须经过每一个转股债权人的单独同意。[4] 2016 年 7 月中国银监会办公厅《关于做好银行业金融机构债权人委员会有关工作的通知》（以下简称《通知》）第 10 条即明确需要"企业和债权银行业金融机构有金融债务重组意愿"。《第 54 号文》和《指导意见》亦都明确了应由银行（债权人）自主协商确定债转股企业。从域外法视野来看，德国《破产法》第 225a 条第 2 款第 2 句即规定，债转股必须以债权人同意为前提。并且该法第 230 条第 2 款同时规定，参与债转股的债权人必须明确做出同意的意思表示，该意思表示的相关法律文件必须附在重整计划后。依上述规定，就无法通过多数决或强制批准的方式强制债权人债转股，而必须以债权人同意为前提。

我国亦有学者认为，实施债转股应当获得多数债权人的同意即可。[5] 在德国，亦有学者指出，"债权人同意"的规定将会大大限制债转股这一重整工具功能的发挥，并在个案中导致重整失败。[6] 实际上，在 20 世纪 80 年代德

〔1〕参见王保树："完善国有企业改革措施的法理念"，载《中国法学》2000 年第 2 期。

〔2〕参见冯果："'债转股'的若干法律问题"，载《武汉大学学报（人文社会科学版）》2000 年第 1 期；王欣新："谈债务困境企业的商业银行债转股"，载《人民法院报》2016 年 10 月 12 日，第 7 版；邹海林："供给侧结构性改革与破产重整制度的适用"，载《法律适用》2017 年第 3 期。

〔3〕王欣新："企业重整中的商业银行债转股"，载《中国人民大学学报》2017 年第 2 期。

〔4〕王欣新："企业重整中的商业银行债转股"，载《中国人民大学学报》2017 年第 2 期。

〔5〕李曙光："债转股应遵循六个法治原则"，载《经济参考报》2016 年 11 月 8 日，第 8 版；韩长印："破产法视角下的商业银行债转股问题——兼与王欣新教授商榷"，载《法学》2017 年第 11 期。

〔6〕Noack in: Festschrift für Zöllner, S. 411, 420; Kautzsch, Unternehmenssanierung im Insolvenzverfahren, S. 115; Eidenmüller/Engert, ZIP 2009, 541, 542.

国破产法改革过程中亦曾探讨过强制债转股的问题，[1] 但德国立法者认为，强制债转股无疑会对相关主体法律地位的选择及决策自由产生严重侵害，因此并未采纳这一立法建议。[2] 在 2012 年《重整促进法》的立法过程中，艾登穆勒教授亦曾指出，以债权人同意为前提的规定将会导致债转股实施过于复杂，并具有巨大不确定性，相关费用成本也过高，导致的结果就是债转股在德国无法发挥其应有作用。[3] 由此，艾登穆勒教授建议，只要相关债权人在表决期日未明确表示反对债转股，即可视为其做出了同意的意思表示。[4] 原本德国《重整促进法》的司法部提案本中也做出了类似规定，即在第 230 条第 2 款第 2 句中规定："只要债转股涉及的债权人未在破产管理人或自行管理的债务人设定的不少于两个星期的期限内做出反对意思表示，就视为其同意债转股。"但该立法建议在随后的政府提案本中被删除，显然德国立法者仍然坚持当初的观点。从重整促进角度考量，上述立法建议仍是可采纳之举。

综上所述，市场化是债转股的指针，债权人意思自治则是债转股的基本原则。从不良债权到优质股权，有赖于市场机制的发挥，取决于债权人的意思自治。通过债转股，债权人将取得股东资格，从而得以参与公司的运营决策，并通过股利分配或股权出让分享企业的继续经营价值。[5] 通常而言，债权人在破产清算受偿率越低的情况下，其债转股的意愿往往越高，尤其银行等金融机构应为债转股的积极分子。此外，企业员工考虑到工作岗位的保留，也会愿意参与债转股。而国家债权人从社会整体利益最大化，如经济稳定、工作岗位保留等角度出发，也会是债转股的积极分子。然而，毫无疑问，撇去个案中的经济、政治、社会，亦或个人情感的考量，是否进行债转股仍是变幻莫测的商业判断。

---

[1]　Uhlenbruck, BB 1983, 1485, 1487.

[2]　Begr. zum RegE InsO, BT-Drucks. 12/2443, S. 203.

[3]　Eidenmüller, Unternehmenssanierung zwischen Markt und Gesetz, S. 293 f. ; Eidenmüller/Engert, ZIP 2009, 541, 542 f.

[4]　Eidenmüller/Engert, ZIP 2009, 541, 552.

[5]　Kautzsch, Unternehmenssanierung im Insolvenzverfahren, S. 112, 192；Buth/Hermanns in：Restrukturierung Sanierung Insolvenz, 3. Aufl. , S. 350, Rn. 48；Wittig in：Festschrift für Uhlenbruck, S. 685, 691；Vallender, NZI 2007, 129, 132；Ehlers, ZInsO 2009, 320, 322；Kresser, ZInsO 2010, 1409, 1410；Priester, DB 2010, 1445.

### 三、破产重整中债转股的操作模式

基于 2005 年公司法修订增加了出资方式的兜底性条款，我国学界主流观点承认债权出资的合法性。陈良军等即指出："债权显然符合《公司法》第 27 条规定中'可以货币估价'和'可依法转让'等条件，且亦不在《公司登记管理条例》禁止出资的形式中。"[1] 孟勤国教授等亦认为，2005 年《公司法》对出资方式的态度发生了根本转折：当事人在不违反法律禁止性规定的条件下可自主决定以可依法转让的非货币财产作价出资。作为一种无体财产，债权也应可用于出资，且债权出资具有活跃财产的功能。[2]

实际上，学者近年来对债权出资的讨论重点聚焦于债权出资的适格性问题。针对此，有学者即指出，作为出资的债权应为"彻底"财产化了的债权。债权的"彻底"财产化，应当具备两个要件：一是能够彻底脱离其原因关系或基础关系而成为一项独立的财产权利并能够流通。二是能以货币作为价值评估和支付的手段。[3] 具体针对债转股中的债权出资，蒋大兴教授在 2000 年即指出，应使合理的债转股合法化，特别是针对处于持续财务困境（或濒临破产或处于整顿之中）的企业，并且用作出资的债权应遵循真实性、安全性和比例性原则。[4] 显然，破产（重整）程序中的债权符合上述条件，其已脱离其基础法律关系而"彻底"财产化，并满足了"可以货币估价"和"可依法转让"等条件，且债权的真实性、准确性及价值确定性在破产程序中亦得以最大程度实现，由此债权出资的安全性问题亦得以化解。基于此，加之相关法律文件的明确规定，并有赖于债转股在法律实践中的广泛运用，债权作为出资并转化为股权的合法性如今已不再成为问题。然而，仍值得期待的是立法明确规定。德国《破产法》第 225a 条第 2 款第 1 句即规定："重整计划可规定债权转为股权。"

---

〔1〕 陈良军、袁康："论债权出资的特殊性及其法律规制"，载《武汉大学学报（哲学社会科学版）》2013 年第 2 期。

〔2〕 参见孟勤国、戴盛仪："论公司法上的债权出资"，载《社会科学战线》2013 年第 7 期。

〔3〕 孟勤国、戴盛仪："论公司法上的债权出资"，载《社会科学战线》2013 年第 7 期。

〔4〕 参见蒋大兴："论债转股的法律困惑及其立法政策——兼谈国企改革的法观念"，载《法学》2000 年第 7 期。

　　存有疑问的是，债转股中的债权出资到底为何种形式出资？我国有学者曾指出，债转股实质是公司债权人以"现金"对公司增资，[1]但此种"现金"显然不同于传统意义上的货币出资，而应更类似于一种实物出资。孟勤国教授等即指出，从"人身责任到经济责任"的变化，债权已完成了财产化的过程，成为一种无体财产。[2]更为详细的论述见于王亦平教授《"债转股"实施中的若干法律问题研究》一文，王教授谈道："在'债权转股权'的情况下，债权人的'债权'是已经投入到公司中的实有资产，而不是虚拟资产。"[3]简言之，债转股情况下的债权已"彻底"财产化。尤其在破产重整债转股的情况下，债权已转化为债权人的受偿份额。或者说，债权人于破产时便成为实际上的剩余利益索取者，[4]债权人的债权已经转化为在债务人企业中所享有的财产份额，其已物权化。德国学界的通说亦认为，破产重整中的债转股实际上是一种实物增资。[5]德国立法者在2012年《重整促进法》的立法理由中对此亦表示认同，[6]并在德国《破产法》第225a条第2款第3句中明确重整计划中可规定实物增资的内容。依该句规定，重整计划中可规定增资或减资，实物出资，抑或排除优先购买权，向退出股东支付补偿款等。王欣新教授亦认为，公司在重整计划中可约定以债转股方式进行的增资。[7]

〔1〕 宋良刚："债权出资的法律问题与对策探析——兼评《公司法》司法解释（三）第16条"，载《政法论坛》2011年第6期。
〔2〕 参见孟勤国、戴盛仪："论公司法上的债权出资"，载《社会科学战线》2013年第7期。
〔3〕 参见王亦平："'债转股'实施中的若干法律问题研究"，载《法学评论》2000年第4期。
〔4〕 参见韩长印："论破产程序中的财产处分规则"，载《政治与法律》2011年第12期。
〔5〕 K. Schmidt in: Die GmbH in Krise, Sanierung und Insolvenz, 4. Aufl. , S. 209, Rn. 2. 143, S. 253, Rn. 2. 221; Groß, Sanierung durch Fortführungsgesellschaften, S. 590 ff. , Rn. 14 ff; S. 593, Rn. 20; S. 596, Rn. 29; Wittig in: Festschrift für Uhlenbruck, S. 685, 700 ff. ; Kautz, Die gesellschaftsrechtliche Neuordnung der GmbH im künftigen Insolvenzrecht, S. 227; Patzschke, Reorganisation im Insolvenzverfahren, S. 74 f. ; Kautzsch, Unternehmenssanierung im Insolvenzverfahren, S. 113; Müller, Der Verband in der Insolvenz, S. 405; Take/Rattunde in: Neue Fragen des Insolvenzrechts, S. 95, 103; Peifer in: MünchKomm AktG, § 183, Rn. 13; Westpfahl/Janjuah, ZIP 2008, Beilage zu Heft 3, 1, 13; Cranshaw, ZInsO 2008, 421, 426; Paape, DZWIR 2009, 9, 11; Eidenmüller/Engert, ZIP 2009, 541, 542; Eidenmüller, Finanzkrise, Wirtschaftskrise und das deutsche Insolvenzrecht, S. 36; Begr. zum DiskE ESUG, abgedruckt in ZIP 2010, Beilage 1 zu Heft 28, 1, 10; Madaus, Der Insolvenzplan, S. 24.
〔6〕 Begr. zum RegE ESUG, BT-Drucks. 17/5712, S. 31.
〔7〕 王欣新："企业重整中的商业银行债转股"，载《中国人民大学学报》2017年第2期。

我国《公司注册资本登记管理规定》第 7 条第 3 款亦规定，债权转为公司股权的，公司应当增加注册资本。

如若将债转股视为一种实物增资行为，则如上所述，且按照目前德国学界的通说，在企业破产重整的情况下，只有适当减少注册资本才能真正体现债权的价值，并由此提升债转股对债权人的吸引力，所以先行减资是债转股必要的前置程序。[1]德国立法者亦赞同上述观点。[2]进一步而言，在破产重整债转股情况下，上述优先购买权排除的前提条件亦得以满足。从重整促进角度出发，亦有德国学者建议，在债转股的情况下直接立法规定排除优先购买权。[3]我国学者亦认为，对重整程序中的债转股，不存在有限责任公司其他股东在增资或股权转让中的优先权。[4]在完成减资和优先购买权排除的程序后，债权人将以实物出资的方式向债务人企业转让债权，并由此完成出资义务的履行，而由于债权债务同归于一人，该债权债务关系也得以消灭。[5]此外，重整计划应对债权价值、转换比例等事项做出明确规定，并且管理人应就债转股的合理性进行说明。鉴于债权人不得被强制债转股的规定，如若在重整计划草案中有债转股方案，则必须同时制定债权人不接受债转股时对应的债务清偿方案，由债权人自行选择采用哪种方案。[6]毫无疑问，债转股的顺利实施更有赖于前期的沟通协商以及债权人的灵活分组。

针对上市公司，仍值得期待的是，在破产重整程序中简化或优化信息披露和增发新股的程序，豁免要约收购义务。实务界人士即建议，在破产重整程序中，由于上市公司不具备《中华人民共和国证券法》（以下简称《证券法》）和《上市公司证券发行管理办法》规定的盈利能力、净资产规模等证

---

〔1〕 Wittig in: Festschrift für Uhlenbruck, S. 685, 692; Redeker, BB 2007, 673, 674; Eidenmüller/Engert, ZIP 2009, 541 (Fn. 8); Scheunemann/Hoffmann, DB 2009, 983.

〔2〕 Begr. zum RegE ESUG, BT-Drucks. 17/5712, S. 31.

〔3〕 Eidenmüller/Engert, ZIP 2009, 541, 549.

〔4〕 王欣新："企业重整中的商业银行债转股"，载《中国人民大学学报》2017 年第 2 期。

〔5〕 Picot/Aleth in: Unternehmenskauf und Restrukturierung, 3. Aufl., S. 1193, Rn. 98; Wittig in: Festschrift für Uhlenbruck, S. 685, 700; Kestler/Striegel/Jesch, NZI 2005, 417, 422; Vallender, NZI 2007, 129, 132; Redeker, BB 2007, 673, 674; Peifer in: MünchKomm AktG, § 183, Rn. 13; Begr. zum DiskE ESUG, abgedruckt in ZIP 2010, Beilage 1 zu Heft 28, 1, 10.

〔6〕 王欣新："谈债务困境企业的商业银行债转股"，载《人民法院报》2016 年 10 月 12 日，第 7 版。

券发行条件，为保障重整的顺利进行，应适当放宽发行新股的条件。[1]而对于要约收购义务豁免的问题，我国《证券法》第 62 条第 1 款第 2 项的规定并非完全针对破产重整情形，[2]因此立法应明确重整计划获法院批准即可豁免要约收购义务。在德国，即有学术界及实务界专家建议，应立法明确破产重整债转股情况下要约收购义务的豁免。[3]

回归中国之语境，一方面，我国并未对（形式）减资的问题做出规定；另一方面，法律实践中重整计划往往并未规定减资再增资的内容，而只是通过出资人股权让渡或资本公积金转增股票再让渡的方式实现"债转股"，严格意义上此乃一种"以股抵债"的行为。须加以说明的是，此时"以股抵债"的债转股方式不同于股东以其对公司债权抵销应缴之股款。毋庸置疑，"以股抵债"的操作方式相对便捷，并能在一定程度上消除债权价值评估不确定性所引发的责任风险。尤其于上市公司破产重整债转股而言，出资人让渡股份不仅不需要证监会审批，而且亦可通过强制批准方式强制出资人让渡股份。[4]在德国法律实践中，亦会采取"以股抵债"这一变通方式，其又分为两种：一种是原出资人让渡股权，而债权人豁免债务；另一种是破产企业将其持有的股份转让给债权人，债权人转让债权给破产企业，从而使债权债务关系因混同而消灭。[5]德国《破产法》第 225a 条第 3 款对此亦做出了明确规定：所有为公司法所允许的事项，如转让股权，都可在重整计划中做出规定。这一规定的目的亦是在特定情况下通过强制批准强制股东转让股权。然而，须提请注意的是，在上述第一种情形下，债权人将会承担原出资人股权瑕疵

---

〔1〕　参见郑志斌、张婷：《公司重整制度中的股东权益问题》，北京大学出版社 2012 年版，第 206～207 页。

〔2〕　该项规定："上市公司面临严重财务困难，收购人提出的挽救公司的重组方案取得该公司股东大会批准，且收购人承诺 3 年内不转让其在该公司中所拥有的权益，收购人可以向中国证监会提出免于以要约方式增持股份的申请。"

〔3〕　Brinkmann/Denkhaus/Horstkotte/Schmidt/Westpfahl/Wierzbinski/Ziegenhagen，ZIP 2017，2430，2432.

〔4〕　参见李曙光、郑志斌主编：《上市公司退市风险处置：规则、数据与案例（第一辑）》，法律出版社 2016 年版，第 184 页。

〔5〕　Noack in：Festschrift für Zöllner, S. 411，421；Wittig in：Festschrift für Uhlenbruck, S. 685，708；Müller, Der Verband in der Insolvenz, S. 401 ff.；Redeker, BB 2007，673，679；Westpfahl/Janjuah, ZIP 2008，Beilage zu Heft 3，1，13 f.

的责任风险。此外，有实务界人士指出，资本公积金转增在法律上及实践中存在难题，尤其是审批程序的复杂和不确定性，因此建议谨慎采用。[1]进一步而言，形式减资，或者说缩股虽貌似繁琐，但于价值分配角度而言却是必要之举，更可回避股东私人财产权保护之难题，并增加债转股对债权人的吸引力，化解债权人（新出资人）与原出资人之间的利益冲突。与此同时，形式减资，特别是减资至零，亦可化解目前司法实践中股权质押、司法冻结及同类型股权让渡比例不同等难题。

## 四、破产重整债转股价值评估与风险合理化

破产重整债转股面临的一大难题在于价值评估。上世纪九十年代，德国学界对企业破产情况下是否可进行债转股的争议即在于此。德国著名破产法专家布劳恩和乌伦布鲁克在其1997年出版的《企业破产》一书中即指出，由于在企业破产情况下债权价值具有不确定性，并有鉴于德国公司资本制度相关规定，破产重整中债转股应原则上不被允许，除非该债权为担保债权。[2]不可否认，于通常债转股情况下，债权基本按照债权额具有完全价值，其与股权的转换比例较易确定，也即债务减少所引起的净资产的增加。但如若企业财产无法偿还所有债务，则债权不再具有完全价值性。[3]尽管无异议的是债权在此时价值已有所贬损，但债权价值评估的不确定性会引发债权人的责任风险，进而影响债权人债转股的积极性。对于债权价值评估，德国学界存有四种观点：一种观点认为，转换为股权的债权必须以其转换时的实际价值进行转换，并且这一实际价值应按照破产清算时受偿额加以确定（Liquida-

---

〔1〕 参见郑志斌、张婷：《公司重整制度中的股东权益问题》，北京大学出版社2012年版，第204~205页。

〔2〕 Braun/Uhlenbruck, Unternehmensinsolvenz, S. 586.

〔3〕 Groß, Sanierung durch Fortführungsgesellschaften, S. 592, Rn. 19；Wittig in：Festschrift für Uhlenbruck, S. 685, 702 f.；Patzschke, Reorganisation im Insolvenzverfahren, S. 75；Kautzsch, Unternehmenssanierung im Insolvenzverfahren, S. 113；Müller, Der Verband in der Insolvenz, S. 405 f.；K. Schmidt in：Die GmbH in Krise, Sanierung und Insolvenz, 4. Aufl.，S. 253, Rn. 2. 222；Knecht/Drescher in：Restrukturierung Sanierung Insolvenz, 3. Aufl.，S. 475, Rn. 48；Vaupel/Reers, AG 2010, 93, 99；Wirsch, NZG 2010, 1131；Begr. zum DiskE ESUG, abgedruckt in ZIP 2010, Beilage 1 zu Heft 28, 1, 10；Brinkmann, WM 2011, 97, 101.

tionswert der Forderungen)。[1]否则将会出现资本与资产不相适应的情况，使外部债权人对责任资本产生错误理解，从而不利于对外部债权人利益的保护。[2]第二种观点认为只要破产企业具有继续经营可能性，则应按照继续经营价值来确定。[3]第三种观点认为，此时的债权价值应按照市场交易价值加以确定（Verkehrswert），也即第三人愿意为该债权支付的价格。[4]如若不存在市场交易价值，或者该价值并不可信，则应按照债权的实际受偿额加以确定。[5]更为大胆的第四种观点甚至建议，考虑到债权价值评估简化所带来的效率提升及费用降低，可适当豁免适用公司法上出资的相关约束性规定，从而使债权以其名义债权额转换为股权，并将这一情况在一定期限内予以公示，从而达到保护其后交易相对方利益的目的。[6]

从交易安全性及股东出资不实责任角度而言，以名义债权额进行股权转换显然不太合适。而无论是以市场交易价值，还是以继续经营价值进行股权转换，都会给参与债转股的债权人带来责任风险，并且可能有违绝对优先权原则。作为股东的债权人完全可以在其后的经营过程中分享企业的继续经营价值，而无需在债转股时即以预估的、具有极大不确定性和责任风险的继续经营价值将债权转换为股权。由此，显然以破产清算时的受偿额为基础进行股权转换更为合适。

进一步而言，不可回避的问题是，以破产清算价值来确定债权转换比例只能降低出资不实责任风险，而并无法完全消除债权价值被高估所带来的责任风险。尤其如若其后重整失败，企业再度进入破产程序，则于此时作为股

---

〔1〕　Groß, Sanierung durch Fortführungsgesellschaften, S. 597, Rn. 29；Pleister/Kindler, ZIP 2010, 503, 510.

〔2〕　Groß, Sanierung durch Fortführungsgesellschaften, S. 594, Rn. 22.

〔3〕　Stadler, NZI 2003, 579, 584；Wiesner in：Münchener Handbuch des Gesellschaftsrechts Band 4, 3. Aufl., S. 316, Rn. 56；Priester, DB 2010, 1445, 1448.

〔4〕　Redeker, BB 2007, 673, 675；Drukarczyk/Schöntag in：Insolvenzrechts-Handbuch, 4. Aufl., S. 85 f., Rn. 78. Aleth/Böhle, DStR 2010, 1186, 1189.

〔5〕　Drukarczyk/Schöntag in：Insolvenzrechts-Handbuch, 4. Aufl., S. 86, Rn. 78.

〔6〕　Pujol, Die Sanierung der Schuldnergesellschaft, S. 385 ff.；Cahn/Simon/Theiselmann, DB 2010, 1629 ff.

东的原债权人将必须承担补足差额的责任。[1]就此，有德国学者指出，在债转股时可采用较低的债权评估价值，并在重整计划中对债权价值评估及债转股转换比例的合理性做出详细说明，从而降低相关债权人其后的责任风险。[2]然而，这一解决方案一方面有可能会降低债权人参与债转股的积极性，另一方面亦无法完全消除债权人的责任风险。出于提高债权人债转股积极性的考虑，并为适当降低债权人的责任风险，德国《破产法》第254条第4款规定："在重整计划已为法院所批准的情况下，债务人企业不得再要求参与债转股的债权人（股东）承担债权价值高估的补足出资差额责任。"德国立法者在立法理由中指出，在重整程序中相关重整参与人已有机会指出债权价值被高估，并可通过破产法规定的法律救济途径对此提出异议，由此未参与债转股的债权人及原股东的利益已得到有效保护。简言之，破产法已在重整程序中为利益相关者提供了适当的法律保护，因此无需再提供进一步的法律保护，更何况这种保护会产生不利于重整的消极影响。[3]于此仍须强调的是，出资不实责任的免除并不意味着债权价值可以被高估。如上所述，出资不实责任免除的规定只是基于债权估值不确定性而为消除债权人责任风险，提高债权人参与债转股积极性所设，在破产重整程序中仍然存在利益相关者的保护机制。换言之，被"过分高估"的债权显然会被异议债权人指责为违反公平受偿原则或者破产清偿顺序，从而使债转股，乃至破产重整被扼杀在摇篮之中。此外，特别须指出的是，且不论债权人在意思自治的前提下自行选择受偿方式，对此时公平受偿的判断不应采取事后诸葛式的判断，亦不可仅以当时的预判受偿率为参考，而应综合考虑到债转股参与人承担的重整风险。

---

〔1〕 Groß, Sanierung durch Fortführungsgesellschaften, S. 585, Rn. 1；S. 595, Rn. 26；Wittig in：Festschrift für Uhlenbruck, S. 685, 702；Kautzsch, Unternehmenssanierung im Insolvenzverfahren, S. 113 f.；Eidenmüller, ZIP 2007, 1729, 1736；Redeker, BB 2007, 673, 675 f.；R. Paulus, DZWIR 2008, 6, 9；Reuter/Buschmann, ZIP 2008, 1003, 1010；K. Schmidt in：Die GmbH in Krise, Sanierung und Insolvenz, 4. Aufl.，S. 209 f.，Rn. 2. 143, S. 253, Rn. 2. 223；Wittig in：Die GmbH in Krise, Sanierung und Insolvenz, 4. Aufl.，S. 279, Rn. 2. 278；Eidenmüller/Engert, ZIP 2009, 541, 542；Drukarczyk/Schöntag in：Insolvenzrechts-Handbuch, 4. Aufl.，S. 85, Rn. 77；Vaupel/Reers, AG 2010, 93, 99；Pleister/Kindler, ZIP 2010, 503, 510；Madaus, Der Insolvenzplan, S. 25 f.

〔2〕 Eidenmüller/Engert, ZIP 2009, 541, 550.

〔3〕 Begr. zum RegE ESUG, BT-Drucks. 17/5712, S. 36.

### 五、债转股的风险防范

无论是债务人企业，还是债权人，都有可能盲目或滥用债转股。2016 年的《指导意见》即特别强调在债转股过程中，应防范道德风险，并防止企业风险向金融机构转移。毫无疑问，避免行政干预，遵循市场化原则是债转股风险防范的"金钟罩"。进一步而言，须提请注意的是债转股所具有的一种隐性功能。1999 年，时任建行行长的周小川即撰文指出，债转股的实质作用是变更企业内部的法人治理结构，并使企业能够接受严厉或者痛苦的重组计划，例如调整企业领导人、财务主管、裁员、分拆、收购兼并等。[1]企业危机，乃至破产本身从某种角度而言即是对企业股东或管理层能力的一种否认，股东或不适格管理者控制权的丧失也可被视为对经营者的惩罚。从此角度而言，破产（重整）程序中控制权的转移，以及其后的债转股可被视为一种"惩罚措施"。并且债转股，就是要从过去的债权人对债务人的约束转变为出资人对经营者的约束。这种约束机制的形成愈合理和规范，其约束力愈强，债转股的风险就会愈小。[2]相较于债务豁免或债务延期，显然债转股的惩罚性功能和约束性功能更强，也即对企业后续经营管理权的取得来控制和监督企业重整。但问题关键在于如何真正落实债转股后出资人实质参与企业经营管理。毫无疑问，债转股这一隐性功能的发挥首先有赖于文化理念的塑造。假若企业知道进入债转股程序首先放弃的是经营权和重组主导权，就不会形成争当债转股企业的局面。[3]尽管中国的破产从业者们就债转股已经积累了大量的实践经验，但文化理念的转变仍值得期待，特别是在债转股投资人参与及监督企业运营的积极性方面。

然而，单纯的文化理念塑造不足以防范债转股的潜在风险，相关市场的培育亦是不可或缺的组成部分。对于小债权人而言，其往往缺乏参与企业重整的经验和能力。某种程度上，破产重整计划对其而言是难解的天书。就此

---

〔1〕　周小川："关于债转股的几个问题"，载《经济社会体制比较》1999 年第 6 期。

〔2〕　参见周天勇："债转股的流程机理与运行风险"，载《经济研究》2000 年第 1 期。

〔3〕　吴晓灵："用市场化思维和手段去杠杆——兼谈对债转股手段的运用"，载《清华金融评论》2016 年第 5 期。

而言，作为大债权人的金融机构在重整监督和风险管控方面显然更有优势，并能提供融资便利和经营辅导，因此更应发挥金融机构作为专业投资机构在债转股中的主导作用。银监会《通知》某种意义上即明确了金融机构债权人委员会在债转股中的主导性作用。该《通知》规定："债委会是由债务规模较大的困难企业三家以上债权银行业金融机构发起成立的协商性、自律性、临时性组织。"从此角度出发，或许亦可借鉴韩国重整程序中非金融机构债权人的债权收购请求权。中国当下的难题是金融机构很难真正实质参与企业经营。我国经济学者在 2000 年就曾指出，从防范经营者道德和企业内部人控制风险来看，多元投资主体的债转股效果更好。[1]换言之，债转股的风险防范亦有赖于不良资产投资市场构建。由此，一方面可充分发掘不良债权的市场价值，实现债权或股权资产的流动性，另一方面亦可引入适格市场主体参与重整企业经营，加强重整监督。

于上述之外，妥当的制度设计将可最大程度化解债转股的风险，尤其是破产重整程序中有效的信息供给，从而避免盲目或滥用债转股。并且"债转股以债权人同意为前提"的制度设计亦可促使债权人进行事前的理性思考，防止盲目债转股。

### 六、破产重整债转股情况下的重整豁免

如上所述，从防范股东有限责任风险外部化，预防盲目重整角度而言，我国有必要引入德国的股东贷款"自动居次"规则。与此同时，为了消除债转股投资人对股东贷款后位受偿规定适用的恐惧，提高债权人参与债转股的积极性，特别是金融机构参与企业重整的积极性，[2]德国《破产法》第 39 条第 4 款第 2 句规定："债权人在公司支付不能、行将支付不能或资不抵债的情况下，基于重整公司的目的而取得公司股份，则其现存贷款或新提供的贷款直至公司重整成功之时将不适用本条第 1 款第 5 项的规定。"换言之，如若重整失败，破产程序重新启动，则因在上次重整程序中债转股而取得股东身

---

〔1〕 参见周天勇："债转股的流程机理与运行风险"，载《经济研究》2000 年第 1 期。

〔2〕 Beschlussempfehlung des Rechtsausschusses zum KontraG, ZIP 1998, 487, 488.

份的债权人将不受股东贷款后位受偿规定的约束，其向企业提供的贷款仍将被视为普通债权而获得相应受偿。如若我国引入股东贷款"自动居次"规则，则亦应同步明确规定重整豁免，从而避免对债权人债转股积极性产生消极影响，实现责任风险合理化。

重整豁免只适用于新取得股东身份的债权人，而不适用于公司原股东。[1]此外，根据德国联邦最高法院的判决，企业重整豁免必须满足以下三个条件：首先，在主观方面，债权人必须以克服企业危机为目的而取得公司股权。通常情况下可以推定债权人的重整意愿，重整方案中的相关条款及表述亦可以证明债权人的重整意愿。其次，在取得股权时必须存在客观的重整可能性。这一可能性的判断应以一般第三人的客观判断为依据。最后，重整措施必须客观上是适当的，也即依据重整方案，公司在可预见的时间内可以进行持续性的重整。但重整成功与否却并不影响重整豁免的实现，即使重整失败，在重新启动的破产程序中受到重整豁免的贷款将作为一般债权受到清偿。[2]

值得一提的是，通过2008年《现代化法》的修改，德国旧《有限责任公司法》第32a条第3款第3句的"公司危机"概念被现行规定中"支付不能、行将支付不能或资不抵债"取而代之，由此就导致重整豁免适用期间被缩短，因为危机产生的时刻往往要早于上述破产原因产生之时。[3]此外，2008年《现代化法》的修改亦明确了重整豁免止于公司重整成功之时。如若重整成功后企业再次陷入破产境地，则受到重整豁免的贷款在新的破产程序中将无法受到优待，即被视为后位受偿债权。于我国而言，为了进一步鼓励促进破产重整债转股，对于重整豁免则宜采用"企业危机"之概念，且重整成功之时得以豁免的重整贷款在重整成功后的一定期限（如三年）内仍可在由于新危机而启动的新破产程序中得到豁免。这一方面可以提高债权人参与企业重整的积极性，另一方面也增强了重整豁免适用期间的确定性，避免了债权人在重整成功后，为了防范再度破产的风险，而急于收回贷款，影响企业的正常经营。[4]

---

[1]　Scholl in: Handbuch des Fachanwalts, Insolvenzrecht, S. 725, Rn. 86.

[2]　BGH, NZI 2006, S. 604 ff.

[3]　Bunnemann/Zirngibl, Auswirkungen des MoMiG auf bestehende GmbHs, S. 235, Rn. 30.

[4]　Eidenmüller/Engert, ZIP 2009, 541, 552.